KB183796

마오쩌둥의 국제정치사상

미·중 대결시대 시진핑 외교전략의 뿌리

마오쩌둥의 국제정치사상

미·중 대결시대 시진핑 외교전략의 뿌리

초판 1쇄 인쇄 2024년 11월 20일
초판 1쇄 발행 2024년 11월 30일

지은이 정세현
펴낸이 김승희
펴낸곳 도서출판 살림터

기획 정광일
편집 송승호
북디자인 이순민

인쇄.제본 (주)신화프린팅
종이 (주)명동지류

주소 서울시 양천구 목동동로 293 22층 2215-1호
전화 02)3141-6553
팩스 02)3141-6555
출판등록 2008년 3월 18일 제313-1990-12호
이메일 gwang80@hanmail.net
블로그 https://blog.naver.com/dkffk1020
한국교육연구네트워크 https://www.kednetwork.or.kr

ISBN 979-11-5930-294-7 03340

마오쩌둥의
국제정치사상

미·중 대결시대 시진핑 외교전략의 뿌리

정세현 지음

살림터

왜 다시 마오쩌둥을 알아야 하나?

I

중국 수도 베이징(北京)의 중심인 톈안먼(天安門)광장에서 톈안먼을 정면으로 바라보면 세로 6미터, 가로 4.6미터, 무게 1.5톤이나 되는 마오쩌둥(毛澤東)의 대형 초상화가 성루(城樓)에 걸려 있다. 마오쩌둥이 1976년 9월 세상을 떠난 후 반세기 가까운 세월이 흘렀고, 그의 사후 중국의 최고 정책결정권자도 덩샤오핑(鄧小平), 쟝쩌민(江澤民), 후진타오(胡錦濤)를 거쳐 시진핑(習近平)에 이르기까지 네 명이나 바뀌었다. 그런데도 톈안먼 성루에 지금도 마오쩌둥의 초상화만 걸려 있는 까닭은 무엇인가?

그것은 마오쩌둥이 1935년 1월 '준이(遵義)회의'에서 당권을 장악한 이후 중국공산당의 최고 정책결정권자로서 만리장정(萬里長征)과 항일투쟁을 거쳐 국·공(國·共)내전에서 마침내 승리를 거두었고, 1949년 10월 1일 중화인민공화국 건국을 선포한 후에는 세상을 떠날 때까지 오늘날 중국 당과 정부의 초석을 다지고 정치사상적 지주(支柱)를 세워 놓았기 때문일 것이다. 바꿔 말해서 마오쩌둥은 오늘날 중국의 사실상 국부(國父)로 추앙받고 있고, 그의 사상은 마르크스-레닌주의보다 더 강력하게 현대 중국 당·정·군(黨·政·軍) 간부들의 머리를 지배하고 있다는 물증이 바로 톈안먼 성루에 걸려 있는 마오쩌둥의 대형 초상화라고 할 수 있다.

II

덩샤오핑은 1927년 중국공산당 입당 후 만리장정, 항일투쟁, 국·공내전 과정에서 마오쩌둥과 고락을 함께했다. 마오쩌둥이 생전에 후계자로 지명했다는 이유로 마오쩌둥 사후 화궈펑(華國鋒)이 명목상 당·정 대표권을 갖고 있었으나, 실권은 마오쩌둥의 11년 연하 동지이자 화궈펑의 18년 연상이면서 군권을 사실상 쥐고 있던 덩샤오핑에게 있었다.

그런 덩샤오핑이 주도한 '4개 현대화'(농업·공업·국방·과학기술의 현대화)가 1978년 12월 중국공산당 제11기 3차 중앙위원회 전체회의(약칭 11기 3중전회)에서 중국 국가발전 전략으로 채택되었다. '4개 현대화'가 속도를 내기 시작한 시점인 1987년 10월에 열린 중국공산당 제13기 전체대표대회에서 덩샤오핑은 '두 개의 백년'이라는 중국의 국가발전 목표를 제시했다. 그 내용은 '4개 현대화'를 밀고 나가서 중국공산당 창당 100주년이 되는 2021년까지는 샤오캉(小康) 사회를 건설하고, 중화인민공화국 건국 100주년이 되는 2049년까지는 따통(大同) 사회를 건설하자는 것이었다. '샤오캉'은 중국인들이 먹고살 만한 정도의 복지사회를 뜻하고, '따통'에는 중국이 다리 뻗고 살 수 있는 평화를 구축하자는 뜻이 담겨있다.

덩샤오핑이 제시한 '4개 현대화' 전략과 '두 개의 백년' 목표는 표리관계를 이루면서 장쩌민 시대와 후진타오 시대를 관통하는 국가발전의 쌍두마차 역할을 해왔다.

후진타오의 뒤를 이어 2012년 11월 당 총서기에 선출된 시진핑은 총서기 선출 10여 일 만에 '중국몽(中國夢)'을 국가발전 목표로 거론했다. 그는 〈부흥의 길〉이라는 전시회에 참석하여 "사람은 누구나 이상과 목표가 있으며 꿈이 있다. 현재 모두가 중국의 꿈을 이야기한다. 나는 '중화민족의 위대한 부흥을 실현하는 것'이 곧 중화민족의 근대 이후 가장 위대한 꿈이라고 생각한다."고 말한 것이다.

　시진핑의 전임자 후진타오가 2009년 10월 중화인민공화국 건국 60주년 기념식에서 '중화부흥'이 중국의 외교목표라고 발언한 적이 있다. 덩샤오핑과 쟝쩌민 시대에 중국은 '도광양회(韜光養晦) 유소작위(有所作爲)' 외교전략으로 때를 기다려 왔다. 후진타오 시대로 넘어오면서 중국은 '화평굴기(和平崛起), 화평발전(和平發展), 화해세계(和諧世界)'를 표방하며 중국의 부상을 견제하려는 국가들을 달래더니 '4개 현대화' 추진 30년, '두 개의 백년의 꿈' 제시 20여 년 만에 드디어 중화부흥(中華復興)을 외교목표로 표방하고 나선 것이다.

　그런데 시진핑은 전임자 후진타오가 중국의 외교목표로 제시한 중화부흥을 한 단계 업그레이드하여 중화민족의 위대한 부흥이 곧 중국몽이라는 국가목표를 제시하고 나섰다. '중화민족'이라는 용어, '위대한 부흥'이라는 표현에서 나는 청나라가 아편전쟁에서 영국에 무릎을 꿇기 전, 천하를 호령하던 시절의 중국으로 거듭나려는 것이라는 생각을 지울 수 없다.

III

'4개 현대화' 추진 이후 32년 만인 2010년에 중국의 GDP가 오랫동안 G-2 자리를 누리고 있던 일본의 GDP를 능가함으로써 중국이 드디어 미국 다음 자리로 올라섰다. 세계 두 번째 부국(富國)으로 올라선 후 10년 만인 2020년 중국의 1인당 소득이 10,000달러를 달성했다. 그러자 중국 당국에서는 드디어 중국 인민이 '골고루 잘 먹고 살 만한 세상, 즉 샤오캉(小康)사회'가 건설됐다고 선전했다. '두 개의 백년의 꿈' 중 첫 번째 '백년의 꿈'이 결국 중국공산당 창당 백 주년이 되기 직전에 이루어진 셈이다.

그러면 중화인민공화국 건국 100주년이 되는 2049년에는 덩샤오핑이 두 번째 '백년의 꿈'으로 제시한 따통(大同)사회가 건설될 수 있을까? 시진핑 시대로 넘어오면서 따통사회는 중국이 미국의 눈치를 보며 살거나 미국을 두려워하지 않을 정도의 국력을 갖추는 것을 의미하게 되었다고 할 수 있다. 이런 목표는 GDP 면에서 중국이 G-1국가가 되어 미국 못지않은 부자나라가 되어야 비로소 달성할 수 있는 일이다.

중국의 4자성어에 '부국강병(富國强兵)'이라는 말이 있다. 한 나라가 부국이 되면 자연스럽게 강병을 갖춘 군사대국이 될 수 있다는 뜻이다. 중국이 2049년을 전후해서 그들의 희망대로 GDP 면에서 미국을 앞지르는 부국이 되면 부국강병의 원리에 따라 중국은 군사적으로도 강국 반열에 오를 수 있다. 적어도 아시아 권역에서는 미국보다 중국의 군사력이 더 커질 수도 있다. 물론 미국의 군사적 영향력은 2049년 이후에도 질·량 면에서 중국보다 월등하게 우위에 설 수 있다. 그러나 미국의 군사력은 아시아뿐 아니라 유럽과 중동을 비롯해서 5대양 6대주에 배치되어 있다. 따라서 아시아 권역만 놓고 보면, 미·중 군사력이 균형을 이루거나 중국이 약간 우위를 차지할 수도 있다고 보는 것이 합리적일 것이다.

부국강병을 통해 아시아 권역에서 중국의 정치·경제·군사적인 영향력이 지금보다 월등하게 커지면, 중국으로서는 지금 미국이 아시아 권역에서 누리는 국제정치적 영향력과 지위를 최소한 미국과 함께 누리려 하거나, 혼자서 그런 영향력과 지위를 누리려 하지 않겠는가? "중국이 재채기를 하면 조선은 감기가 든다."는 옛말이 있을 정도로 지정학적으로 가까운 거리에 있는 곳이 한반도다.

'중화민족의 위대한 부흥'이 '중국몽'이라는 시진핑의 희망대로 2049년에 미국의 경제력을 따라잡지 못할지 모르지만, 약간의 시차를 두더라도 중국의 부국강병이 현실로 구현될 가능성은 상당히 높다. 문제는 그럴 때 "우리나라의 외교좌표를 어떻게 설정하고, 어떤 외교전략을 수립하고 추진해갈 것인가?" 하는 것이다. 습관적으로 한·미동맹 타령만 할 것인가, 아니면 외교에서 자국중심성을 확립하고 미·중 등거리 외교를 본격화하면서 국익을 극대화하는 외교를 해나갈 것인가? 지금부터 대비책을 연구해 가야 한다.

IV

2012년 11월 중국공산당 제18차 전국대표대회에서 당총서기에 선출된 후 2013년 3월 양회(兩會, 전국인민대표대회-중국 인민정치협상회의)에서 국가주석 직까지 차지하게 된 시진핑은 2013년 6월 미국에 갔다. 오바마 대통령과 미·중 정상회담을 하는 자리에서 "미국과 중국이 '신형 대국관계'를 발전시켜 가자."고 제안했다, 그리고 "태평양은 미국과 중국이 나눠 써도 충분할 만큼 넓다."는 말까지 했다. 시진핑은 미국 중심의 국제질서인 팍스 아메리카나(Pax Americana)와 어깨를 견줄 수 있는 중국 중심의 국제질서인 팍스 시니카(Pax Sinica)를 수립하고 싶다는 희망 곧 '중국몽'을 오바마 미국 대통령에게 에둘러 털어놓은 것이다.

미국 정부는 시진핑의 이런 제안에 호응하지 않고 중국 견제전략을 더욱 강력하게 추진하기 시작했다. 부시 정부 시절인 2001년 9월 11일, 뉴욕의 '월드 트레이드 센터'가 폭파된 이른바 9·11 테러 후 부시 정부가 이라크를 침공했지만, 오바마 정부로 넘어온 뒤에도 이라크 문제는 해결되지 않았다. 미국이 '이라크 수렁'에 빠진 상황에서 중국이 치고 올라오는 것을 감지한 오바마 정부는 2012년 1월 이라크에서 손을 떼면서 「아시아로의 귀환(Return to Asia)」을 선언한 바 있다. 이어서 나온 「아시아 재균형(Rebalancing Asia)」 정책도 중국 견제정책의 일환이었다고 할 수 있다. 그런 상황에서 2013년 6월 미국에 온 시진핑이 「미·중 신형 대국관계론」과 「미·중의 태평양의 양분론」을 제기했으니, 오바마 정부로서는 중국의 제안을 지지하거나 호의적 반응을 보일 리가 없었다.

미국이 중국의 서태평양 진출을 막으려는 전략들을 추진하자, 2014년 11월 중국에서 개최된 「아시아-태평양 경제협력체」(APEC Asia-Pacific Economic Cooperation) 정상회의에서 시진핑은 '일대일로(一帶一路)' 경제권 구상을 발표했다. 미국이 중국 경제발전의 목줄이나 다름없는 석유 수송로이자 수출통로인 인도양과 말래카 해협을 틀어막으려 한다면, 중국으로서는 유라시아 대륙 국가들을 연결하는 경제권을 구축할 수 있는 현대판 실크로드를 육지와 바다에서 두 갈래로 건설해 가겠다는 것이다. 바꿔 말해서 미국이 '아시아로의 귀환', '아시아 재균형' 정책으로 중국을 옥죄려 한다면 중국은 '일대일로'로 육상과 해상에서 경제발전의 활로를 열어가겠다는 것이다.

이 대목에서 나는 마오쩌둥이 중국 공산화 과정에서 즐겨 쓰던 "농촌을 돌아 도시를 포위한다(以農村包圍城市)"는 우회 전략을 시진핑도 쓰는구나 하는 생각이 들었다.

트럼프 정부에서는 오바마 정부 때의 중국 견제 전략보다 중국포위 전략의 성격이 강한 「인도-태평양 전략(Indo-Pacific Strategy)」이 추진되었고, 정권교체에도 불구하고 바이든 정부도 「인도-태평양 전략」을 지속적으로 강화·추진했다. 이는 미국이 민주당·공화당 구분 없이 중국의 국력증강과 국제정치적 영향력 강화를 막으려 함을 의미한다. 트럼프가 다시 미국 대통령으로 돌아온다면 「인도-태평양 전략」의 추진 강도는 더 강해질 수도 있다. 그럴 때 「인도-태평양 전략」과 「일대일로 전략」을 둘러싼 미·중갈등은 더욱 격화될 것이다.

V

'중화부흥', '중국몽'이 중국 지도자들의 단순한 수사(修辭)일 뿐일까? 나는 그렇게 보지 않는다. 중국은 과거 자기네가 천하의 중심(中華)이라고 자처하면서 주변 국가들은 물론 서양까지도 오랑캐[夷狄]로 낮춰보던 시절, 즉 한(漢)나라 이래 청나라 말기 아편전쟁(1840~1842)에서 영국에게 허망하게 무릎을 꿇기 전까지의 중국이 누렸던 국제적 위상을 되찾으려는 꿈이 '중국몽'이고 '중화부흥'이라고 생각한다. 바꿔 말해서 서양 제국주의 세력 앞에 비참하게 무릎 꿇고 100년 가까이 반(半)식민지로 살았던 치욕을 200여 년 만에라도 설욕하고야 말겠다는 비원(悲願)이 '중화부흥', '중국몽'으로 대변되는 것이다.

미국 외교정책의 대부(代父)이자 대표적 중국 전문가 헨리 키신저(Henry Kissinger, 1923~2023)도 비슷한 얘기를 했다. 90세를 바라보는 나이에 쓴 『On China』(2011)에서 "중국인들은 자기 나라의 과거 역사를 잊지 않고 기억하며 대외관계에 대처해 간다."는 취지의 평가를 했다. 시진핑이 2012년 11월 중국공산당 제18차 전국대표대회에서 5년 임기의 당총서기로 선출된 후 '중국몽', '일대일로'를 추진하며 강력한 리더십을 발휘한 결과, 2022년 중국공산당 제20차 전국대표대회에서 3차 연임에 성공했다. 따라서 시진핑은 최소한 2027년 10월까지는 중국 외교를 지휘할 것이다. 그런 데다가 2027년 가을에 열릴 제21차 당대회에서 시진핑이 4차 연임을 노린다는 전망까지 나오고 있다.

그렇다면 중국과 가까운 거리에 있는 우리나라 입장에서는, 지정학적인 이유 때문에라도, 시진핑 중국의 외교정책과 전략·전술의 전개 방향을 가늠해 가면서 미리미리 대책을 세워가야 하지 않겠는가?

그러려면 눈앞에 펼쳐지는 중국 외교정책과 전략만 분석하면서 우리의 대책을 찾아가려는 것은 단견(短見)이고 어리석은 일까지 될 수 있다. 바꿔 말해서 제대로 분석하고 오차를 줄이기 위해서는 시진핑의 외교전략 그 자체는 물론 그 사상적·이론적 뿌리도 알아야 한다는 말이다.

VI

1977년 11월 통일원에서 공무원 생활을 시작한 나의 직업적 관심은 지금까지도 북한 문제와 남북관계다. 그러나 내가 8·15 광복 두 달 전 북만주에서 태어났기 때문에 어릴 적부터 한문(漢文)과 중국적인 것에 대한 관심이 많았다. 그래서 석사과정부터 학문적 관심은 자연스럽게 중국 문제가 되었다. 그래서 1970년대 초 잠시 타이완(臺灣) 국립정치대학에 유학을 다녀왔고, 한·중 수교 이전인 1989년부터 중국을 자주 드나들었다. 2023년 11월에도 옌볜(延邊)대학과 중국사회과학원에서 강연을 했다. 그때마다, 앞에서도 잠깐 언급했지만, 톈안먼 성루에 마오쩌둥 초상화가 계속 걸려 있는 것을 보면서 마오쩌둥이 오늘날에도 중국 정치지도자들과 인민들의 사상적 아버지로 자리매김하고 있다고 생각하게 되었다. 그러다 보니 중화부흥과 중국몽의 뿌리는 마오쩌둥의 국제정치사상이 아닐까 하는 문제 의식을 갖게 되었다.

그런데 2023년 말 살림터출판사 정광일 대표가 1982년에 출판된 나의 저서 『모택동의 국제정치사상』을 요즘 젊은 독자들도 읽을 수 있도록 쉽게 풀어 쓰고 수정·보완해서 단행본으로 출판하자는 제의를 해왔다. 원래

박사학위 논문이기에 문체도 딱딱하고, 출판된 지 40년이 넘은 책을 아무리 수정·보완해도 옛날이야기일 뿐인데 뭐 하러 그런 일을 해야 하나 하는 생각으로 정 대표의 제안을 거절했다. 그러나 정 대표가 "오늘날 미·중 간 국제정치적 갈등과 경쟁 관계가 매우 복잡하게 전개되는데, 시진핑 중국의 대외정책 방향을 가늠하고 우리나라 나름의 대책을 세우기 위해서는 시진핑(1953년생)의 성장 과정에 커다란 영향을 미칠 수밖에 없었던 마오쩌둥의 국제정치사상을 복기(復碁)하는 자세로 복습해둬야 하는 것 아니냐"는 제안을 해왔다. 듣고 보니 깊이 있고 통찰력 있는 제안이었다.

그래서 한자가 많이 섞이고 딱딱한 '학술적' 문체로 쓰인 책을 요즘 젊은이들도 읽을 수 있게 많이 새로 고쳐 썼다. 그리고 마오쩌둥 이후 덩샤오핑으로부터 시진핑에 이르기까지 중국 외교의 정책 방향과 전략·전술의 변천 과정을 새로 정리해서 덧붙였다. 풀어썼다고는 하지만 헌책은 헌책이고, 원래의 책 뒤에 새로 갖다 붙인 글이 앞뒤 짝이 안 맞을 수도 있다고 생각하니 좀 부끄럽기도 하고 걱정도 된다. 독자들의 질책(叱責)을 달게 받고 수정·보완해 가겠다.

아무튼 이 책은 살림터 정광일 대표의 깊이 있고 통찰력 있는 제안이 아니었으면 세상의 빛을 보지 못했을 것이다. 그런 점에서 깊이 감사드린다.

2024년 12월
정세현

| 차 례 |

I

마오쩌둥의 국제정치사상이
싹튼 환경

마오쩌둥 성장기의 시대 상황

화이(華夷) 사상의 붕괴

마오쩌둥은 1893년(청, 광서제 19년) 12월 26일 후난성(湖南省) 샹탄셴(湘潭縣) 싸오싼샹(韶山鄉)의 제법 부유한 농가에서 태어났다. 중국이 오랑캐로 여기던 일본과의 전쟁, 즉 청일전쟁(1894~1895)에서 패배함으로써 '중국이 천하의 중심(華)인 반면 주변 국가들이나 종족들은 오랑캐(夷)'라는 세계관, 즉 화이(華夷) 관념에 입각한 국제정치사상이 더 이상 지속될 수 없었다는 논의[1]를 따르면, 중국 사람들의 국제정치사상 변천사라는 맥락에서 볼 때 마오쩌둥이 태어난 시기는 사상사적으로 큰 전환기였다.

중국의 전통적 국제정치사상 변화의 출발점을 어디로 잡느냐 하는 문제는 관점에 따라 논란의 여지가 있지만, 서양의 장점을 시인함으로써 중국의 우월성에 대한 신념이 훼손되는 결과를 초래한 최초의 문헌에 둔다면, 영국과 중국의 아편전쟁(1840~1842)을 전후한 시기 청나라 조정의 특사 격인 흠차대신(欽差大臣) 린쩌쉬(林則徐, 1785~1850)의 편지(1842)를 들 수 있다. 린쩌쉬는 친구에게 보낸 편지에서 서양 무기의 우수성을 긍정하고 그것을 모방하여 제작하려면 서양 무기를 구입할 필요마저 있다고 했다.[2] 린쩌쉬의 이런 생각은 그의 측근 웨이웬(魏源, 1794~1856)에게서 좀 더 정리된 형태로 나타났다. 웨이웬은『해국도지(海國圖志)』(1844) 서문에서 이렇게 말했다.

> 이 책의 목적은 … 오랑캐[夷]로써 오랑캐를 공격하고, 오랑캐로써 오
> 랑캐와 화해하며, 오랑캐의 장점을 배워 오랑캐를 제어하자는 데 있
> 다. … 적을 제어함에 상대방의 실태를 아는 것과 모르는 것은 유불
> 리(有不利)가 전혀 다르다. … 이 책에 언급된 것은 무기이며 군사제도
> 가 아니다. 유형의 무기이며 무형의 군사제도가 아니다.[3]

군사제도는 제외하고 무기만 배우겠다는 점에서 스스로의 한계를 드러냈지만, 중국의 무력함을 시인하는 기초 위에 적(敵)의 장점을 배워 적을 이겨내자는(師夷之長以制夷) 주장은 '이이제이(以夷制夷)', '기미부절(羈縻不絶)'만 능사로 알던 중국의 전통적인 국제정치사상의 맥락에서 볼 때 큰 변혁이었다.

그러나 관리들의 대외정책은 인습에서 벗어나지 못했다. 청나라 조정 관리들은 "천하의 중심인 청나라의 조정 즉 천조(天朝)의 법은 변할 수 없다"[4]는 입장에서 서양의 도전에 전통적 방식 외의 방식으로 대응하기를 집요하게 거부했다. "순종하는 자는 달래면서 지배하고 거역하는 자는 정벌로 다스려야 한다"[5]고 주장하거나, 미국의 최혜국 조약 체결요구를 '내화(來化, 미국이 중국을 본받으려 함)' 개념에 따라 해석하고[6], 서양인을 야만(野蠻)과 양이(洋夷)로 보는[7], 이른바 화이(華夷) 관념을 쉽사리 버리려 하지 않았다.

이런 국제정치사상 자체도 문제지만, 대외관계 처리 방법도 중국의 대외관계—서양의 도전에 대한 효율적인 대응이라는 의미에서—를 어렵게 했다. 청나라 조정은 오랑캐를 상대하는 일(이무夷務), 즉 대외관계에서 협상

결과에 따라 책임자 개인에게 상벌을 내렸다.[8] 따라서 '이무' 책임자들은 주어진 객관적 여건보다는 조정의 눈치를 살피면서 방침이 하달될 때까지 서양 사절들과의 접촉을 기피하면서 가능한 한 책임질 일을 하지 않으려는 경향을 보였다.

서양 외교사절들을 노엽게 한 것은 서양을 '이적(夷狄)'시하거나 번귀(藩鬼, 변두리 귀신)로 여기는 것 같은 화이관념에 입각한 외교방식보다는, 즉각 결정해야 하는 많은 문제에 가타부타 의사표시 없이 시간을 끄는 태도였다.[9] 서양 외교사절들은 중국과의 관계에서 생기는 마찰이 외교 문제를 조정에서 처리하지 않고 지방관리가 처리하게 하는 데서 생긴다고 판단하여, 정상적이고 신속한 관계를 위해서는 베이징의 청나라 조정과 직접 접촉해야 한다고 믿고 이에 대한 요구를 내세우기 시작했다.

한편 베이징의 청나라 조정은 서양인과의 직접적인 접촉을 원하지 않았다. 왜냐하면 그것은 바로 '천하의 중심인 중국 조정(天朝)'의 존엄에 대한 도전을 의미했고, '천조'의 대외적 존엄이 손상되는 것은 중국 내부에서 만주족 정권의 정통성을 부인하는 것으로 연결된다고 보았기 때문이다.[10] 따라서 청나라 조정은 서양 사절들의 직접 접촉 요구를 거절하기로 하고 실행해 간 것이다.

이런 상황에서 애로우(Arrow)호 전쟁(1856~1860, 제2차 아편전쟁)이 발발하여 광둥(廣東) 지방이 영·불 연합군에 점령되고, 톈진조약(天津條約, 1858)이라는 불평등조약을 체결하는 등, 서양의 무력에 재차 굴복하는 모욕을 당하면서 중국은 그들의 전통적인 국제정치사상의 수정을 강요당하는 처지에 놓였다. 톈진조약에 의하면 체결 당사국들은 각기 외교사절을 상대방의 수도에 파견하고 대등한 위치에서 관계를 맺게 되어 있었다. 또한 체결 1년 후 비준서를 교환하기로 되어 있었다. 그러나 청나라 조정은 '커우터우

(叩頭, 머리를 조아려 존경심을 표하던 중국 전통 예법)'를 하지 않는 서양 외교사절들을 베이징에 상주시키고, 더구나 대등한 관계를 갖게 되는 것이 불안하여 관계와 치외법권 문제에서 양보하더라도 관련 조항을 삭제·수정하려 했다.[11] 문제 조항의 삭제·수정이 여의치 않자 청나라 조정은 비준서 교환을 위해 베이징에 들어오는 외교사절단을 습격하여 목적을 이루려 했다. 청나라 조정의 이런 계획은 '바이허(白河)의 전쟁'[12]이라는 사건으로 이어졌고, 결국 영·불 연합군의 베이징 진격(1860.7)을 자초하여 세 번째 치욕을 겪지 않을 수 없게 되었다.

영·불 연합군이 베이징으로 진격하자 청나라 황제와 배외파(排外派) 중신들은 열하(熱河, 청더承德)로 피신하고 원명원(圓明園)이 습격당했다. 결과는 중국이 베이징조약(1860.9)을 통해 영국·프랑스 등이 요구했던 것보다 더 높은 요구를 수락하는 것으로 귀결되었다.[13]

베이징조약에서 영토의 일부(홍콩 앞바다 구룡반도)까지 할양해야 할 만큼 허약해진 중국을 확인한 뒤, 1860년대에 중국에는 서양 외교 제도에 적응하려는 노력과 함께 '자강론(自强論)'이 대두하기 시작했다.

외교사절 상주에 대응하기 위해 '총리각국사무아문(總理各國事務衙門)'이 설립(1861.1)되고[14] 초대 책임자로 임명된 공친왕(恭親王) 이수(奕訴, 1861~1884 재임)는 하트(Robert Hart), 버링게임(Anson Burlingame) 등 외국인들의 조언을 받아들여 외교 제도를 개혁함으로써 1860년대 중반에는 외교사절의 해외파견 문제까지 거론되기에 이르렀다. 그러나 공친왕 이수는 중국인 중 적격자가 없다는 이유로 버링게임을 최초의 외교사절단장으로 추천, 임명시킨 바 있다.[15] 서양 외교제도에 적응하기 위한 기관 책임자로서 공친왕 이수의 이같은 조치에서 우리는 베이징조약을 통해 공식적으로는 부인된 화이관념의 잔재를 볼 수 있다. 즉 최초의 외교사절단장에 외국인을 임명했다는 것은, 적격자가 없다는 변명에도 불구하고, '이이제이(以夷制夷, 이 오랑캐로 저 오랑캐를 제어)'적 발상이라 할 수 있기 때문이다. 또한 외국인에게 자기 나라의 중대사를 맡기는 데서는 유교적 성선설에 입각한 전통 중국적 인간관의 일면을 볼 수 있기 때문이다.

만주족을 중심으로 한 청나라 조정의 보수성이 강한 데 반해 한족(漢族) 출신 지식인과 관리들의 입장은 상대적으로 진보적인 면을 보였다. 린쩌쉬(林則徐)의 보좌관을 지낸 후 '태평천국의 난' 때는 쑤저우(蘇州)에서 의병을 이끌었고 쩡궈펀(曾國藩, 1811~1872), 리훙장(李鴻章, 1823~1901)과도 교분이 두터웠던 펑꾸이펀(馮桂芬, 1809~1874)은 서양 문물 도입을 통한 자강(自强)을 역설한 최초의 중국인이다.[16] 그는 "중국의 전통적인 윤리와 종교를 근본으로 삼고 서양 여러 나라가 부강해진 기술을 가지고 중국이 당면한 문제들을 해결해 가야 한다."고 전제하고 "오랑캐를 물리치기 위해 오랑캐의 무기를 도입해야 한다. ⋯ 그러나 중국인 스스로 무기를 만들고 고치고 사용할 수 있지 않으면 안 된다."고[17] 하여 '중국 것을 근본으로 삼고 서양 것을 수단으로 삼는다'는 중체서용(中體西用)론의[18] 실마리를 풀었다.

펑꾸이펀은 서양의 수학이나 광학 등 자연과학만 도입하자는 주장에 그치지 않고, 자기에게 본래 있는 것을 되찾기 위해서는 "성인(聖人)의 도에 어긋나지 않는 한 오랑캐의 것이라도 받아들여야 한다"고[19] 하여 제도개혁의 필요성까지 주장했다.

서양 것을 본받자는 이른바 양무운동(洋務運動)의 주역들인 쩡궈펀, 줘종탕(左宗棠, 1812~1885), 리훙장이 서양으로부터 배울 것이 있음을 시인했다는 점에서는 펑꾸이펀과 마찬가지였지만, 그들은 주자학적 사유에 근거하여 전통적 질서를 재건하는 것을 근본 입장으로 했기 때문에 제도개혁 차원까지는 미칠 수 없었다.[20]

이와 같이 양무운동이 그 자체로 한계를 지니기는 했지만, 중국의 국제정치사상 변화에 미친 영향은 부인할 수 없다. 1862년 베이징에 외국어학교[同文館]가 설립된 것을 시발로 하여 주로 군사공업 중심으로 전개된 양무운동은 기술요원 양성과 과학기술서적 번역, 해외유학생 파견으로까지 확대되었고, 1870년대부터는 방직공업·교통·체신·교역 분야까지 포괄하게 되었다.[21] 린쩌쉬, 웨이웬의 '오랑캐의 장점을 배워 오랑캐를 제압한다'는 생각이 펑꾸이펀에 이르러 '중체서용'론으로 발전했고, 1870년대 말 지식인들에 의해 '중체서용'론에 '도기론(道器論)'[22]이 첨가됨으로써 중학(中學)과 서학의 개념 및 범위에 대한 논쟁으로 번지는 동안 화이관념은 쇠퇴과정을 보였다. 이와 같은 사상 상의 변화와 발전은 양무(洋務)를 통한 서양문물의 유입·접촉 결과였다고 할 수 있다.

마젠충(馬建忠, 1845~1898)은 프랑스 유학보고서(1877)를 통해 "서양의 부강은 기계나 무기의 창조에서만 나온 것이 아니라 상업을 보호하고 좋은 법과 훌륭한 정치를 펴는 데서 나온 것"이고 "서양의 강력한 힘은 민심을 얻어냄으로써 가능했던 것이다. 민심을 얻는 일은 의회를 통해 가능하다"고[23] 함으로써 부강을 위해서는 단순한 양무를 넘어 제도개벽까지 할 필요가 있음을 시사했다.

영국·일본 등지를 여행하기 전부터 외국인과 접촉이 많았던 왕타오(王韜, 1828~1897)는 "기계나 무기는 서양에서 취하고 도(道)는 스스로의 것으로 하니 만년이 지나도 불변한 것은 공자의 도다"라고[24] 하면서도 "영국 입헌군주제가 가장 바람직한 제도인데 그것은 곧 '중국 고대 정치[三代의 治]'의 정신과 부합된다"고[25] 하여 중국문명과 서양문명의 갈등을 해소하려 했다.

쩡꿔펀과 리훙장의 보좌관이었다가 영국·프랑스·이탈리아·벨기에에서 외교관 생활을 한 바 있는 셰푸청(薛福成, 1838~1894)은 "전통 도덕이나 전통

학문과 서양 지식, 서양 기술을 다 갖추는 것[體用兼該]이 중체서용(中體西用)"이라고 함으로써 같은 수준에서 중국 것과 서양 것을 관계지으려 했는가 하면, "전통 도덕이나 전통 학문과 서양 지식, 서양기술을 다 갖추는 것이 가장 바람직하지만, 차선책은 중국 것을 적게 하고 서양 것을 많이 쓰는 것"이라[26] 하여 주종·상하 관계에서 전개되던 기왕의 중체서용론에서 벗어나 횡적 관계에서 중·서 관계를 파악하려 했다. 셰푸청은 또 "조화(進化)의 힘을 빌려 백성들의 삶을 이롭게 하는 일은 결코 서양 사람들만의 독점물이 아니고 동·서양의 모든 사람을 이롭게 하는 일이다"라고[27] 하여 자연과학 도입이 서양 것을 도입하는 것이 아니라 세상을 이롭게 하는 방법을 재발견하는 것이라고도 주장했다.

매판상인 출신으로 캉유웨이(康有爲), 량치차오(梁啓超)와 교분이 있던 정관잉(鄭觀應)[28]은 『성세위언(盛世危言)』(1880)에서 "서양 문물이 원래 중국에서 나와 건너간 것"이라는 이론을 전개함으로써 서학의 수용문제에서 지식인 관리들보다 혁신적인 입장을 보였다. 그는 "불변하는 행동의 근본원칙을 '중(中)'이라 하고 변화를 '시(時)'라 하는바, '중'에 '시'라는 변수를 적용하는 것을 '시중(時中)'이라 한다"[29]는 독자적인 제도변화[變法]를 주장함으로써 보편적인 행동원칙으로서의 '중(中)'이 '중학(中學)'과 '서학(西學)'을 관철하게 했다. 그는 또 "서학은 본래 중국에 있던 것이 서양으로 흘러 들어가 발달한 것이기 때문에 서학을 배우는 것은 곧 중학을 배우는 것"이라고[30] 하여, '중체서용'에서 생기는 중·서 갈등을 피해 보려고 했다.

중국의 우월성 회복을 위해 시작된 양무운동은 결국 아이러니하게도 중국의 열등성에 대한 심각한 자성을 촉구하여 '중국과 오랑캐[華夷]'의 구별마저 어렵게 하는 결과를 낳았다. 예컨대 "서양 문물이 원래 중국에서 건너간 것"이라느니 "서양 문물이 공공의 이익에 도움이 된다"는 주장까지하게 된 것이다. 바꾸어 말하면 펑꾸이펀 이후 양무운동 기간의 중체서용 논쟁에서 보여준 지식인과 관리들의 중·서 개념 및 범위에 대한 사유 전개 과정에서 우리는 "중국은 천하의 중심이고 나머지는 다 오랑캐"라는 화이 관념(華夷觀念)에 입각한 국제정치사상의 쇠퇴를 발견할 수 있다.

서양 기술과 문물을 따라 배우자는 양무운동이 청일전쟁에서 실효성 의 한계를 드러낸 후 제도 자체를 바꿔야 한다는 변법운동(變法運動)이 일어 났다는 것은 통설이지만, 텅(Teng)과 페어뱅크(Fairbank)도 지적하듯[31] 캉유 웨이와 량치차오 등 변법론자들의 주장이나 실천은 따지고 보면 양무운 동을 했던 선배 지식인들의 이론의 범위에서 크게 벗어나지 않음을 발견 할 수 있다. 정치적 실천 면에서는 청일전쟁을 중심으로 양무운동기와 변 법운동기의 차이가 부각될 수 있지만, 국제정치사상 변화라는 측면에서 는, 특히 화이관념 존속 여부라는 측면에서 보면 변법운동가들의 국제정 치사상은 양무운동 말기 인사들의 그것이 지속되는 선상에서 전개되고 있음을 볼 수 있다. 바꾸어 말해서 양무운동의 결과 화이관념에 입각한 중국인들의 전통적인 국제정치사상은 붕괴했다고 할 수 있다.

민족주의의 대두와 근대화 모델의 모색

중국 근대사에서 양무운동의 긍정적인 의의를 찾는다면, 화이관념에 입각한 전통적인 국제정치사상을 대신하여 근대국가개념에 입각한 국제 정치사상의 수용을 가능케 했다는 점이다. 그러나 양무운동의 주역들과 그 지지·참여자(비관적인 입장까지 포함하여)들에게서 근대적 의미의 민족주의 의 식은 발견되지 않는다.[32] 즉 그들은 침략세력의 본질에 대해 분명한 입장 을 밝히지 않고 청나라의 체제보강 및 개선이란 명분 아래 자체 사병(私兵)

조직을 강화하거나 세력확장에 역점을 둔 듯하다. 따라서 그들의 산업 개발을 위한 관료자본도 근대적 민족자본으로서 역할을 할 수 없었다. 청일전쟁에서 청나라가 일본에 패한 것은 양무운동의 내재적 한계, 즉 근대적 의미의 민족주의 의식이 없었기 때문인 것으로 볼 수 있다.[33]

한편 청일전쟁에 패한 후 일본과 청나라가 체결한 시모노세키조약(下關條約, 1895)을 계기로 중국에 대한 자본수출의 길이 열림으로써 중국은 열강의 상품시장·원료공급지에 더하여 자본시장으로까지 변화했다. 그뿐만 아니라 유럽과 미국 등 열강에 의한 중국 영토 내에서의 세력권 설정마저 뚜렷해지면서 중국의 분할마저 우려되었다.[34] 이런 상황에서, 비록 청나라 조정의 존속을 전제로 했다는 한계가 있지만, 위기 극복을 위한 목적에서 출발한 변법운동이 백일천하(百日天下)로 끝난 후 서태후 등 청나라 조정의 수구파는 의화단(義和團)을 조종하여[35] 파괴적인 외국 배척활동을 전개하면서 청나라 조정의 명맥을 유지하려 했으나 결과는 또 한 번의 굴욕과 위기의식 고조로 이어졌다.

변법운동이 수구파와 양무파의 저항으로 좌절되고 의화단사건으로 중국에 대한 열강의 침략이 노골화하자 중국인들은 '제도를 바꿔 중국을 강하게 만든다는 변법자강'의 가능성에 대한 기대를 버리고 만주족이 한족(漢族)을 지배하는 청나라 자체를 타도한 뒤 한족의 공화국을 세우는 것만이 중국을 위기로부터 구출하는 유일한 길이라는 기대를 갖게 되었다.[36] 여기에 만·한(滿·漢) 대결개념으로서 한족의 민족주의가 대두하게 된 것이다.

1894년 흥중회(興中會)를 설립하여 만주족이 세운 청나라 타도를 주창하던 쑨원(孫文)이 이끄는 신해(辛亥)혁명이 1911년 무한(武漢)봉기를 계기로 만주족의 청나라 타도의 기운이 전 중국에 파급되면서 '중화민국' 수립까지 선포할 수 있었던 것은 이런 상황, 즉 한족 민족주의의 대두 때문이다. 그

러나 쑨원과 타협을 통해 중화민국 대총통 자리에 오른 위안스카이(袁世凱)
가 결국 황제가 되려고 한 정치적 야심 때문에 공화제 수립의 꿈은 일시적
으로 좌절되고 말았다. 그러나 한족 민족주의는 이런 우여곡절을 거치면
서도 결국 근대적 의미의 민족주의로 승화될 수 있었다.

쑨원은 자신이 거느린 흥중회 동맹회 등 혁명당의 유일한 민족주의적
목적이 청나라 조정 타도에 있다고 했지만,[37] 중국은 열강의 침략과 국내
의 전근대적인 지배질서 밑에서 자율적이고 민주적인 사회발전이 저해되
고 있었다. 따라서 이 두 세력 타도는 중국 민족주의의 기본적 목표이자
중국 근대화를 위한 기본과제였다고 할 수 있다. 즉 중국사회의 전근대적
인 제반 요소를 일소하고 근대화된 사회를 건설해야만 열강의 중국 침략
을 막을 수 있는가 하면, 근대화된 사회를 건설하기 위해서는 전근대적인
지배질서를 제거해야 했던 것이다. 요컨대 반(反)침략주의를 지향한 피압
박민족의 민족주의가 근대화 지향과 표리관계를 이루었다고 할 수 있다.[38]

중국 민족주의가 반침략과 근대화 추구라는 양면성을 띠게 된 것은 일
본의 중국 정책 때문이라 할 수 있다. 쑨원과의 타협으로 대총통에 취임
한 위안스카이는 각종 명목의 차관(借款)을 도입하여 정치적 세력을 확장
하면서 황제가 되려는 야심을 키우고 있었다.[39] 한편 제1차 세계대전 발발
(1914.7)로 유럽에 몰두해 있는 열강의 중국에 대한 무관심을 틈타 중국에
대한 지배권을 확립하려 한 일본은 위안스카이의 정치적 야심을 역이용
한다는 방침 아래 1915년 1월에는 21가지나 되는 요구[40]를 내놓았고, 위안
스카이 사망(1915.12) 후에는 실권자 돤치루이(段琪瑞)를 매수하기 위해 니시
하라(西原) 차관(借款)[41]을 제공하고 이를 미끼로 중국에 대한 일본의 특권을
확립하려 했다.

중국에 대한 일본의 침략 의도는 1918년 2월 러시아에 대한 간섭전쟁

을 계기로 군사적으로까지 나타났다. 그리고 1918년 3월 "소비에트 러시아의 침략 위협으로부터 동아시아를 지킨다"는 명분 아래 '일·중 육군 공동방적(防敵)협정' 및 '일·중 해군 공동방적협정' 체결 제의 형태로 중국에 대한 침략 의도를 드러냈다.

일본의 이와 같은 중국 정책에 대해 중국에서는 일본에 대한 저항운동이 일어났다. 21개 조 요구에 대해서는 일본 상품 불매운동과 재일 중국 유학생 귀국운동이 일어났고,[42] 2대 군사협정 제의에 대해서는 귀국 학생 중심의 구국단, 학생구국회의 데모 사태로 발전했다.[43]

이와 같이 중국 전역에 걸쳐 반일 민족운동이 점차 고조되고 있을 때 한국에서는 3·1운동이 전개되었고, 중국의 많은 신문이 3·1운동을 대서특필했다.[44] 한국의 독립운동에 관한 보도에 크게 자극받은 중국인들에게 5월 1일에는 파리평화협상 소식이 날아왔다. 즉 열강은 일본의 산동(山東) 침략을 승인한다는 것이며, 그 이유는 베이징 정부가 제1차 세계대전 중 일본과 비밀조약을 체결하여 산동에 대한 일본의 점유를 인정했고 열강도 일본과 비밀조약을 통해 이런 사실을 승인했기 때문이라는 것이다. 이에 5월 4일을 기해 중국민족은 일제히 '매국적 군벌 타도', '일제 타도'를 부르짖는 불매(不買) 애국운동을 전개하게 되었다.

5·4운동을 통해 중국민족은 군벌 정권의 반민족적 성격을 충분히 인식하게 되었고, 일본이 중국민족이 당면한 최대의 적임을 간파하게 되었다. 또한 신문화운동을 통해 동경의 대상으로 삼아왔던 서유럽 민주주의국가에 대해서도 회의와 환멸을 느끼기 시작한 것이다.[45]

여기서 중국 민족주의는 반침략적 지향에 더하여 근대화 추구와 그에 따른 근대화의 모델 모색이라는 방향으로 전개되기 시작했다. 근대화 추구가 첸두셔우(陳獨秀) 등을 중심으로 한 신문화운동에서 본격화했다고 할 수 있지만,[46] 그것이 중국 민족주의라는 맥락에서 파악되려면 먼저 량치치오의 '신민(新民)'설부터 이해해야 한다.

변법운동이 실패로 끝나자 일본에 망명한 량치차오는 잡지 출판을 통해 사상운동을 계속하고 있었다. 1902년부터는 『신민총보(新民叢報)』라는 잡지를 출간하고 중국 개조의 방향을 제시하는 논설들을 실었는데, 잡지 이름에 '신민'[47]이라는 용어를 사용한 데서 량치차오 사상의 변화를 발견할 수 있다. 즉 변법론자로서 량치차오가 '변법'의 한계를 인정하고 '민' 자체의 개조·개혁의 필요에 대한 신념을 갖게 되었음을 알 수 있는 것이다. 다음은 『신민총보』 창간호에 실린 그의 신민설의 일부다.

민족이 안전 부유 존귀해지기를 원한다면 신민을 창조해내는 방법이 검토되어야 한다. 나는 신민이 절박하고도 필수적인 문제라는 것을 내정과 외무와 관련해서 설명하고자 한다. … 우리나라에서는 수십 년에 걸쳐 새로운 제도라는 것이 토의되어 왔지만, 왜 그 결과는 눈에 보이지 않는가? 그것은 우리가 신민설에 주목하지 않았기 때문이다. … 민족주의란 무엇을 뜻하는가? 그것은 종족·언어·종교·풍습이 같은 민이 서로를 형제로 여기면서 독립과 자치를 위해 노력하며, 공공복지를 위해 일할 보다 완벽한 정부를 조직하고 타 종족의 침략에 대항하는 것이다. 이런 사상은 19세기 말에 극한적으로 전개되어, 지난 20~30년 내에는 민족제국주의로 발전했다. … 우리가 열강의 민족제국주의에 대항하여 중국을 재난으로부터 보호하고 우리 민을 구원하려면, 우리 자신의 민족주의를 강화하는 정책을 쓰는 것만이 유일한 길이다. 중국의 민족주의를 강화하려면 신민을 통하는 길밖에 없다.[48]

신민의 목적을 민족의 안전·부유·존귀에 둔 량치차오는 타민족과 종족들이 독립을 확보하는 과정에서 쓰인 방법들을 광범위하게 연구해야 한다고 하면서, 옛글과 옛말에 대한 미련을 버릴 것을 역설했다. 이를 통해 볼 때 량치차오의 신민설은 '애국·신문화운동'을 자극하기 위한 것이라 할 수 있다.[49]

량치차오의 이와 같은 사상적 전환은 중국 일부 지식인에게 영향을 미쳐, 진정한 구국의 길은 '변법'에 있는 것이 아니라 중국의 문화 자체를 뜯어고치는 데 있다는 생각이 싹트게 했다. 그들은 그동안 중국을 지배해 온 유교 정신과 그것에 입각한 가치관들에 회의를 품기 시작했고, 그런 낡은 정신과 가치관을 타파하고 새로운 정신과 가치관에 입각하여 중국 사회를 개조하지 않으면 중국이 당면한 민족적 위기를 극복할 수 없다는 사명감을 키워가고 있었다.[50]

신민 창조와 중국 사회 개조로의 지향은 첸두서우에 이르러 반유교운동으로 구현되었다. 『신청년』(1915.9 창간)을 통해 첸두서우는 "봉건시대 산물인 유교는 귀족의 특권을 유지시키기 위한 것이었다. 그것은 자유와 평등이라는 공화제적 원리를 직접적으로 반대하는 것이었다."[51] "삼강(三綱)은 일방적인 의무, 불평등한 도덕적 책임을 강요하는 것으로, 중국에서 계급 발생은 거기서 연유한다."[52]고 함으로써 기존 가치관의 전면 부정을 요구하며 새로운 가치관으로서 '민주와 과학'을 제시했다.

첸두서우와 더불어 신문화운동에 참여한 우위(吳虞, 1872~1949)는 "예(禮)란 인민이 부지중에 절대적 지배자에게 복종할 것을 강요하는 수단이었다"[53]고 규정했고, 후쓰(胡適, 1891~1962)와 루쉰(魯迅, 1881~1936)도 여자에게만 정조와 절개를 요구하는 것은 비인간적인 도덕률이라고[54] 함으로써 유교적 가치관 공격에 가세했다.

신문화운동 주역들이 유교 비판을 적극적으로 전개한 깃은 학문을 위한 입장에서가 아니라 실천적인 문제의식이 있었기 때문이라 할 수 있다. 안으로는 위안스카이(袁世凱)의 황제 취임 노력 등 반동적인 움직임이 있는 가운데 위안스카이 주변의 정치가들은 공자·맹자를 인용해가면서 자기네의 통치기구를 합리화하려 했다. 그래서 그 정신적 기반을 뿌리째 뽑아버리는 것이 국민혁명의 목적에 부응하는 일이었다.[55] 밖으로는 근대화만이 의국의 침략을 막아낼 수 있는 부강의 길인데 유교는 이런 근대화 추구와 서로 용납할 수 있는 관계가 아니라는 것이었다.[56]

신문화운동을 통한 유교에 대한 공격은 유교의 절대성에 큰 타격을 주었고, 따라서 당시 신세대들의 유교에 대한 신임은 급속히 줄어들었다. 유교가 타도되어야 한다면 어떤 도덕적 원리와 가치관이 유교 및 전통적 가치관을 대신해야 할 것인가? 이 문제에 대해서는 신문화운동 주역들도 명확한 답을 제시하지 못하고, 새로운 도덕적 원리와 가치관은 시대의 요청에 부응하는 것이어야 한다는 식의 원론적인 언급에 그치고 말았다.[57]

신문화운동을 통해 전통적인 가치관이 부정되면서도 새로운 가치관 확립의 방향이 정해지지 않았을 때 5·4운동이 발생했으며, 중국에서는 근대화 모델에 대한 논의가 일기 시작했다. 서구민주주의 국가들이 중국에 대한 침략적 행동으로 5·4운동기에 서구민주주의 자체에 대한 회의가 일기 시작했음은 앞서 언급한 바 있다. 그 영향으로 중국에는 민주주의를 제외한 각종 정치사상이 범람하기 시작했다.[58]

민주주의가 아닌 사회주의 계통의 이론에 매력을 느끼는 지식인이 늘어간 까닭은 '서구민주주의=자본주의=제국주의'라는 논리에서 제국주의의 침략성에 대한 증오에 비례해서 나타난 현상으로 풀이할 수 있다. 실증주의자이자 온건론자인 후쓰(胡適)에게 이런 경향은 위험한 현상으로 받아들여졌다. 1919년 7월 후쓰는 「문제와 주의」라는 글에서 '주의'의 상대성을 지적하면서 중국에 필요한 것은 중국이 당면한 '문제'를 해결하기 위한 구체적인 방법이라는 점을 역설했다.[59] 그러나 후쓰의 '주의' 배척은 격렬한 반대에 부딪혔다. 길드사회주의자 란즈셴(藍志先)은 구체적인 방법을 강조하는 것은 특정한 지방적 '문제'에는 적용될 수 있지만 일반적이고 광범위한 '문제'에 적용하기에는 부족하다고 반박하면서, '주의'가 구체적인 방법을 제시하지는 못하지만 행동 기준을 마련하고 운동 방향을 제시하기에 중국 현실에서는 '주의'의 연구가 시급하다고 주장했다.[60] 란즈셴보다 강한 반대는 리따자오(李大釗)로부터 나왔다. 리따자오는 '문제'를 '문제'로 의식하려면 우선 일정한 '주의'에 입각해야 한다고 전제하고, 기본적인 사회문제를 해결하기 위해서는 대중의 공동노력이 필요하며 사회문제의 급박성을 많은 사람에게 납득시키려면 '주의'가 제시되어야 한다고 주장했다.[61]

「문제와 주의」에 대한 논쟁은 순수하게 아카데믹한 논쟁은 아니고, 중국의 민족주의운동을 어떤 방향으로 끌고 가야 할지를 둘러싼 긴박한 현실문제를 주제로 벌어진 것이다.[62] 그러나 후쓰는 그가 경계하려 했던 사회주의와 무정부주의 이념을 구체적으로 비판하지 않고 추상적으로 '문제'의 중요성을 강조했기 때문에, 중국의 정치적·사회적 제도가 잘못되어 있고 근본적인 변화가 필요하다고 하는 혁명적 믿음이 강해진 중국 사회에서 설득력을 발휘할 수 없었다. 바꾸어 말해서 신문화운동을 통한 유교 및 전통적 가치관의 부정이 보편화되어 있고, 5·4운동을 통해 혁명적 열의가 팽배한 상황에서는 후쓰의 주장은 진부하다고 느껴질 우려마저 있었다. 반면, 상황이 이와 같이 혁명 지향 추세였기에, 리따자오의 주장은 설득력이 높았고, 따라서 민족주의적 목표(반제·반봉건)는 사회주의적 사상에 입각한 투쟁으로 달성될 수 있다는 견해가 우세해졌다고 할 수 있다.

많은 종류의 사회주의적 이론 중에서도 중국 식자층에 크게 어필한 것은 마르크스주의다. 마르크스주의가 당시 식민지 개척에 몰입해 있던 제국주의의 타도를 주장했기 때문에, 서유럽의 침략을 받아온 중국 입장에서는 이론적으로 관심의 대상이 될 수밖에 없었다.[63] 서유럽의 중국에 대한 '배신'(유럽국가들이 모여서 만든 베르사이유 조약에서 중국의 산동 지방을 일본에 넘겨준 일)에 분노한 5·4운동 이후 그런 경향은 증대되는 추세를 보였다.

그러나 보다 직접적인 이유는 마르크스주의에 따른 혁명에 성공했다는 소련의 중국 정책에서 찾을 수 있다. 혁명에 성공한 소련이 카라한(Karakhan)선언을 통해 "제정 러시아가 중국과 체결한 불평등조약을 폐기한다"고 통고했을 때,[64] 중국 지도자들은 이 같은 방법으로 19세기에 맺어진 서유럽과의 모든 불평등조약을 폐기하려는 충격을 느꼈고, 쑨원(손문)을 비롯한 민족주의단체·학생단체들은 일제히 레닌에게 감사의 전문을 보내기도 했다.[65] 카라한선언을 계기로 중국에서는 서유럽은 하나가 아니라 둘이라는 인식과 아울러 '강도적 민주주의' 아닌 '인도적 민주주의'(마르크스주의)가 있다고 인식하게 되었다.[66]

이런 상황에서 1920년 5월에는 중국에 '마르크스주의자 서클'이 형성되고, 1920년 말에는 첸두셔우·장둥쑨(張東蓀)·량치차오 사이에 마르크스주의를 중국에서 실현하는 문제를 둘러싼 논쟁이 벌어졌다. 장둥쑨과 량치차오는 자본주의적 폐해를 없애고 근대화를 저해하는 제국주의를 타도하기 위한 수단으로 사회주의의 가치를 인정하지만 중국의 산업구조가 아직 사회주의 실현에 필요한 노동계급을 양성하지 못했기 때문에 시기상조라는 입장이었다.[67] 이에 반해 첸두셔우는 중국의 빈곤은 자본주의 때문인데, 외국의 정치적·경제적 압박을 당하는 상황에서 점진적 진화라는 완만한 방법을 쓸 여유가 없기에 노동계급에 대신하여 농민이 국내 자본가와

제국주의에 대항하여 일어나야 한다고 주장했다.[68]

이를 통해 볼 때 중국에는 1920년을 전후하여 마르크스주의를 중국 근대화의 이론적 지주로 삼고 소련을 모델로 삼는다는 입장인 세력이 첸두 서우·리따자오 등을 중심으로 형성되고 있었다고 할 수 있다. 그런 바탕에서 1921년 7월에는 중국공산당이 창립되어 급진적인 근대화를 추구하는 세력의 중심이 되고, 점진적인 근대화를 추구하는 세력은 국민당으로 집결함으로써 양자 간 정권투쟁으로까지 확대되기에 이르렀다.

중국 공산주의를 논할 때 흔히 민족주의의 전술적 활용을 지적하는 경향이 있다. 공산주의가 중국에 도입된 과정에는 민족주의 달성을 위한 방편으로, 바꾸어 말해서 공산주의가 전술적으로 채택되었음이 발견된다. 공산주의와 민족주의 양자 간 주종관계가 바뀌는 과정은 따로 연구해야 할 문제다.

마오쩌둥의 사상적 뿌리

독서 경향과 사상적 성장 과정

마오쩌둥의 증언에 의하면 그는 서당을 퇴학(13세, 1906)하고 농사에 종사하던 중, 한 팸플릿을 읽고 중국이 처한 민족적 위기를 처음으로 알게 되었다.[69] 그 팸플릿에는 "오호라! 중국은 정복당할 것이다"로 시작하여 일본의 조선·대만 점령과 인도차이나·버마 등에 대한 중국의 종주권 상실을 지적하면서 중국마저 분할되고 있음을 개탄한 내용이 실려 있었다.

중국이 위기에 처해 있다는 사실을 알게 된 마오쩌둥은 14~15세(1907-08) 때 읽은 정관잉(鄭觀應)의 『성세위언(盛世危言)』을 통해 세계정세와 중국이 처한 위치를 좀 더 자세히 알게 되었고, 사회·국가·세계문제로까지 시야가 넓어져 신학문에 호기심을 갖기 시작했다.[70]

아버지의 반대를 무릅쓰고 신학문 공부를 위해 동산소학교에 입학(15세, 1908)한 마오쩌둥은 자연과학과 서양 사정을 배우면서, 샤오쌴(蕭三)이라는 친구로부터 조지 워싱턴, 나폴레옹, 뾰트르 대제 등의 전기를 빌려 읽고 친구들에게 부국강병의 필요성을 역설했다.[71]

이렇게 볼 때, 웨이크맨(Wakeman)이 지적하듯,[72] 마오쩌둥의 최초의 정치적 관심은 '중국 구원'이라는 문제의식 중심으로 나타나기 시작했다고 할 수 있다.

막연하게나마 형성된 마오쩌둥의 정치적 관심은, 초기인 동산소학교 시절에는 캉유웨이·량치차오 등의 변법운동에 의해 방향을 잡기 시작한 것 같다. 마오쩌둥의 증언에 의하면, 잡지류를 통해 캉유웨이·량치차오의 변법운동에 대해 약간의 지식이 생긴 뒤 사촌이 보내준 『신민총보』를 읽고 또 읽으면서 캉유웨이와 량치차오 두 사람을 존경하게 되었다.[73]

이때 마오쩌둥이 받은 영향은 상당히 강했던 것 같다. 마오쩌둥 자신이 말하듯 "황제와 관리는 정직하고 유능해야 하며 캉유웨이의 주장대로 개혁을 하면 충분하다"고 생각한 것은 아직 그가 전통적인 가치관의 세계에서 살고 있었음을 의미하며, 1915년 그가 조직한 학생 단체명을 '신민학회'라고 한 데서도 캉유웨이와 량치차오의 그림자를 발견할 수 있기 때문이다.[74]

동산소학교에서 1년여 수학한 마오쩌둥은 1911년(18세) 후난성(湖南省) 성도 창사(長沙) 소재 성립 샹샹(湘鄉)중학교에 입학했다. 여기서 마오쩌둥은 혁명동맹회 기관지 『민립보(民立報)』라는 신문을 통해 쑨원과 동맹회와 삼민주의에 대해 알게 되고 반만(反滿) 사상에 기울었다.[75] 혁명운동에 관심을 갖기 시작한 마오쩌둥은 신해혁명(1911.10.10)이 터지자 혁명군에 가담했으나, 청나라 황제 퇴위 후 혁명 주도권이 군벌세력(위안스카이)에 넘어간 것을 보고 국민혁명과 쑨원에 대한 기대를 버리고 1912년 3월 혁명군에서 빠져나왔다고 한다.[76]

혁명군 시절 마오쩌둥은 당시 혁명에 관해 많은 기사를 썼던 『상쟝일보(湘江日報)』를 통해 사회주의라는 것에 대해 알게 되고, 특히 쟝캉후(江亢虎,

1911년 중국사회당 창설)가 쓴 사회주의이론에 관힌 책자를 읽고 크게 감동하여 친구들과 서면 토론을 하기도 했다고 한다.[77] 국민혁명의 장래에 대한 비관적 전망이 서게 된 것과 사회주의에 대한 지식이 생긴 것과 무관하지 않을 것 같다.

혁명군에서 나온 마오쩌둥은 후난성립 사범학교에 입학하게 될 때까지 (1913년, 20세) 성립 고등상업학교(1개월), 성립 제일중학교(6개월)를 자퇴하고 창사 시내 후난도서관에 다니며 독학을 시작했다.[78] 6개월여에 걸친 이 기간에 마오쩌둥은 처음으로 세계지도를 보았고, 지리·역사 관계 서적과 아담 스미스의 『국부론(國富論)』, 다윈의 『종(種)의 기원』, 존 스튜어트 밀의 『자유론』, 몽테스키외의 『법의 정신』 등의 중국어 번역본을 읽었다고 한다.[79]

1913년 봄 후난성립 제일사범학교에 입학한 마오쩌둥은 여기서 5년여를 보내고 1918년 봄 졸업했다. 이 학교 시절 마오쩌둥에게 큰 영향을 미친 교수는 윤리 및 논리학·심리학·철학을 강의한 양창지(楊昌濟) 교수다.[80] 양 교수의 강의를 들으며 철학사상에 대한 서적들을 탐독하는 한편, 양 교수의 소개로 잡지 『신청년』(1915년 창간)을 읽기 시작했다. 『신청년』은 첸두셔우(陳獨秀), 후쓰 등이 유교 사상과 제도를 비판하기 위해 간행한 잡지인 만큼 마오쩌둥은 신학문과 구학문의 상반되는 면을 조절하느라 고심했다.[81]

중국의 위기에 대한 인식, 캉유웨이와 량치차오의 변법운동, 신해혁명, 신문화운동이 잇따라 일어나는 시대 상황과 마오쩌둥의 독서 결과는 제1차적으로 '신민학회'라는 학생단체 창설로 나타났다.[82] 1915년 '자기개조'를 통해 조국을 개혁하고 구제한다는 목적으로 후난성립 제일사범학교 학생들을 중심으로 조직된 '신민학회'는 신문화운동에서 사실상 후난지부 역할을 했고, 후일 중국공산당의 지도급 인사들을 많이 배출했다. 그런 점에서 신·구학문의 상반되는 면의 조화에 고심하던 마오쩌둥은 '신민학회'

조직과 활동을 통해 반전통(反傳統)주의자로 변모해 가고 있었다.[83]

신문화운동에 적극성을 띠는 한편, 마오쩌둥은 후난성 성도 창사에 세워진(1915) '선산학사(船山學社)'에 자주 출입하면서 왕푸즈(王夫之, 1619?~1692)의 역학(易學)에 대한 강의를 듣고 왕푸즈의 역학이론 소개서인 『선산학보』도 탐독했다.[84] '선산학사' 설립 목적이 후난성 출신 학자의 사상 보급에 있었지만, 위안스카이의 정치적 야심이 드러나면서부터는 위안스카이 반대운동의 중심 역할을 했다는 점에서, 마오쩌둥의 '선산학사' 출입은 이론과 실천 면에서 큰 영향을 끼쳤다.[85]

1917년 4월 마오쩌둥은 『신청년』에 기고한 「체육교육연구」라는 글을[86] 통해 지육(知育)·덕육(德育)을 중시해 온 전통적 교육방침을 비판하고 체육교육을 강화하는 것만이 중국을 구원하는 길임을 강조하면서, 힘은 훈련으로 얻어지는 것이고 훈련 성과는 자각 즉 의식적인 노력에 좌우된다는 주장을 폈다.

슈람(Schram)은 이 한 편의 논문에서 마오쩌둥이 중국적인 의식의 세계에서 마르크스-레닌주의적 세계관으로 옮겨가는 중간 단계를 발견할 수 있고, 후일 마오쩌둥 사상이라 불리는 것의 근원을 찾을 수 있다며 다음과 같이 분석했다.[87] 첫째, 명조(明朝)의 문약(文弱)이 만주족이 세운 청나라의 중국 지배를 가능케 했다는 판단에서 무(武)를 숭상하고 아는 것을 행동으로 옮기는 지행합일(知行合一)을 기해야 한다고 주장한 최초의 반만(反滿) 유학자들, 예컨대 구옌우(顧炎武), 왕푸즈(王夫之), 옌위안(顔元)의 영향을 마오쩌둥이 받았다는 점. 둘째, 군사력을 강화하여 외국의 침략에 대항하자는 량치차오 이후 개혁론자들의 주장이 마오쩌둥의 글에서 재현되고 있다는 점. 셋째, 힘과 용기에 대한 강조 경향은 『신청년』에 나타난 글들을 통해 영향받은 것이라는 점. 넷째, 정신력과 의식적 행동을 중시하는 것은 양창지 교수로부터 받은 영향의 결과라는 것이다.

마오쩌둥의 학교생활과 독서 경향이 한 편의 논문을 통해 모두 결정된 형태로 나타났다는 것은 약간 지나친 주장이다. 그러나 사상적 성장의 일면을 보여주는 것이라는 점은 부인할 수 없다. 바꾸어 말해서 후일 마오쩌둥 사상의 주요 요소로 지적되는 것들을 싹틔울 수 있는 기반은 형성된 것이라 할 수 있다.

마오쩌둥 사상의 새싹이라 할 만한 것들은 오히려 마오쩌둥의 전기 작가 리루이(李鋭)가 인용하는 교과서 내용에 대한 마오쩌둥의 언급에서 찾을 수 있다. 양창지 교수가 1917~1918년에 강의하던 윤리학 교과서 가장자리에는 다음과 같은 구절들이 쓰여 있었다고 한다.

> 관념은 곧 실제고, 유한한 것은 곧 무한한 것이다. 현세적인 것은 곧 비현세적인 것이고, 상상은 곧 사유(思惟)다. 내가 곧 우주이고, 살아 있는 것이 곧 죽는 것이고, 죽음은 곧 삶이다. 현재가 곧 과거이자 미래고, 작은 것이 곧 큰 것이고, 음(陰)이 곧 양(陽)이다. 높은 것이 곧 낮은 것이고, 더러운 것이 곧 깨끗한 것이다. 두터운 것이 곧 얇은 것이고, 실존이 곧 말(言)이고, 많은 것이 곧 하나이고, 변하는 것이 곧 변하지 않은 것이다.

> 인간이 자연에 의해 결정되는 것은 사실이지만, 인간이 자연의 일부라는 것도 명백한 사실이다. 따라서 자연이 인간을 결정할 힘이 있다면, 인간도 자연을 결정할 힘이 있다. 비록 그 힘이 미약하긴 하지만 그렇다고 해서 그것이 자연에 미치는 영향력이 없다고 할 수는 없는 것이다.

우리는 육체적·정신적 역량을 최대한 배양해야 한다. … 개인에 대한 억압이 있는 곳과 개인의 본성에 어긋나는 행위가 있는 곳에는 그보다 더 큰 범죄가 있을 수 없다. 따라서 우리나라의 윤리 종교 자본가 독재라는 것들은 4악으로 볼 수밖에 없다.[88]

이런 인용 구절들의 신빙성이 문제될 수는 있지만, 여기서 몇 가지 중요한 사실을 지적할 수 있다.[89] 첫째 글에서는 중국 전통 사상 중 다소 이단성을 띠었다고 할 수 있는 음양론적 발상을 발견할 수 있고, 그것은 왕푸즈의 역학이론이 아니더라도 중국 민간 차원에서는 음양론적 사고방식이 상당한 영향을 미치고 있었지만, 1915년 이후 '선산학사' 출입이 크게 영향을 미쳤다고 보아야 할 것이다.[90] 둘째 글에서는 인간을 자연에 복속시키는 면이 있는 전통 중국 사상에서 벗어나려는 현상을 발견할 수 있는데, 『신청년』을 통해 서양의 과학적이고 행동적인 사상을 흡수한 결과로 볼 수 있다. 셋째 글에서는 「체육교육연구」에서 찾아볼 수 없던 사회변혁에 대한 주장이 발견된다. 특히 자본가들을 네 가지 악의 하나로 규정한 것은 주목할 만한 사상적 변화로, 마오쩌둥이 공산주의 사상으로 기울 수 있는 필요조건은 1917~1918년 사이에 갖추었다고 볼 수 있다.

5·4운동과 마오쩌둥의 민족주의적 지향

1918년 봄 후난성 제일사범학교를 졸업한 마오쩌둥은 신민학회 회원들과 프랑스 유학을 계획하고 베이징으로 갔으나 중도에 포기하고,[91] 베이징대학 교수로 옮겨 간 양창지 교수의 알선으로 베이징대학 도서관 조수로 취직하게 되었다. 마오쩌둥의 베이징대학 재직기간은 3개월에 불과했지만 신문화운동의 주역들이자 5·4운동의 지도자들이 된 유명한 교수들을 좀 더 가까이서 접촉할 수 있었다는 점에서 마오쩌둥의 사상적 발전에 중대한 영향을 미친 시기였다고 할 수 있다.

이즈음 신문화운동 지도자들 사이에는 점진이냐 급진이냐, 공산주의냐 민주주의냐의 문제를 둘러싼 견해 차이가 드러나고 있었다. 후쓰는 실증주의자로서 점진적인 개량을 주장하는 데 반해 첸두서우는 모든 전통적 가치를 과감하게 부정하고 새로운 가치관을 찾아야 한다는 급진론자였다. 그러나 후쓰와 첸두서우는 중국 근대화의 모델을 서유럽에서 찾아야 한다는 점에 동의한 점에서는 서유럽주의자라고 할 수 있다.[92]

후쓰와 첸두서우의 차이, 즉 점진 대 급진의 차이 못지않게 중요한 의미가 있던 견해 차이는 첸두서우와 리따자오(李大釗) 사이에서 나타났다. 첸두서우는 중국의 불행은 중국 자체가 안고 있는 결점과 취약성에 기인한 것이라 전제하고, 그런 중국을 근대화시키는 데는 공산주의가 가장 효율적인 방법이라고 주장했다.[93] 반면 리따자오는 "한족의 우월성", "민족적 복수" 등 관념에 입각하여 초기의 중체서용론(中體西用論)자들과 유사한 주장을 했다. 예컨대 리따자오는 레닌의 제국주의론을 레닌 자신의 국수주의를 정당화하기 위한 이론이라고 평가한 것이다.[94]

베이징대학에 일자리를 얻은 마오쩌둥은 후쓰, 첸두서우, 리따자오와도 접촉함으로써[95] 그들의 사상을 좀 더 깊이 이해할 수 있었지만, 마오쩌둥은 리따자오 쪽으로 기울기 시작했다고 한다. 급진이냐 점진이냐에서 후쓰의 점진론보다는 첸두서우와 리따자오의 급진론을 선택하고, 서유럽이냐 중국이냐, 공산주의냐 민족주의냐에서는 리따자오의 중국 민족주의를 선호하게 된 것이다. 사상 면에서 마오쩌둥의 이런 취향은 농촌 출신이 지닌 보수성에[96] 기인한 것으로 볼 수도 있고, 성장한 사회적 분위기가 근대화를 지향하되 아직은 중국적인 것을 간직하고 싶어 하는 경향을[97] 보였다고 할 수도 있다.

리따자오가 중국 민족주의를 강조했다는 사실이 서양에 대한 무지에서 비롯한 것은 아니었다. 리따자오는 사회민주주의에 관심이 많았고, 러시아혁명에 대해서도 중국에서는 최초로 글을 쓴 사람이다. 그러나 근본적으로 그는 과학이나 논리보다 베르그송(Bergson)류의 자유의지를 중시했고, 러시아가 동·서의 중재 역할을 해낸 것처럼 중국도 새로운 세계질서에서는 중요한 역할을 해낼 거라고 주장했다. 또한 그는 러시아가 후진이었기 때문에 오히려 발전 가능성이 크다고 보고, 중국은 러시아보다 더 후진이라는 사실 때문에 더 발전할 수 있으리라는 논리를 전개하기도 했다.[98]

해외 유학을 포기한 마오쩌둥은 1919년 3월 유학생들을 전송하기 위해 상하이에 들러 그길로 창싸(長沙)로 돌아왔다. 경제면에서 어려운 베이징 생활이었지만 사상 면에서는 첸두셔우, 리따자오 등으로부터 깊은 인상을 받아서 수확이 컸고, 그것은 창싸에서의 활동 내용과 방향을 규정했다. 창싸에 돌아온 마오쩌둥은 신민학회를 재정비하면서 『신민학회통신』이란 잡지를 발간하고, 베이징에서 얻은 지식과 사상을 보급했다.[99]

1919년 5월 5·4운동 발발은 마오쩌둥에게 정치 활동 개시의 계기가 되었다. 5·4운동 진전과정을 신문에서 알게 된 마오쩌둥은 수개월 전 베이징에서 체험한 신문화운동의 정신과 첸두셔우, 리따자오 등의 이론적 영향 등을 되새기면서 신민학회를 중심으로 반제·반봉건 학생운동을 전개하기 시작했다. 마오쩌둥은 일본상품불매운동을 주도하는 한편 1919년 7월에는 『상강평론(湘江評論)』이라는 주간신문을 발간, 반제·반봉건투쟁을 위해 민족주의 이론을 고취했다.[100] 『상강평론』에 실린 「민중의 대단결」이란 글[101]의 일부다.

중국에 5·4운동이 일어났다. … 우리는 깨어났다. 세계는 우리 깃이다. 민족은 우리 것이다. 사회는 우리 것이다. 우리가 말하지 않으면 누가 말할 것인가? 우리가 행동하지 않으면 누가 행동할 것인가? 우리가 일어서서 싸우지 않으면 누가 일어서서 싸울 것인가? 중국이 위기에 처한 것은 우리가 힘이 없어서가 아니다. 우리의 무력함은 힘을 행사하지 못했기 때문이다. 수천 년 동안 중화민족은 노예처럼 살아왔다. … 황제만이 모든 것을 통제하고 우리는 힘을 행사할 기회가 없었다. … 우리 중화민족은 원래 위대한 힘이 있다. 압박이 심하면 심할수록 저항은 클 것이다. 오랫동안 눌려온 것들이 순식간에 터질 것이다. 민족의 대단결은 이루어져야 한다. 우리는 우리 자신의 힘을 최대한 발휘하지 않으면 안 된다. 황금시대, 찬란과 영광의 시대가 우리 앞에 다가온다.[102]

이 글에서 중국민족의 위대성에 대한 신념을 심어주어 중국을 구원하고 새로운 중국을 건설해야 한다는 마오쩌둥의 강한 민족주의적 성향을 읽을 수 있다.[103] 인간 의지와 의식적인 행동을 통해 사회를 개조하고 나아가 세계까지 개조할 수 있다는 신념의 일단을 발견할 수도 있다. 후일 마오쩌둥 사상에서 강조되는 인간 의지의 중요성—마르크스주의의 경제적 결정론과는 서로 다른—에 대한 주장은 레닌주의에 대한 학습 이전부터 마오쩌둥에게서 나타나고 있음을 알 수 있다.[104]

5·4운동기를 통해 마오쩌둥의 사상적 요소로 자리 잡은 민족주의는 마오쩌둥이 마르크스주의자가 된 후에도 변함없이 강하게 작용했다. 즉 위대한 중국민족이 다방면적으로 압박을 받고 있지만 혁명을 통해 대내외의 적을 추방하면 한족의 위대성을 재현할 수 있는 시기가 오리라는 주장은 1919년 『상강평론』을 통해 나온 뒤, 1919년 9월 중국 인민정치협상회

의 제1차 회의에서도 되풀이되었다. 문화대혁명도 중국민족의 혁명역량을 과시하기 위한 것이었다고 할 수 있다면, 그것 역시 한족의 위대성 재현의 맥락에서 파악될 수 있다는 것이다.[105]

민족주의적 성향을 띠지만 급진적인 주장을 담은 마오쩌둥의 글은 큰 파문을 일으켰다. 리따자오가 편집하던 베이징의 『매주평론』이 마오쩌둥의 글을 찬양했고,[106] 쓰촨성(泗川省) 성도 청두(成都)의 잡지 『일요일』은 마오쩌둥의 글 전문을 실었다. 창사(長沙)에서도 학생들의 지지가 높아 『상강평론』의 발행 부수를 늘리기도 했다. 그러나 마오쩌둥의 과격한 혁명사상과 선동적인 언론은 창사에 혁명 분위기를 조성하기에 충분했기 때문에 성정부의 제재를 자초했다. 성장 장칭야오(張敬堯, 군벌)가 『상강평론』을 불온사상 선전물로 지목함으로써 『상강평론』은 5호로 폐간되고 말았다.[107]

『상강평론』 폐간 후 마오쩌둥은 장칭야오 성장 타도 운동에 가담했다. 교사들과 학생 중심으로 전개되던 성장(군벌) 타도 운동은 동맹휴학 등 방식을 쓰다가 베이징, 상하이, 광저우 등지에 대표를 파견하여 여론을 조성하고 지원을 얻는 식으로 발전했다. 이에 마오쩌둥은 베이징 대표로 선발되어 1920년 2월 두 번째 베이징행에 올랐다.[108] 이 제2차 베이징행은 마오쩌둥이 공산주의 서적을 접하는 계기가 되었다.[109]

이렇게 볼 때 중국의 일부 지식인이 마르크스주의에 기운 것은 중국을 구원하기 위한 방법으로 혁명을 먼저 계획한 뒤 그 혁명운동을 이론적으로 뒷받침하기 위해서였듯이, 마오쩌둥의 경우에도 혁명에 대한 이상이 확립된 후 5·4운동기 이후에야 마르크스주의에 관심을 갖게 되었다고 할 수 있다.[110]

제1차 국공합작과 마오쩌둥의 계급개념

1920년 2월 베이징에 간 마오쩌둥은 중국어로 번역된 『공산당선언』(마르크스·엥겔스) 『계급투쟁론』(카우츠키), 『사회주의사』(키루쿱) 등 마르크스주의 서적을 읽고,[111] 4월에는 첸두셔우와 토론을 위해 상하이로 찾아가 그와의 토론 끝에 깊은 감명을 받고 마르크스주의자가 되었다고 한다.[112]

1920년 5월 첸두셔우를 중심으로 '마르크스주의연구회'가 생긴 뒤 호남분회 책임자가 된 마오쩌둥은[113] 7월에 창사로 돌아와 호남제일사범 부속 소학교 교장으로 있으면서 마르크스주의 사상을 전파하기 시작했다. '러시아문제연구회', '마르크스주의연구회', '사회주의청년단' 등을 조직하는 한편 문화서사라는 서점을 경영하면서 마르크스주의 서적을 보급했다.[114]

마르크스주의 보급 활동과 더불어 마오쩌둥은 자신의 이론 연구 결과를 꾸준히 발표했다. 1920년 11월 발표한 노동조합 창립 1주년 기념 논문에서는 최초로 노동자의 역할을 강조하는 입장을 보였다. 또한 권위가 너무 분산되면 단체의 목적 달성이 효율적이지 못할 우려가 높기에 이런 부작용을 막으려면 '민주적'인 방식에 의해 전권을 위임받는 집행부가 필요하다고 주장함으로써, 레닌의 '중앙집중제'와 비슷한 주장을 한 것이다.[115] 노동자들을 상대로 한 글인 만큼 노동조합의 중요성을 논하는 것은 당연한 일이지만, 리따자오가 이미 러시아의 '나로드니키(Narodniki)'와 유사한 주장들을 통해 농민 중시 사상을 발표하고 있었고[116] 마오쩌둥 자신이 리따자오로부터 많은 영향을 받았다고 고백한[117] 점을 감안하면, 마오쩌둥이 노동자들에게 농민과 동맹하라는 요구를 내놓지 않고 있는 것은 쉽게 설명되지 않는다. 그러나 당시 '마르크스주의연구회'가 생긴 지 얼마 되지 않아서 마르크스주의연구회를 중심으로 고전적인 마르크스주의 이론 연구가 일부 지식인 사이에서 유행했을 가능성이 높다고 본다면, 마오쩌둥의 이런 주장은 시대조류를 반영한 것이라고 볼 수도 있다.

마오쩌둥이 마르크스주의자가 된 직후 고전적 마르크스주의 이론에 기울었음은 1920~1921년 차이허쌴(蔡和森, 신민학회회원: 프랑스 유학 중)에게 보낸 편지에서도 드러난다. 이 편지에서 마오쩌둥은, 세계혁명을 자본가계급과 프롤레타리아계급 논리에서만 논하면서 중국적인 상황은 전혀 언급하지 않았고, 프롤레타리아 독재를 중국에서도 실시해야 한다는 차이허쌴의 편지에 전적으로 동감한다고 답신까지 한 것이다.[118]

이상으로 볼 때 마오쩌둥은, 1920년대 초까지는 흑백논리적 우·적 개념만 지니고 있었다고 할 수 있다. 즉 만주족과 한족, 침략세력과 중국, 자본가와 프롤레타리아라는 대립적인 차원에서만 혁명과 중국의 구원을 생각하고 있었다고 할 수 있다. 왜냐하면 제1차 국공합작기(1924~1925) 이후 마오쩌둥에게서는 세계를 자본가계급과 프롤레타리아계급의 대립이라는 시각에서 논하는 경향과 더불어 민족혁명에 대한 강한 의지 사이의 갈등 현상이 발견되기 때문이다.[119]

1921년 7월 23일 중국공산당은 "프롤레타리아계급을 대변해야 하며 다른 정당이나 단체들과 관계를 맺지 않을 것"[120]을 다짐하면서 상하이에서 창당대회를 열었다. 그러나 후진국의 민족혁명에 주목한 코민테른(Comintern)이 혁명적 통일전선전술을 중시하자 중국공산당은 1922~1923년 당내 토론 끝에 '국민당과의 합작'이라는 원칙에는 합의를 보았다. 다만 당내합작(공산당원들이 국민당에 개인 자격으로 입당) 방식이냐 당외합작(국민당과 공산당이 당 대 당의 동등한 자격으로 합침) 방식이냐로 토론을 계속했다. 첸두셔우는 당외합작을, 리따자오는 당내합작을 주장했다.[121] 마오쩌둥은 당내합작을 주장하는 리따자오 편이었고, 국공합작을 승인한 국민당 제1회 전국대회(1924.1)

에서는 중앙집행위원후보로까지 선출되었다.[122]

리따자오는 세계사의 새로운 단계라는 차원에서 중국의 해방이라는 것을 생각하고 있었기에 도시 청년과 농촌의 민중이 민족주의적 단결을 해야 한다고 주장해왔다. 코민테른의 통일전선전술이론 전개를 계기로 리따자오의 이런 주장은 '프롤레타리아민족'이라는 개념을 매개로 세계혁명의 일환으로서 중국혁명이라는 주장으로 발전했다.[123] '프롤레타리아'라는 계급개념과 '민족' 개념의 결합은 마오쩌둥이 국민당과의 합작을 정당화시킬 수 있게 했을 것이다.[124] 국공합작은 신생 공산당을 자멸시키는 일이 되고 말 것이라는 우려가 가시지 않은 당내 사정에도 불구하고 마오쩌둥은 1923년 11월 23일 『향도』(공산주의청년단 출간물)에 「베이징 쿠데타와 상인들」이라는 글을 발표하여 국민당과의 통일전선 형성이 중국혁명에 필요하다고 주장했다.

> 오늘날 중국이 당면한 정치적 문제는 다름 아닌 '국민혁명' 문제다. 외국의 제국주의와 결탁하여 매국하는 군벌들을 인민의 힘으로 전복시키는 일은 중국 인민의 역사적 사명이다. … 상인·노동자·농민·학생·교사들은 모두 혁명적 과업의 일부를 책임지기 위해 일어서야 한다. 그러나 역사적인 필요와 현재의 경향으로 보아 국민혁명에서 상인들이 책임져야 할 과업이 다른 인민들이 책임져야 할 과업보다 시급하고 중요하다. … 유일한 해결책은 상인·노동자·농민·학생·교사 모두가 군벌과 제국주의로부터 오는 이중의 공동적인 압박을 받고 있는 중국민족이라는 입장에서 긴밀한 통일전선을 형성하는 것이다.[125]

이 논문에서 우리는 마오쩌둥의 민족주의적 지향과 아울러 계급적인 분석의 시각을 발견한다. 즉 국민혁명을 지상과제로 제시하면서도 그 혁명이 성공하려면 자본가계급(상인)이 프롤레타리아계급(노동자·농민) 등 여타 세력과 연합해야 함을 경고하는 것이다.

국공합작 초기에 마오쩌둥은 적극적으로 국민당과 협조했다. 마오쩌둥은 국민당도 중국의 위엄과 독립을 되찾고 중국을 근대화된 국가로 개혁하는 것을 기본 목표로 한다고 믿었기 때문이다.[126] 그러나 마오쩌둥이 국민당과 협조했다는 사실이 그가 마르크스주의를 포기했음을 의미하지는 않는다. 그는 중국혁명에서 주도권이 결국 중국공산당에 돌아오리라는 것을 의심치 않았고, 그런 점에서 스탈린을 비롯한 다른 공산주의자들과 다를 바 없었다.[127]

국공합작 초기에 적극성을 보이는 마오쩌둥에 대해 당내 일부에 비판 논의가 일자[128] 마오쩌둥은 1924년 말부터 2년여 동안 중앙정치무대에서 잠적하여 후난성 내 농민조직활동에 주력했다.[129] 1925년 10월 국민당이 세운 중앙농민운동강습소 교장 취임을 계기로 중앙정치무대에 복귀한 마오쩌둥은 1926년 초 두 편의 논문을 통해 중국혁명과 관련하여 계급문제를 본격적으로 거론하기 시작했다. 『중국농민』(1926.1~2)에 실린 글에서 마오쩌둥은 이렇게 말했다.

> 농촌 어디를 가나 유심히 관찰하면 여러 가지 다른 유형의 사람들이 있음을 발견할 수 있다. 대지주, 소지주, 자작농, 자작소작농, 소작농, 빈농, 품팔이, 몰락한 사람들이 그것이다. 이 여러 유형의 사람들은 각기 다른 여러 계급을 형성한다. … 혁명에 대한 그들의 태도도 다르다.[130]

어느 나라에나 세 범주의 사람들이 있다. 상류·중류·하류가 그것이다. 이를 좀더 세분하면 5가지 부류로 나뉜다. 대자산계급, 중산계급, 소자산계급, 반(半)무산계급, 무산계급이다. … 대지주는 대자산계급에, 소지주는 중산계급에 … 품팔이는 무산계급에 해당한다.[131]

마오쩌둥은 자기 나름대로 중국사회의 계급을 분류했음을 알 수 있다. 즉 도시·농촌 구별 없이 또는 사회구조나 경제체제에서의 역할에 관계없이 전 중국인을 수입과 재산에 따라 분류했다.[132] 마오쩌둥의 이런 계급분류를 마르크스주의 이론에 대한 이해가 충분치 못한 탓이라 할 수도 있지만, 마오쩌둥이 단순한 이론가가 아니라 혁명가이자 투사였다는 점을 감안하면 그 나름의 정치적 목적이 있는 분류라는 해석도 가능하다.[133] 투사로서 마오쩌둥에게는 '적' 개념 설정이 분명해야 했던 것이다.[134] 중국의 구원이라는 문제가 오래전부터 거론되어 왔기에 외부로부터의 적은 '제국주의'로 분명하게 대표되고 있었다. 한편 중국 근대화든 공산화든, 어느 쪽이든 현상타파라는 점에서는 동일한 목표 지향이었다고 할 수 있기에 목표 달성을 위해서는 내부의 적을 규정하지 않을 수 없었다. 여기서 마오쩌둥은 4억 중국인 중 3억 9천 5백만의 반(半)무산 계급과 무산계급에 비해 대-중-소 자산계급은 5백만밖에 안 되며, 이들 5백만은 반혁명이거나 기회주의적 입장이라는 산술적인 단순화를 통해 절대다수의 중국인을 혁명—중국공산당 주도 하의 혁명—에 동원하려 한 것이다.

마오쩌둥이 독자적인 계급개념에 입각하여 혁명역량 동원과 편성을 논하고 있을 즈음 중국에는 중대한 정치적 변화가 일어났다. 1926년 3월 '중산함 사건'으로 국민당의 군권과 행정권이 한꺼번에 장제스(蔣介石)에게 돌아가게 됨으로써 국·공이 불편한 관계로 돌입한 것이다. 국민당에서 공산당 간부를 추방한 장제스는 북벌을 계획하는 한편 삼민주의에 대한 비판을 엄금하는 등 강력한 반공 정책을 펴기 시작했다. 이에 국민당 좌파와 중국공산당은 단순한 정치혁명뿐만 아니라 사회혁명도 동시에 완성하기 위해 노동자·농민을 위한 토지혁명까지 추진하여 사회주의혁명의 기반을 구축해야 한다는 전략적 목표를 세웠다.

이 시기를 전후하여 마오쩌둥의 글에서 논의되는 혁명의 성격은 전보다 훨씬 계급적 측면이 강조되는 경향을 보이기 시작했다. 1926년 11월 25일 『향도』에 실린 「쟝쑤-저쟝(江蘇一浙江) 농민들의 어려움과 그들의 저항운동」이란 글에서 그는 이렇게 말했다.

> 이 3개 현(창인, 상수, 우시)에는 농부들을 가혹하게 탄압하는 대지주들이 많다. … 그들(농부)은 구름처럼 일어나, 부유하지만 냉정한 대지주들에 항거하면서 세금을 깎아줄 것을 요구했다. 그러나 농민들이 완전히 단합되기 전에 대지주들은 중소지주 및 향신들과 연합하여 공동행동을 취했다. … 저장성의 츠시에서는 농민폭동이 일어나자 지주들이 현사무소에 몰려갔다. 그러자 군인과 경찰이 몰려와 상황은 역전되고 말았다.[135]

국공합작 기간 마오쩌둥의 언론활동을 통해 보면, 1924~1925년 귀향이 분기점을 이루고 있음을 발견하게 된다. 즉 국공합작에 적극성을 보인 탓으로 당내에서 비판받기 전 마오쩌둥의 언론에서는 반제국주의 혁명으로서 중국혁명에 대한 민족주의적 지향이 부각되는 반면, 귀향 기간 중 농민조직에 눈뜬 뒤 마오쩌둥의 글에서는 비록 마르크스주의적 정통성을 결여한 독단적인 개념에 입각한 것이지만, 계급에 대한 논의가 자주 비치고 혁명의 주요 방향이 반봉건 혁명으로서 대내 혁명으로 옮겨가고 있음을 발견하게 된다. 따라서 문헌에만 의존한다면 마오쩌둥은 국공합작 기간에 민족주의적 특성을 스스로 버리고 전적으로 마르크스주의자로 변신했다고 할 수 있다.

그러나 문헌에 나타나지 않는 그의 실제 행동을 무시해서는 안 된다. 이상과 같은 언론 활동을 하는 한편 마오쩌둥은 1925년 가을 국민당이 세운 농민운동강습소 교장이 된 이래 1926년 10월까지 농민운동강습소 교장 직에서 떠나지 않고 국민당과 협조하고 있었다. 따라서 마오쩌둥은 장제스 국민당이 중국공산당 간부를 추방하고 국민당을 재편한 1926~27년에도 장제스 국민당과 협조하고 있었던 것이다. 그러면 마오쩌둥과 장제스를 묶어준 힘은 무엇이었는가? 민족주의라는 공통 요인이 그들을 연결하고 협력하게 하는 데 주로 작용했을 것이다.[136]

장제스 국민당의 '상하이 쿠데타'(1927.4)로 국공합작이 종결된 뒤 후난농민추수폭동(1927. 가을)이 실패하자 마오쩌둥은 당직(정치국 후보위원, 후난성 당제1서기)을 박탈당하고 정강산(井崗山, 장시성과 후난성 사이에 있는 산)으로 들어가 이론 전개보다는 농민단체를 조직하고 홍군(紅軍)을 편성함으로써 실천에 치중했다. 이때까지의 마오쩌둥에게서 우리는 민족주의적 지향과 계급개념이 병존하면서 양자가 때로 융합하고 때로 교체되어 나타나는 현상을 발견할 수 있었다.

이런 양자의 관계가 마오쩌둥의 국제정치사상 형성과 전개 과정에서는 어떤 식으로 작용했을까? 이 점을 살펴보자.

1 Sau-yu Teng & John K. Fairbank, *China's Rsponse to the West: A Documentary, 1839~1939*(New York: Atheneum, 1970), p.147; Samuel S. Kim, *China, the United Nations and World Order*(Princeton: Princeton University Press, 1979), pp.29~41; 薩孟武, 『中國政治思想史』(台北: 三民書局, 1969), pp.440~453; 李劍農, 『中國近百年政治史』, 上(台北: 台灣商務印書館, 1978), pp.51~56.

2 Teng & Fairbank, 같은 책, p.28.

3 魏源, 『海國圖志』, 序, 朴忠錫, 「청말 공양학파의 사상적 특질」, 단국대 중국연구소, 『중국연구』, Vol. I(1978), pp.52~53에서 재인용.

4 『清代籌辦夷務始末』(北京: 故宮博物院, 1930), 卷63, p.30.

5 위 책, 卷24, p.36.

6 같은 책, 卷72, p.34.

7 같은 책, 卷31, p.18.

8 林則徐는 아편전쟁 발발과 관련하여 이리(伊犁)로 추방되었고 영국과의 교섭을 맡았던 琦善, 葉名琛은 각각 '아무르'와 '캘커타'로 유배되었다. 1881년 청·러시아 간 이리(伊犁)조약이 체결되는 과정에서도 초기 러시아와의 교섭을 맡았던 崇厚는 「리리바디아」조약(1879) 내용이 청나라에 불리하게 되어있다는 데 책임을 지고 1880년 초 투옥되었다가 러시아와의 교섭상 러시아의 감정을 자극해서 안 된다는 건의에 따라 석방되었다. 청나라 조정이 외교와 관련하여 개인적인 상벌을 내리는 제도는 1880년까지 지속되었다. Kim, 같은 책, pp.33~34; 坂野正高, 『近代中國政治外交史』(東京: 東京大學出版會, 1973), pp.168~169, pp.327~330.

9 중국 관리들 중 어떤 사람은 외교협상에 말단관리를 대리 참석시켜서 서양인들을 홍분시키기도 했다고 한다. Werner Levi, *Modern China's Foreign Policy*(Minneapolis: University of Minnesota Press, 1953), pp.6~7; Kim, op. cit.,p.34.

10 청나라 황제의 존엄성(대외적) 강조가 중국 국내정치에서 갖는 의미에 대해서는 Fairbank, *China Perceived: Images and Policies in Chinese American Relations*(New York: Alfred A. Knopf, 1974), p.54 및 Kim, 같은 책, p.45 참조.

11 『清代籌辦夷務始末』, 卷30, pp.11~12; 卷31, pp.31~32, pp.44~46 참조.

12 '白河之戰'으로 불리는 외교사절단 습격에 대해서는 劉彥, 『中國外交史』, 上(台北: 三民書局, 1973), pp.38~40 참조.

13 베이징조약 체결 과정 및 결과에 대한 논의는 위 책, pp.46~49 참조.

14 總理各國事務商門은 恭親王 奕訢, 桂良, 文祥 등 만주인 고관들과의 건의에 따라 설립되어 의화단사건(1900) 이후 외무부가 설립(1901)될 때까지 중국의 대외관계를 관장했다. 奕訢 등의 건의 내용은 『清代籌辦夷務始末』, 卷71, pp.17~26.

15 Burlingame은 중국 외교사절단을 이끌고 러시아에 갔다가 1870년 봄 상트페테르부르크에서 급사했다. 중국인을 단장으로 한 중국외교사절단이 본격적인 활동을 하기 시작한 것은 1877년부터다. Kim, 같은 책, pp.39~40.

16 Teng & Fairbank, 같은 책, p.50. 馮桂芬은 그의 저서의 초고를 1861년 曾國藩에게 보여줬는데, 曾은 그것을 출판하려 했지만 馮이 사양했다고 한다. 「태평천국의 난」이 평정된 뒤 馮은 李鴻章의 고문 역을 했다고 한다.

17 馮桂芬, 『校邠盧抗議』, pp.69~75, 민두기, 『중국의 전통과 근대』(서울: 평민서당, 1979), p.39에서 재인용.

18 '중체서용'이라는 말이 장즈동(張之洞, 1837~1909)의 조어(造語)인 것처럼 되어 있으나[예컨대 Teng & Fairbank, 같은 책, p.164, 薩孟武, 같은 책, p.446, 王雲五, 『清代政治思想』(台北: 台灣商務印書館, 1970), p.458 등], 실은 장즈동이 '중체서용'이라는 말을 처음으로 썼다고 지적되는 「觀學編」外編에는 '舊學爲體 新學爲用'이라는 표현밖에 보이지 않는다. 다만 다른 곳에서 가끔 '舊學'이라는 뜻으로 '중학(中學)'을, '신학(新學)'이라는 뜻으로 '서학(西學)'을 쓰기는 했다. 민두기(같은 책, p.13)에 따르면, '중체서용'론이라는 말은 량치차오(梁啟超)가 『清代學術槪論』

에서 장즈둥의 조어라고 하면서 중체서용론에 시대관념으로서의 지위를 부여코자 했다고 한다.

19 馬桂芬, 같은 책, 민두기, 같은 책, pp.40~41에서 재인용.

20 민두기는 리훙장(李鴻章)이 제도개혁에도 관심이 있었음을 지적하지만(민두기, 같은 책, p.58), Teng과 Fairbank 는 리훙장의 제도개혁에 대한 언급은 립서비스에 불과하다고 본다(Teng & Fairbank, 같은 책, p.86). 曾, 左, 李 등 이 제도개혁까지 거론하지 못한 것은 그들이 청나라 조정의 관리였다는 사실로부터 설명되어야 할 것이다. 당시 청나라 조정의 반외(反外) 보수주의가 국내 정치적으로 갖는 의미는 이미 지적했지만, 양무(洋務, 서양 것을 배움)의 필요성을 논한 奕訴의 건의에서 태평천국난 같은 "내우가 외환보다 더 두려운 것"이라고 한 구절(『淸代 籌辦夷務始末』, 卷71, p.18)을 보면 「양무운동」에 대해 청나라 조정에서도 만인(滿人)과 한인(漢人)의 입장이 달랐던 것 같다. 즉 양무(洋務)를 통해 실은 자기 종족(또는 민족)의 안보라는 것을 꾀하려 한 것 같다는 것이다. 그래서 리훙장도 친구에게 보낸 서한에서 "조정 밖에 있는 지식인들의 비방과 무관심 속에서 안 하는 것보다 낫다는 생각으로 한 건씩 처리해 간다"고 했을 것이다(李鴻章, 『李文忠公全集』, 朋僚函稿, 卷14, pp.312~326 참조). 다만 상대가 (편지를 보낸) 文祥이라는 만주인인데 해석에서 이견이 있을 수 있을 것이다. 그러나 文祥이 귀족 출신이 아니어 서 귀족 출신 만주인 고관들과 견해와 입장이 일치하지 않았음을 주목하면 이런 해석도 가능할 것이다.

21 「양무운동」의 추이에 대해서는 李定一, 『中國近代史』(台北: 台灣中華書局, 1976), pp.121~125, 간략한 내용은 Teng & Fairbank, 같은 책, pp.111~112 참조.

22 '도기(道器)'란 "形而上者를 道라 하고 形而下者를 器라 한다"는 『주역(周易)』「계사(繫辭)」에서 나온 말이다. 송(宋) 나라 때 주자학을 정립한 주자(朱熹)는 도기(道器)를 이기(理氣)와 동일시하여 '선도후기(先道後器)'를 주장했고, 王夫之(명말청초)는 '선기후도(先器後道)'를 주장했고[이 점에서 오늘날 중국공산당에서는 왕부지를 중국유물론 의 시조로 간주한다. 『王船山學術論集』, 上, 下(北京: 中華西局, 1965) 참조], 章學誠(청나라 말)은 '道器合一'을 주장 했다. 이런 과정을 밟아 전개된 도기론은 실질적으로 중체서용론과 같지만, 道의 보편성을 근거로 서양 문물 까지 도에 포함시켜버리기 때문에(道器合一) 서양문물의 수용에서 中·西의 갈등을 해소시키는 논리로 활용되 었다.

23 Teng & Fairbank, 같은 책 pp.95~97에서 재인용.

24 王韜, 『易言』(鄭觀應 著)의 서문, 鄭觀應, 『增盛世危言正續編』(台北: 學術出版社, 1965), 민두기, 같은 책, p.43에서 재 인용.

25 Teng & Fairbank, 같은 책, p.140에서 재인용.

26 薛福成, 「强隣環伺謹陳愚計疏」, 민두기, 같은 책, p.46에서 재인용.

27 薛福成, 「庸庵海外文學」, 卷3, 민두기, 같은 책, p.47에서 재인용.

28 鄭觀應, 經元善 등 상하이(上海)의 상인그룹과 캉유웨이(康有爲)와 량치차오(梁啓超) 일파의 관계에 대해서는 위 책, pp.93~120 참조.

29 鄭觀應, 「盛世危言」, 自序, 민두기, 같은 책, p.49에서 재인용. 민두기의 지적(위 책, p.52)에 의하면 鄭觀應도 '主中 西輔'라는 말은 사용했지만 그 목적을 '通達政體'에 둠으로써 대립된 '중서'를 결합시키기 위한 중체서용론과 는 다른 입장이었다고 한다.

30 鄭觀應, 「盛世危言」, 道器編, 민두기, 같은 책, p.50에서 재인용. Teng과 Fairbanks의 지적(같은 책, p.137)에 의 하면 정관응의 「西學原出於中國說」이 王韜에게서도 엿보인다고 한다. 정관응의 저서에 왕도가 발문을 써 줄 정도의 교분이 있었다는 점을 감안하면 鄭·王의 사상적 유사점은 특이한 현상은 아니다.

31 Teng & Fairbank, 같은 책, p.142.

32 馬建忠은 萬國公法이 강대국 위주의 것임을 간파하고 그것이 해를 끼칠 가능성을 지적한 바 있다. 任繼愈, 「馬建忠」, 『中國近代思想史論集』(上海, 1958) 참조. 왕도(王韜)는 치외법권 폐지, 관세를 중국 맘대로 매기자는 관 세자주(關稅自主)를 주장하고 '차법자강(借法自强)'은 서양을 뛰어넘는 것을 목적으로 해야 하며 만국공법을 낙 관하지 말고 부국강병에 잘 이용해야 한다고 주장했다. 王維誠, 「王韜」, 『中國近代思想史論集』 참조. 薛福成은 중국의 주권과 불평등조약 개정을 주장하고 서학(西學)을 도입하지만 중국인의 지혜가 우수하기에 궁극적으

로 서양을 능가할 수 있으리라는 낙관론을 펴기도 했다. Teng & Fairbank, 같은 책, p.141, 143 참조. 그러나 이런 주장들은 침략세력 또는 모방대상에 대한 본질적 구명 없이 제기되었기 때문에 근대적 민족주의 의식으로 보기에는 부족한 면이 있다 하겠다.

33 安藤正士, 「중국공산당 생성의 사적 배경」, 단국대 중국연구소, 『중국 연구』, Vol. 1(1978), p.156.

34 당시 중국인들의 위기의식을 대표하는 문헌은 캉유웨이의 1898년 4월 17일자 '保國會' 연설을 들 수 있다. 그는 열강의 중국 침략 사례를 열거하면서 중국이 위기에 처해 있다고 지적하고 전통적인 개념인 '필부우책(匹夫有責)'론까지 편다. 『中國近百年史料』, 卷1, pp.501~508, Dun J. Li(ed.), *China in Transtiton: 1517~1911*(New York: Van Nostrand Reinhold Company, 1971), pp.229~235 참조.

35 의화단사건과 서태후(西太后) 등 만청 수구파의 관계에 대해서는 Teng & Fairbank, 같은 책, pp.187~188 참조.

36 安藤正士, 같은 논문, p.160; 左舜生(鄭秉學 역), 『辛亥革命史』(서울 문교부, 1965), pp.1~18 참조.

37 1912년 청나라 마지막 황제가 퇴임하자 쑨원(孫文)은 "민족주의가 완성되었다"고 함으로써 종족개념에 입각한 민족주의적 면모를 보인 바 있다. 체스터턴(민두기 역), 『중국현대정치사상사』(서울: 지식산업사, 1977), p.99 참조, 그러나 혁명당의 반만(反滿) 구호가 복수심의 산물인 것만은 아니었다고 할 수 있다. 즉 만주족을 하나의 종족으로서 박해하는 것이 주된 관심은 아니었고 한족이 정치권력을 되찾는 데 한족 민족주의의 최고목표를 둔 것이다. 『民報』 10호.(1906), p.33; 12호.(1908), p.16; 14호.(1907), p.40 참조.

38 安藤正士, 같은 논문, p.162.

39 위안스카이의 차관(借款)외교 및 차관의 정치적 사용에 대해서는 김달중, 「1910년대 중국국제정치사상계」, 단국대 중국연구소, 『중국연구』, Vol. I,(1978), pp.112~113; 劉彦, 같은 책, pp.395~405, pp.446~449 참조.

40 21개조(5항목)에 이르는 요구의 요지는 다음과 같다. 제1항은 4조로서 주로 산동성에서의 일본의 기득권을 승인하고 독일의 권리를 이양할 것. 제2항은 7조로서 남만주 및 동부 내몽골 지역에서의 일본의 특권을 인정, 강화할 것. 제3항은 2조로서 漢冶萍公司 및 부근 광산에 대한 일본의 독점권을 인정할 것. 제4항은 1조로서 중국의 섬들과 항만을 타국에 할양·조차(租借)하지 말 것. 제5항은 7조로서 정치·재정·군사문제에 대한 일본인 고문을 초빙하고, 일본의 토지소유권·철로부설권을 인정할 것 등이다. 劉彦, 같은 책, pp. 415~418.

41 이 차관(借款)은 일본 외무성이나 의회의 결의를 거친 공식차관이 아니라 일본 총리대신의 개인특사 西原龜三을 통해 이루어진 정치차관으로, 1917년 8월 28일 제1차 차관을 비롯하여 1918년 9월 20일까지 1년여에 걸쳐 14회 제공되었는데, 대개 재산 또는 관세수입을 담보로 하고 일본인 고문 초빙 또는 일본의 특권을 인정하는 조건으로 제공되었다. 총액은 1억4천5백만 엔(엔화 1엔=미 달러 50센트)이었다. 김달중, 같은 논문, p.119; 安藤正士, 같은 논문, pp.167~168 참조.

42 김달중, 위의 논문, p.116; 安藤正士, 위의 논문, p.164 참조.

43 安藤正士, 위의 논문, pp. 169~170 참조.

44 예컨대 『每周評論』[주필: 리따자오(李大釗)] 3월 16일자에는 「조선의 독립운동소식: 민족자결주의 사상이 요동(遼東)에도 찾아왔다」, 「조선의 독립활동상황: 생기와 살기가 상충하고 공리(公理)와 강권이 교전하고 있다. 최후의 날에는 누가 이기고 누가 질 것인가」 등 제목으로 3·1운동을 보도했다. 같은 논문 p.170에서 재인용.

45 安藤正士, 위의 논문, p.171.

46 중국 근대사에서 전통적 가치관 부정을 통한 신문화 수립 노력이 첸두셔우(陳獨秀)에서 비롯했다고 보는 것은 통설인 것 같다. 체스터턴, 같은 책, p.46; 최명, 『현대중국의 이해』(서울: 현암사, 1979), pp.77~78; 安藤正士, 같은 논문, p.165; Chow Tse-tsung, *The May Fourth Movement: Intellectual Revolution in Modern China*(Cambridge: Harvard University Press, 1964).

47 '신민'이라는 말은 "大學之道 在明明德 在新民 在止於至善"이라는 『대학(大學)』 「장구(章句) 서(序)」에서 유래한 말로, '민(民)'을 새롭게 한다', '민(民)'을 혁신한다'는 뜻이 있다.

48 Teng & Fairbank, 같은 책, pp.221~222에서 재인용.

49 위의 책, p.220. 량치차오의 '신민(新民)'설 이후 중국에서는 반전통의 색채를 띠거나 '새로운 중국'을 지향한다

는 것을 표시하고자 할 때 '신민'이라는 용어를 변형시켜 사용한 예가 많다. 예컨대 국민당 좌파로 한때 일본의 괴뢰정권을 세웠던 汪精衛는 '삼민주의'에 대항하기 위해 '新民主義'를 내세웠다. 마오쩌둥도 그가 조직한 학생조직을 (호남사범 시절) '신민학회'라 했고 훗날 소련의 '인민민주의'라는 용어 대신 '신민주주의'라는 용어를 썼다.

50 安藤正士, 같은 논문, p.165.

51 『新青年』 3권 6호(1917.8), p.4, 체스터턴, 같은 책, p.47에서 재인용.

52 『新青年』 1권 6호(1916.2), p.4 위의 책, p.48에서 재인용.

53 『新青年』 3권 3호(1917.5), pp.5~7, 위의 책, p.48에서 재인용.

54 『新青年』 5권 1호(1918.7), p.71, 5권 2호(1818.8), pp.92~95, 위의 책, p.49에서 재인용.

55 安藤正士, 같은 논문, pp.165~166.

56 체스터턴, 같은 책, p.50.

57 예컨대 첸두서우는 유교 대신 민주주의와 과학을 강조했고, 후즈(胡適)는 도덕, 제도, 습관이 환경에 적합한가를 비판적인 입장에서 계속 재검토해갈 것을 권장했다. 周作人은 새로운 도덕은 공동선을 전제로 해야 한다고 주장했고, 루쉰(魯迅)도 사리(私利)가 인생관의 기초가 되어서는 안 된다고 함으로써 周作人과 유사한 입장이었다. 위의 책, pp.50~51 참조.

58 대표적인 것으로는 생 시몽(Saint Simon)의 공상 사회주의(Utopian Socialism), 톨스토이의 영향을 받은 기독사회주의, 농업사회주의, 크로포트킨(Kropotkin)과 바쿠닌(Bakunin)의 무정부주의, 러셀(Russell)의 길드 사회주의(Guild Socialism), 마르크스와 엥겔스의 마르크시즘 등이다.
James C. Hsiung, *Ideology alld Practice: The Evolution of Chinese Communism*(New York: Praeger, 1970), p.27; 체스터턴, 같은 책, pp.58~94 참조.

59 위의 책, pp.54~55.

60 위의 책, p.55.

61 위의 책, p.56.

62 安藤正士, 같은 논문, p.173.

63 Maurice Meisner, *Li Ta-chao ami Origins of Chinese Marxism*(Cambridge: Harvard University Press, 1967), p.95; Hsiung, , p.25.

64 카라한 선언의 원명은 「Declaration to the Chinese People and the Government of the Southern and Northern China」라는 긴 이름이다. *Isvcstia*, 1919.8.10; Jane Degras(ed.), *Soviet Documents on Foreign Policy, 1017~1924*, Vol. I.(London, 1951), pp.16~21 수록. 이런 입장은 1918년 7월 외무상 Chicherin의 성명에서 이미 표명되었지만 5·4운동 이후 카라한(외무부상)에 의해 내용을 구체적으로 발표(중국 정부에 공식적으로 전달된 것은 1920년 3월)되었다는 사실에서 소련이 중국의 민족주의 감정을 이용하여 신생 볼셰비키 정권의 안보를 꾀하고자 했음을 알 수 있다. Robert C. North, *Moscow and the Chinese Communist*(Stanford: Stanford University Press, 1963), p.45, p.52 참조.

65 Chow, 같은 책, p.213.

66 리따자오는 1920년 4월 30일 「아세아청년의 광명운동」이란 글을 통해 중국 청년들이 소련을 좋게 생각하는 것은 물질적인 이권을 되돌려 주었기 때문이 아니라 강도세계에서 인도주의 정신을 보여주었기 때문이라고 했다. 安藤正士, 같은 논문, p.172 참조.

67 체스터턴, 같은 책, pp.84~85.

68 위의 책, p.85.

69 Edgar Snow, *Red Star over China*(New York: Grove Press, 1961), p.131.

70 Stuart R. Schram, *The Political Thought of Mao Tse-Tung*(New York: Praeger, 1974), pp. 21~22(이하 PTMTT

로 약기); Benjamin Schwartz, "The Philosopher". in Dick Wilson(ed.), *Mao Tse-tung in the Scale of History*(Cambridge: Harvard University Press, 1977), p.14; 김상협, 『모택동 사상』(서울: 지문각, 1867), p.14; 김충열, 「모택동의 인물 형성」, 단국대 중국연구소, 『중국연구』, Vol. I(1978), p.7.

71 후일 친공 인사가 되었고 마오쩌둥의 전기를 쓴 샤오싼(蕭三)에게 마오쩌둥은 다음과 같이 말했다고 한다. "중국에도 이런 인물들은 있다. 우리는 부국강병의 길을 추구하지 않으면 안 된다. 그리하여 월남, 조선 혹은 인도와 같은 운명이 되지 않아야 한다. … 중국은 오랫동안 쇠약하여 번영하지 못하고 있다. … 워싱턴은 8년의 고된 전쟁 끝에 마침내 승리하여 미국을 건설했다.", Emi Siao, *Mao Tsetung, His Childhood and Youth*(Bombay: People's Publishing House, 1953), 김충열, 같은 논문, p.10에서 재인용.

72 Frederic Wakeman Jr, "The Patriot" in Dick Wilson(ed.), 같은 책, p.233.

73 Snow, 같은 책, pp.133~134.

74 Schram은 1915년 '신문화운동'이 일기 시작하면서 첸두셔우, 후즈의 사상에 접하게 될 때까지 마오쩌둥이 캉유웨이와 량치차오 2인에 심취해 있었다고 지적한다. Schram, *PTMTT*, p.22; *The Autobiography of Mao Tse-tung*(Canton: Truth Book Co., 1949), p.22.

75 Snow, 같은 책, pp.135~136. 마오쩌둥은 교내에서 '변발(청나라식 헤어스타일)' 자르기를 선동하기도 하고 쑨원의 정치이념 등에 감명을 받아 글을 지어 학교 벽에 붙이기도 했다. 그 내용 중에서 쑨원을 대통령에, 캉유웨이는 총리에, 량치차오는 외교부 장관에 임명하자고 주장했다. 이를 통해 볼 때 마오쩌둥은 쑨원의 노선이 혁명 지향이고 캉·량의 노선은 개량지향이라는 차이를 몰랐던 것 같다. Wakeman, "The Patriot", p.230.

76 김상협, 같은 책, p.19~20. 마오쩌둥의 친구 샤오유(蕭瑜, 샤오싼蕭三의 형)는 마오쩌둥 전기의 하나인 『마오쩌둥과의 무전여행기』(영문명 *Mao Tse-tung and I were Beggars*)에서 마오쩌둥은 혁명군에 가담하지 않았다고 썼다. 샤오유, 『마오쩌둥과의 무전여행기』(서울: 중앙일보사, 1976), p.47 참조. 샤오유의 이런 주장은 그가 국민당 고위직을 지낸 인사라는 점과 무관하지 않을 것 같다. 즉 마오쩌둥을 국민혁명에 가담한 인물로 묘사하기 어려운 정치적 입장 같은 것이 작용하지 않았나 생각된다. 마오쩌둥이 혁명군에서 빠져나오게 된 배경으로 호남지방에서 있었던 '국민혁명 전개 과정─군벌세력과 향신(鄕紳) 사이의 권력투쟁'에 대해서는 Wakeman, "The patriot", p.236 참조.

77 김충열, 같은 논문, p.13.

78 독학을 결심한 이유를 마오쩌둥은 다음과 같이 말했다. "자치통감을 읽은(제일중학 시절) 후 자기 나름의 실력을 기르는 것이 가장 중요하다고 생각하고 구체적 실천방법으로 독서를 택했다. 내 나름으로 독서와 연구를 하면 학교공부 이상의 효과를 얻으리라는 자신을 갖게 되었다", 劉富蘭, 「毛澤東的敎養」, 『明報月刊』, 제2기, p.78, 김충열, 같은 논문, pp.14~15에서 재인용.

79 Li Jui, *The Early Revolutionary Activities of Commrade Mao Tse-tung*(Whiteplains: M.E. Scharpe Publishers, 1977), p.8

80 마오쩌둥은 제일사범 친구이자 신민학회 창설 멤버인 샤오유에게 자신이 양창지(楊昌濟) 교수로부터 많은 훈도를 받았다고 자주 말했다. 샤오유, 같은 책, p.63. 양창지 교수는 일본에서 6년, 영국에서 4년 유학한 뒤 독일에서 관념론 철학을 연구하고 1912년 귀국하여 바로 후난싱립사범학교 교수가 되었다. 중국 고전철학과 더불어 칸트, 스펜서, 루소에도 해박한 양 교수를 마오쩌둥은 매주 일요일에 방문하여 모든 분야에 걸쳐 교시를 받았다. 마오쩌둥은 양창지 교수의 딸 양카이후이(楊開慧)와 결혼했다.

81 김충열, 같은 논문, pp.22~23 참조.

82 마오쩌둥 자신은 「신민학회」를 "자유주의, 민주적 개량주의, 공상적 사회주의의 기묘한 혼합물이다"라고 술회했다. *The Autobiography of Mao Tse-tung*, p.22; 김상협, 같은 책, p.27; Snow, 같은 책, p.147.

83 마오쩌둥은 "나는 사범학교 재학 시 『新靑年』을 읽기 시작했다. 그리고 후쓰와 첸두셔우의 논문을 극구 찬양하게 되었다. 이미 싫증 난 캉유웨이와 량치차오 대신 이 두 사람이 상당 기간 나의 모범이 되었다"고 했다. *The Autobiography of mao Tse-tung*, p.22

84 Frederic Wakeman Jr., *History and Will: Philosophical Perspectives of Mao Tse-tung's Thought*(Berkeley: University of California Press, 1975), p.83, 347.

85 위의 책 참조, 王夫之는 易學의 대가로 평가되는 학자로, 음양오행설에 특히 정통하며[鄭文光. 席澤宗, 『中國歷史上的宇宙理論』(北京: 人民出版社, 1975, p.46 참조), 주시(朱熹)를 중심으로 한 '선도후기(先道後器)'론에 대해 '선기후도(先器後道)'론을 전개했다 하여 중국 최초의 유물론자로 지칭되기도 한다.

86 『新靑年』, 1917.4에 실린 마오쩌둥의 글은 Schram, *PTMTT*, pp.152~160에 수록. 마오쩌둥은 二十八劃生이라는 익명으로 기고했는데, 마오쩌둥이라는 이름의 획수가 28획이라는 재미있는 해석이 있다.

87 Schram, *PTMTT*. pp.23~25.

88 Li Jui, 같은 책, P.38, P.40.

89 Schpram도 리루이(李銳)의 인용문의 신빙도에는 의문을 제기하면서도, 인정하는 입장에서 논의를 계속한다. Schram, *PTMTT*, p.27 참조.

90 Schram도 리루이가 이 구절을 마오쩌둥이 일찍부터 변증법적 유물론적으로 사고하고 있었다는 근거로 인용하는 것은 잘못임을 지적하면서 중국 내에서 그 기원을 찾아야 한다고 했다. *PTMTT*, p.26.

91 마오쩌둥은 Edgar Snow에게 그가 유학을 포기한 것은 "중국에 대해서도 모르는 것이 많아서 유학보다는 중국에 남아 있는 것이 더 유익할 것 같아 유학을 포기했다"고 했으나(Snow, *Red Star over China*, p.149), 샤오유는 여비 문제의식과 어학 실력 부족 때문에 마오쩌둥은 남기로 했을 거라고 했다.(샤오유, 같은 책, p.240)

92 Schram, *PTMTT*, p.29.

93 Schwartz, *Chinese Communism and the Rice of Mao*(Cambridge: Harvard University Press, 1951), pp.14~15; Schram, *PTMTT*, p.29.

94 李大釗, 『李大釗選集』(北京: 人民出版社, 1959), pp.8~27; Schram, *PTMTT*, p.29.

95 Snow, *Red Star over China*, pp.134~140 참조.

96 Wakeman은 이런 특성을 'Rural Roots'라고 표현한다. Wakeman, "The Patriot", p.236.

97 Schram, *PTMTT*. p.30. Schwartz는 마오쩌둥의 유년기가 전통 중국에 속한다는 점이 그의 성격적 특성을 파악하는 데 중시되어야 함을 역설한다. 즉, 마오쩌둥에게서는 이중성이 보이지만 전통 중국에 살았기 때문에 마르크스-레닌주의도 결국 중국적인 맥락에서 해석하려는 경향이 강하게 발견된다는 것이다. Schwartz, "The Philosopher", p.15.

98 Schram, *PTMTT*, p.31.

99 샤오유, 같은 책, p.246; 김충열, 같은 논문, p.31. 마오쩌둥이 잡지를 통해 소개한 것은 사회주의, 무정부주의, 마르크스주의에 대한 사상계(베이징)의 일반적인 동향 및 러시아 10월혁명에 관한 얘기들이었다고 한다.

100 Wakeman, "The Patriot", p.237.

101 湘江評論에 실린 마오쩌둥의 글 원문은 구할 수 없고 Schram이 중국공산당 발간 2차 자료들에서 발췌하여 편집한 것만 접근 가능하다. Schram, *PTMTT*; Sidem,(tr.)., "From the Great Union of the Popular Masses to the Great Alliance", *China Quafterly*, No. 49(Jan./Man. 1972)에 수록.

102 Schram, *PTMTT*, pp.163~164.

103 Schram, "From the Great Union of the Popular Masses to the Great Alliance", *China Quarterly*, No. 49(Jan./Mar. 1972), p.94; Wakeman, "The Patriot", p.237~238. Schram과 Wakeman은 마오쩌둥이 이 글을 쓸 때까지는 마르크시스트보다는 민족주의자였다고 평가한다.

104 마오쩌둥이 이 글을 쓸 때는 리따자오, 첸두셔우를 통해 이미 러시아 10월혁명에 대해 알고 있던 터이고, 따라서 Voluntarism으로서의 레닌이즘에 대해 알 수 있었던 시점이지만, 인간의지와 의식적 행동의 중요성에 대한 마오쩌둥의 생각은 양창지 교수를 통해 굳어서 있었고 1917년「체육교육연구」라는 글에서도 나타난 바 있기 때문이다. 리따자오도 의식적인 행동을 중시한 만큼 리따자오를 통해 신념화되었을 가능성은 크다.

105 Schram, *PTMTT* p.161.

106 리따자오가 좋은 반응을 보인 것은 마오쩌둥의 글이 리따자오 자신의 주장에 동조한 내용들이 주류를 이루기 때문이라고 Schram은 지적한다. Schram, 위의 책, p.34. 마오쩌둥의 「민중의 대단결」은 리따자오가 『매주평론』에 발표한 「서민의 승리」라는 글을 모방하여 작성한 것이라는 설도 있다. 김충열, 같은 논문, p.32. 어쨌든 마오쩌둥이 리따자오로부터 받은 영향이 컸다는 것은 재확인된 셈이다.

107 Li Jui, 같은 책, pp.111~116; 김충열. 같은 논문, p.32 참조.

108 위의 논문, p.34. 군벌 타도를 위한 대표 자격으로서가 아니라 마오쩌둥의 후난성 성장(省長) 반대 정도가 강해 체포될 우려가 있어 베이징으로 도피했다는 설도 있다. 김상협, 같은 책, p.38; Edward E. Rice, *Mao's Way*(Berkeley: University of California Press, 1974), p.22.

109 Snow, 같은 책, pp.139~140 참조.

110 Schram, *PTMTT*, p.32; Schwartz, "The Philosopher", p.22.

111 중국어로 번역된 마르크스주의 원전들이 중국에 최초로 시판되기 시작한 것은 1920년 12월경이었다고 한다. Rice, 같은 책, p.22.

112 Snow, 같은 책, pp.139~140.

113 Rice는 마오쩌둥이 첸두셔우를 만나기 위해 상하이에 있을 때 코민테른 대표들이 첸두셔우를 접촉하고 있던 사실을 상기시키면서, 첸두셔우로부터 창사(長沙)에 세포조직을 만들 것을 지시받았다고 한다. Rice, 같은 책, p.23. 그러나 마오쩌둥이 호남분회 책임자가 된 것은 '마르크스주의연구회'의 조직을 확대·개방하기 위해 지방 도시들에 분회를 두기로 한 뒤의 일로, 베이징 분회책임자 리따자오의 지시에 따른 것이라는 설도 있다. 김충열, 같은 논문, p.37.

114 Rice, 같은 책. p.23; 김충열, 같은 논문, pp.38~39.

115 Rice, 같은 책, p.23; 김충열, 같은 논문, pp.38~39.

116 리따자오는 1919년 2월 「청년과 농촌」이라는 논문을 통해 '브 나로드(인민들 속으로)'를 주장하면서 중국을 세계의 농촌에 비유한 바 있다. Schram, *PTMTT*, p.32 참조.

117 Snow, 같은 책, p.140.

118 Schram, *PTMTT*, pp.40~41, 마오쩌둥의 편지는 pp.296~29.

119 위의 책, p.41.

120 「중국공산당의 목표에 대한 제1차 결정」이라는 제하의 결정에서 중국공산당은 기존정당에 대해 독립·공격·배제의 입장에 설 것을 선언했었다. Martin Wilbur(ed.) *The Communist Movement in China*(New York: East Asian Institute of Columbia University, 1960), p.109.

121 코민테른 제2차 대회(1920)에서 레닌이 "공산주의 인터내셔널은 식민지 후진제국에서 부르주아 민주주의와 일시적인 동맹을 형성하지 않으면 안 된다"고 하여 민족혁명세력과 공산세력의 통일전선을 형성하여 세계혁명을 추진할 것을 지시함으로써 코민테른은 통일전선 논리에 입각하여 지부당을 조종하기 시작, 1922년 8월에는 극동 분국을 경유하여 중국공산당에게 공식적으로 국공합작을 할 것을 지시했다. Franklin W. Houn, *A Short History of Chinese Communism*(Englewood Cliffs: Prentice Hall, 1967), pp.23~24; Harold R. Issacs, *The Tragedy of Chinese Revolution*(Stanford: Stanford University Press, 1961), p.58.

122 李大釗, 譚平山, 于樹德은 국민당 중앙집행위원에 선출되고 毛澤東, 林祖涵, 沈定一, 瞿秋白, 韓符麟, 于方舟는 국민당 중앙집행위원 후보에 선출되었다. 郭華倫, 『中共史論』(台北: 國際關係研究中心, 1969) 제1책 p.116.

123 리따자오가 '프롤레타리아민족'이라는 개념을 사용하기 시작한 것은 1920년 1월 부터다. 그러나 당시 리따자오는 세계 프롤레타리아들과 협동을 통해 사회주의적 대의를 위해 투쟁해야 한다고 주장했을 뿐, 리더십을 전제로 한 조직적인 동맹 관계는 구상하지 않은 것 같다. 그러나 1922년 말부터 리따자오는 중국 내 '민주적'인 통일전선 조직이 세계혁명의 일부를 형성해야 한다고 함으로써 코민테른의 요구에 근접해 갔다.

Wakeman, "The Patriot", p.238; Schram, *PTMTT*, pp.41~42.

124 Wakeman, 같은 논문, p.239.

125 Schram, *PTMTT*, pp.206~208에서 재인용.

126 위의 책, p.51.

127 위의 책, p.43.

128 마오쩌둥은 국민당과의 합작에 적극성을 보임으로써 국민당 우파 지도자 후한민(胡漢民)과 가까워졌다. 리리 싼(李立三)은 이를 두고 마오쩌둥이 '후한민의 비서'가 되었다고 비꼬았다고 한다. Snow, 같은 책, p.145 참조.

129 마오쩌둥이 중병에 걸려 부득이 귀향했다 하나 1925년 초부터 농민조직에 적극성을 보일 수 있었던 것으 로 보아 중병은 핑계이고 자신에 대한 공격의 예봉을 피하려 한 게 아닌가 생각된다. Schram, *PTMTT*, p.44 참조. 마오쩌둥이 농민 운동에 관심을 보이기 시작한 것은 이때부터였다고 한다. 자세한 논의는 위의 책 pp.44~45 참조.

130 위의 책, p.241.

131 위의 책, p.211. 이 부분이 포함되는 논문은 원래 「中國社會各階級的分折」이라는 것으로, 『毛澤東選集』에 실 린 최초의 논문이다. 그러나 1951년 마오쩌둥은 1920년에 발표한 원문을 크게 개작했다. 여기서 인용한 글은 1926년 원문(『中國農民』, 1926.2, pp.1~13)에 의한 것이다.

132 위의 논문, p.47.

133 이후 마오쩌둥의 계급개념은 정신상태를 기준으로 한 계급개념으로 발전했다. 원래 마르크스가 경제적 개념 으로 프롤레타리아를 논했으나, 레닌은 도시노동자 수를 훨씬 능가하는 농민을 혁명역량으로 동원하기 위 해 Vanguard Party Theory를 통해 프롤레타리아와 농민을 동시에 프롤레타리아트의 범주에 넣었다. 또 한 레닌은 중국의 혁명은 농민을 혁명의 주력군으로 삼아야 한다고 주장하기도 했다. 마오쩌둥이 제1차 국 공합작 말기 농민의 혁명성을 강조하게 된 것과 레닌의 이런 주장은 상관관계가 있다고 할 수 있다. 마오쩌 둥은 농민이 혁명역량 중에서 주력군을 형성하되 도시 노동자의 지도를 받아야 한다는 레닌적 원칙을 위 반하지는 않았다. 그러나 마오쩌둥은 농민·병사, 부르주아 인텔리까지 중국공산당에 참여시켜 프롤레타리 아트화함으로써 프롤레타리아트 개념을 계급이나 직업으로 파악하지 않고 정신상태―사회개혁에 대한 의 지 중심의―를 기준으로 한 프롤레타리아트 계급 개념을 형성하게 된 것이다. 마르크스에 의해 경제적 개 념으로 제기된 프롤레타리아트 개념은, 레닌에 의해 Vanguard 개념이 첨가되었다가, 마오쩌둥에 이르러서 는 경제적 개념이 빠지고 정신상태에 의한 개념으로 바뀐 것이다. 마오쩌둥의 계급개념의 발전과정에 대해서 는 Schwartz, *Chinese Communism and the Rise of Mao*, pp.117~126; John Bryan Starr, "Conceptual Foundations of Mao Tse-tung's Theory of Continuous Revolution", *Asian Survey*, Vol. XI, No. 6(Jun. 1971), pp.620~624 참조.

134 마오쩌둥은 1926년 2월 「中國社會各階級的分析」이라는 논문 서두를 이렇게 시작한다. "우리 적은 누구인 가? 우리 동지는 누구인가? 적과 동지를 구별할 줄 모르는 사람은 혁명가가 될 수 없다." Schram, *PTMTT*, p.210.

135 위의 책, pp.248~249.

136 위의 책, p.50.

II

마오쩌둥 국제정치사상의
이론적 틀

반(半)식민지론

대두 배경 및 개념적 뿌리

정강산에 들어간 마오쩌둥은 농민조직을 통해 홍군(紅軍) 조직을 강화했지만, 추종자들 사이에서는 공산혁명의 장래에 대한 비관론이 팽배해갔다.[1] 정강산의 지형·지세도 비관론이 싹트게 된 원인으로 거론될 수 있지만, 더 근본적인 원인은 장제스를 중심으로 한 국민당 우파의 반공 정책으로 공산당 조직이 도처에서 붕괴하거나 손상되어가던 데 있다고 할 수 있다.[2]

국내정치 상황에 따라 팽배해가는 홍군 내의 비관론을 불식시키지 않고는 혁명 추진은 물론, 주더(朱德)[3]가 광시·하이난(廣西·湖南) 지방에 확보해둔 적색근거지마저 유지하기 어렵다고 판단한 마오쩌둥은 1928년 5월 20일 샹간(湘贛, 후난성과 장시성) 지방당 제1차 대표대회를 열어 중국 공산혁명의 장래에 대한 낙관적인 견해를 표명함으로써 홍군의 사기를 높이려 했다. 위에서 언급한 1차 당대표대회에서 마오쩌둥은 중국의 국내·외적 상황을 분석하면서 정강산 같은 오지에서는 공산주의자들이 생존할 수 있음을 역설했다.[4] 그리고 10월에 열린 2차 당대표대회에서는 1차 대회에서의 주장을 발전시켜 중국에 공산정권이 발생하고 존재할 수 있는 원인을 다음과 같이 논했다.

> 한 나라에서 그것도 백색 정권이 사방에서 포위하고 있는 가운데 조그마한 홍색 정권이 장기적으로 존재한다는 것은 다른 나라에는 있을 수 없는 일이다. … 이런 일은 제국주의 국가들이나 제국주의가 직접 통치하는 식민지 국가에는 없고, 제국주의가 간접적으로 통치하는 경제적으로 낙후한 반(半)식민지인 중국에서만 있을 수 있는 일이다. … 이런 일이 생길 수 있는 원인은 두 가지다. 즉 지방적 농업경제(통일적 자본주의 경제가 아닌)와 제국주의끼리 세력범위를 나누는 분열, 착취정책 때문이다.[5]

마오쩌둥은 반(半)식민지 개념을 통해 혁명적 낙관주의를 당내에 심으려한 것이다. 그러면 마오쩌둥의 반식민지 개념은 어디서 유래한 것인가?

반(半)식민지라는 개념은 마오쩌둥 이전에도 1920년대 초 중국에서 쓰였지만,[6] 원래는 레닌에게서 유래했다. 레닌은 『제국주의론』(*Imperialism, the Highest Stage of Capitalism*, 1917)에서 아시아에서의 제국주의의 영향을 논하기 위해 인도와 인도차이나는 식민지로, 페르시아, 중국, 튀르키예는 반(半)식민지로 분류했다. 레닌은 이런 나라들에서 제국주의 세력 간 모순이 있음을 부인하지 않으면서도, 제국주의 세력 간 모순이 중국 같은 반식민지국가에 미치는 영향에 대해서는 논의하지 않았다. 바꾸어 말해서 제국주의 세력 간 모순에만 주목한 나머지, 비록 그가 식민주의에 대한 투쟁을 중시했는데도, 제국주의 간 모순의 피해자로서 반(半)식민지 문제는 관심 밖이었던 것이다. 그런 점에서 레닌의 반(半)식민지 개념은 기술적인 개념에 불과했고, 따라서 분석적인 개념은 아니었다고 할 수 있다.[7]

레닌에 비해 스탈린은 제국주의가 중국에 미치는 영향을 논함으로써 레닌의 반식민지 개념을 분석적인 개념으로 끌어 올렸다고 할 수 있다. 1926~27년 트로츠키는 중국의 혁명에서 주된 투쟁은 제국주의 반대 투쟁이 아니라 자본가 반대 투쟁이라고 생각했다.[8] 이에 대해 스탈린은 중국에서 가장 기본적인 문제는 제국주의 세력의 간섭이라고 보고, 제국주의 세력들이 간접적인 방식에 의해 중국 내의 내전을 유도하고 반혁명세력들에게 정신적·재정적 지원을 하고 있다고 함으로써 트로츠키의 견해를 비판했다. 스탈린은 중국혁명의 국내적 성격 규정에서 중국혁명이 봉건주의 세력에 저항하는 부르주아 민주주의 단계에 있다고 함으로써 민족 부르주아까지도 혁명에 끌어들여 광범한 통일전선을 전개할 수 있는 이론적 뒷받침을 해주었다.[9]

그러나 스탈린에게서는 반식민지 상황이 중국혁명을 오히려 다그치는 현상을 보인다는 분석은 보이지 않는다. 즉 스탈린은 중국에서 제국주의는 중국에 대해 대체로 연합전선을 펴고 있다고 보았을 뿐, 상호경쟁하거나 모순을 일으키고 있다고는 보지 않은 것이다.[10]

1928년 코민테른(Comintern: Communist International) 6차 대회의 결정서에는 제국주의 간 경쟁 관계가 언급되었다. 그러나 결정서의 제목이 「식민지 및 반(半)식민지국가의 혁명운동에 관하여」임에도, 이 결정서에서는 "제국주의 간 경쟁적인 식민지 정책 사이에 생기는 적대관계가 특히 반(半)식민지 국가에서 점차 첨예화되어 가고 있다"는 표현에 그치고 있었다. 대신 자본주의 국가의 노동운동이나 식민지 국가의 혁명운동을 자극하는 배후세력으로서의 소련과 제국주의 사이에 생기는 모순 관계에 더 치중한 것이

다. 코민테른 6차 대회의 결정서에서도 중국혁명의 독특한 성격은 거론되지 않았다.[11]

이런 전개 과정을 보여 온 반(牛)식민지론을 중국혁명의 특성과 결부시켜 논의한 것은 혁명에 대한 추종자들의 비관론을 불식시켜야 할 필요를 절감하던 마오쩌둥이다.

타협과 경쟁

제국주의 세력의 중국 침략이 보편화된 시대에 청소년기를 보낸 마오쩌둥에게는 제국주의와 중국의 모순이 주요모순으로 여겨질 수밖에 없었고, 중국 내부의 복잡한 문제들은 모두 제국주의의 중국 침략에서 야기된 현상으로 파악되고 있었던 것 같다. 1923년 8월 29일 『향도』에 기고한 글에서 마오쩌둥은 이렇게 말했다.

> 중국 정부는 외국에서 온 주인의 회계사무소라는 말들을 많이 한다. 외국인들(특히 영국인과 미국인)이 거짓 우정을 보이는 것은 중국 사람들의 고혈을 모조리 짜내기 위한 속임수에 지나지 않는다고들 한다. … 이런 말들을 믿지 않을 수 없게 되어간다. … 저쟝성(浙江省)에서만 해마다 천만 위안어치의 담배가 팔리고 있다. … 전국적으로는 약 2억 위안어치가 넘을 것이다. … 4억 동포들에게 외국인의 친절이 진정으로 무엇을 뜻하는지 생각해보자고 하지 않을 수 없다. … 외국인이 면화 수출을 희망하면 우리 정부는 면화 수출 금지령을 철폐하고, 외국인이 담배를 수입해오겠다고 하면 정부는 각 성(省)에 담배 수입관세를 부과하지 말도록 전보를 친다. 다시 한 번 나는 4억 동포들에게 중국 정부가 외국

주인의 회계사무소인지 아닌지 생각해보라 하고 싶다.[12]

'제국주의와 중국의 모순'이 주요모순이지만 이런 모순이 발생하는 원인은 중국 정부가 외국인의 이익을 위해 일하는 데서 비롯한 것으로 파악한 것이다. 따라서 마오쩌둥으로서는 목적과 동기의 순수성과 무관하게 매판(買辦) 정부에 대한 저항 자체를 진보적인 것으로 파악하고 있었다고 할 수 있다.[13]

매판 정부가 외국의 제국주의와 결탁하여 중국인들의 불이익을 가져오고 있다는 마오쩌둥의 생각은 정강산 내 비관론자들을 설득하기 위해 반(半)식민지 개념과 결합됨으로써 스탈린에게서는 볼 수 없던 '제국주의 간 타협과 경쟁론'으로 발전되고 있음을 볼 수 있다. 1928년 10월 5일 2차 당대표대회에서 마오쩌둥은 주목할 만한 발언을 했다.

> 중국 내부 각 파 군벌의 모순과 전쟁은 제국주의 각국의 모순과 전쟁을 반영한다. 따라서 각국 제국주의가 중국을 분열시키는 상황만 존재할 수 있고, 각파 군벌도 타협할 수 없다. 모든 타협은 일시적인 것이다. 오늘의 일시적 타협은 내일의 더 큰 전쟁을 빚어낸다.[14]

제국주의는 때로 중국 침략을 위해 타협을 통한 공동행동을 취하기도 하지만 그것은 일시적인 것에 불과하고 경쟁 관계에 있는 것이 보통이고, 중국 내 군벌정부들이 타협보다 경쟁을 일삼을 수밖에 없는 것은 군벌정부들 자체가 매판정부이기 때문이라는 것이다. 논리적으로 볼 때 '제국주의 간 타협과 경쟁'은 전(全)식민지에서는 나타나지 않는 현상이라 할 수 있다. 즉 반(半)식민지인 중국에서만 나타날 수 있는 현상이라 할 수 있으며,

'군벌 간 타협과 경쟁'은 제국주의가 중국을 반(半)식민지로 확보하는 한 필연적인 현상이라 할 수 있다. 따라서 장제스의 공산당 소탕작전 이후 불리한 상황은 일시적인 것에 불과하고, 군벌 간 경쟁을 활용하면 홍색(紅色) 정권은 능히 존재하고 발전할 수 있다는 주장이 가능해지는 것이다.

'타협과 경쟁' 개념의 공로는 매우 큰 것이었다고 할 수 있다. 우선 제국주의 내부의 경쟁관계와 군벌들 간 경쟁관계를 활용하면 혁명의 장래는 낙관적이라고 생각하게 될 수 있다. 공산혁명의 필승을 믿는 소위 혁명적 낙관주의가 원래는 마르크스의 사회발전단계론에 근거했지만, 마오쩌둥의 '타협과 경쟁' 개념의 도입을 통해 적어도 중국혁명은 중국이 반식민지이기 때문에 오히려 낙관적이라는 주장을 할 수 있게 됐다. 실제로 마오쩌둥과 주더(朱德)의 홍군은 비관론과 투항주의를 불식해 가면서 홍기(紅旗)를 앞세우고 장제스 반대 무장투쟁을 전개하기 시작했다. 그 결과 1929년 12월에는 루이진(瑞金)을 중심으로 한 중앙소비에트[쟝시(江西) 소비에트]를 건립할 수 있었던 것이다.[15]

1930년 1월 마오쩌둥은 린뱌오(林彪)에게 보낸 편지에서 '타협과 경쟁'에 대해 보다 이론적인 설명을 했다고 본다.

> 중국혁명의 고조기가 곧 닥칠 것인가 하는 질문이 나오면, 혁명을 고조시킬 수 있도록 모순들이 발전하고 있는지 검토한 후 정확한 답을 내릴 수 있다. 국제적으로 볼 때 제국주의 상호 간, 제국주의와 식민지 간, 제국주의와 그들 국가 내 무산계급 간 모순들이 발전해가고 있기에, 제국주의는 중국에 대한 쟁탈을 서둘러야 할 필요를 절박하게 느낀다. 제국주의의 중국에 대한 경쟁이 강화될수록 제국주의 상호 모순, 제국주의와 중국의 모순이 중국 내에서 동시

에 발전해가고 있다. 이에 따라 중국 통치계급 내부의 혼전도 날로 확대되고 격렬해지며, 그들 내부의 모순도 발전해가고 있다.[16]

여기서 마오쩌둥은 두 가지를 린뱌오에게 설명하는 것 같다. 첫째, '제 국주의 간 타협과 경쟁', '군벌 간 타협과 경쟁' 때문에 홍군(紅軍)과 홍색 정 권이 존재할 수 있으나 '타협과 경쟁' 자체가 즉각 혁명 기운을 높이지는 않는다는 것이다. 다만 언젠가는 혁명 기운이 고조될 것이므로 좌경맹동 주의 대신 지구전(持久戰)을 택해야 한다는 것이다.[17]

둘째, 중국의 계급모순이 발생하는 원인은 중국 지주 및 자본가에 대한 제국주의의 압박에, 중국과 제국주의 간 모순이 발생하는 원인은 제국주 의 상호 간 중국 쟁탈 경쟁에 연결 짓고 있다. 그리고 그것이 계속될 수밖 에 없다고 함으로써, 모순이 심화할수록 더 많은 투쟁이 생기고, 따라서 혁명도 격렬해지리라는 것이다.

중국의 특수성

기본논리 자체는 비교적 간단하지만, 마오쩌둥은 이에 기초하여 중국 의 반(半)식민지적 지위로부터 몇 가지 독특한 결론들을 도출해냈다.

첫째, 반(半)식민지주의의 가장 중요한 특징은 제국주의 세력 간 보조 불 일치인데, 그것은 중국 내 통치계급의 보조 불일치를 불가피하게 함으로 써 통일된 국가권력이 존재할 수 없게 한다. 공산주의 정치 세력이 비(非)공 산주의인 백색(白色)정권들의 포위 속에서도 존속할 수 있는 것은 백색정권 들이 하나가 아니고 여럿으로 갈라져 있기 때문이라는 것이다.[18]

둘째, 중국에서 제국주의가 반(半)식민지주의로 나타나기 때문에 농민

문제의 중요성이 훨씬 커진다는 것이다. 정치적으로 볼 때 제국주의 세력은 도시에 집중되어 있는 반면, 농촌에 대해서는 통제 능력이 없기 때문에 농민 문제가 혁명에서 전망이 밝은 분야라는 것이다. 경제적으로 보면 반(半)식민지주의 때문에 전(全)식민지주의보다 통합적인 발전계획이 불가능하므로 노동자와 농민 간 격차가 생긴다는 것이다. 이 때문에 지역농촌경제 체제가 강력하게 남아 있어 동원에도 유리하므로 도시에 혁명 분위기가 고조될 때까지는 혁명의 중심이 농촌에 있어야 한다는 것이다.[19]

셋째, 중국이 반(半)식민지 국가이기 때문에 민족부르주아는 제국주의와 군벌로부터 동시에 갈취와 압박을 받는다. 따라서 대내적으로는 적대 계급이지만 반(反)제국주의 혁명에는 동원할 수 있다는 것이다.[20]

넷째, 중국의 혁명역량이 객관적으로는 허약하지만, 반(半)식민지적 특수성 때문에 조만간 혁명의 고조기를 맞이할 수 있다는 것이다.[21]

마오쩌둥의 반(半)식민지론에서는 중국적 특수성이 집요하게 강조됨을 발견할 수 있다. 그러나 또 한편으로 보면 레닌의 반(半)식민지 개념과 스탈린의 '약한 고리'론이 결합된 형태라 할 수 있는 면도 있다. 또한 민족부르주아와의 연합 가능성에 대한 논의는 코민테른 2차 대회 때부터 논의되어 4차 대회(1922)에서 채택된 '상층부 통일전선'의 적용이라 할 수 있다. 요컨대 반(半)식민지론은, 마오쩌둥 특유의 몇 가지 특성에도 불구하고 기본적으로 레닌, 스탈린, 코민테른의 입장과 궤를 같이하는 면이 있다.

그러나 마오쩌둥의 반(半)식민지론과 이에 입각한 혁명전략·전술 논의가 1930년 초반까지는 마오쩌둥 자신의 의견 제시에 그쳤을 뿐, 당의 정책으로 채택되거나 주목받지 못한 것은 사실이다. 후난(湖南) 농민 추수 폭동에 실패한 이후 마오쩌둥은 1935년 1월 쭌이(遵義)회의에서 당권을 장악하게 될 때까지 당으로부터 거의 추방되다시피 할 정도로 소외되어 있었기 때

문이다.[22]

중국공산당 내에서 마오쩌둥의 반식민지론과 이에 입각한 혁명전략·전술이 주목받기 시작한 것은 장제스 국민당의 소공(掃共, 공산당 소탕) 작전이 적극성을 띠면서[1933년 10월 50만 병력으로 10만 홍군을 압박: 제5차 소공 작전] '장정(長征)'이 불가피해진 상황에서였다. 더구나 1935년 일본의 관동군이 차하르를 점령하고 베이징을 위협하면서 중국에 대한 침략정책을 노골화하자 마오쩌둥의 전략·전술 논의가 지닌 중국혁명에 대한 타당성이 인정되기 시작함으로써 1935년 1월 준의회의에서 마오쩌둥이 군사위원회 주석이 될 수 있게까지 되었다. 이후 마오쩌둥의 반(牛)식민지론은 중국혁명에서 주요한 전략개념들의 출발점이 되었다.[23] 즉 '제국주의 간 타협과 경쟁', '제국주의 간 보조 불일치를 이용하는 통일전선', '농민투쟁을 기초로 한 '농촌을 돌아 도시를 포위한다[以農村包圍城市]' 전술', '민족부르주아의 이중적인 정치적 태도를 이용한 잠정적인 동맹' 등은 중국의 대내 혁명 과정에서도 중시되던 전략·전술개념이지만, 마오쩌둥의 국제정치사상과 중국공산당의 대외전략에서도 비중이 높았던 것들이라 할 수 있다.

모순론

대두 배경 및 개념적 뿌리

준이회의에서 정치국원에 선출되고 군사위원회 주석을 겸임함으로써 마오쩌둥의 정치적 지위가 현저하게 높아지기는 했으나, 정치국 내에서는 장원톈(張聞天), 첸샤오위(陳紹禹) 등 국제파 세력이 강했고 군권은 군사위원회 부주석으로 선출된 저우언라이(周恩來)와 공유하지 않으면 안 되었다.[24] 마오쩌둥이 중국공산당 최고지도자가 되기 위해서는 아직도 많은 단계를 뛰어넘고 경쟁자를 추월해야 했던 것이 엔안(延安)시대 초기 마오쩌둥의 정치적 위치였다고 할 수 있다.

한편 공산주의 사회에서는 정치지도자가 되려면 이론 면에서도 탁월한 권위를 인정받을 만큼 앞서 있어야 하는 것이 레닌 이래 전통처럼 되어 있었다. 따라서 마오쩌둥이 정치적으로 떠오르려면 마르크스주의에서 가장 철학적인 성격을 띠는 변증법과 인식론을 연구해야 했다.[25] 이에 마오쩌둥은 엔안 시대에 전보다 독서할 여유가 생기자 마르크스주의 철학에 관해 소련에서 나온 책들의 번역본을 읽기 시작했고, 1937년에는 이에 근거하

여 옌안의 항전(抗戰)대학에서 「실천론」, 「모순론」에 대한 강의를 시작했다.[26]

마오쩌둥은 이론 면에서 탁월한 능력을 인정받아야 했을 뿐 아니라, 이론투쟁을 통해 당내 반(反) 마오쩌둥 세력을 무력화해야 할 정치적 필요를 느끼고 있었다. 옌안 시대 중국공산당에는 마르크스주의의 교조를 고수하려는 교조주의 세력이 자신의 단편적인 혁명 경험에 입각하여 중국을 비판하는 경향이 있었다. 마오쩌둥으로서는 이들을 하나의 세력으로 통할하기 위해서는 「실천론」을 통해 이론이 혁명에서 차지하는 중요성을 역설해야 했다. 또한 「모순론」을 통해서는 중국혁명의 특수성을 입증해야 했다. 즉 「실천론」은 경험주의 세력에 대한 비판으로, 「모순론」은 교조주의 세력에 대한 비판으로 나온 것이라 할 수 있다.[27]

「모순론」이 이와 같이 현실정치적인 수요를 충족시키기 위해 나온 것이면서도 이론적으로 볼 때는 반(半)식민지론의 발전된 형태로 파악될 수도 있다. 5·4운동 전후 마오쩌둥이 보여준 국제정치사상의 틀─민족주의 지향과 독자적인 계급개념이 병존·혼재하는─이 1930년대 초 반(半)식민지론으로 이론화되었다가, 마오쩌둥이 마르크스주의 철학에 대한 지식을 넓히는 과정에서 1930년대 말에는 「모순론」으로 재정리되어 마오쩌둥의 국제정치사상이 이론적으로 여러 단계로 발전되고 깊어졌다고 할 수 있다.

사물의 발전과정에서 모순 또는 변증법적 과정이라는 개념은 헤겔, 마르크스 이전 서양사상에 이미 있던 것이고 중국에서도 마오쩌둥 이전에 이미 있었다고 할 수 있다. 바꾸어 말해서 변화와 발전의 원동력으로서 대립물의 갈등이라는 개념은 동서양을 막론하고 고대부터 있어 온 개념이라 할 수 있는 것이다. 다만 그 발전과정이 선형적(線形的)이 아니라 순환적이라는 식으로 여겨지고 있었을 뿐이다. 고대 그리스에서와 같이 중국에서도 우주 생성 문제를 둘러싸고 명암, 춥고 따뜻함, 주도(主導)와 수동의 갈등이 출생, 성숙, 사망, 환생을 순환시킨다고 믿었고, 인간은 그런 과정을 통제할 수 없고 다만 거기 순응해야 한다고 생각한 것이다.[28]

서양의 경우도 이와 유사했지만, 헤겔의 변증법은 약간 특이한 면을 보인다. 헤겔은 대립하는 이념들[正·反]의 갈등작용이 새로운 이념[合]을 창출해내는바, '합'은 '정' '반'의 가장 좋고 진보적인 면만 골라 가지고 나온다고 했다. 이에 반해 마르크스는 발전과 진보를 가져오는 것은 물질세계 요소들 사이의 갈등이라고 주장했다. 그러나 마르크스 역시 일정한 역사적 단계에서의 특징을 모순에서 찾으려 했고, 또한 역사가 전진적인 방향으로 움직인다는 선형(線形) 개념을 내세운 점에서 헤겔과 비슷했다.[29]

마오쩌둥이 마르크스주의자를 자처했지만, 그의 변증법에서는 마르크스적 요인과 아울러 헤겔적 요인도 상당히 발견된다. 마오쩌둥 사상에서는 사회발전에 대한 단순한 유물론적 견해 외의 것도 발견되기 때문이다. 그뿐만 아니라 마오쩌둥은 고대 중국 자연철학에서 나타난 변증법적 경향의 영향을 받았다고 할 수 있다. 중국에서는 고대로부터 음양론(陰陽論) 같은 자연철학이 민간 차원에서 유행해 왔고 그것은 일종의 변증법이라 할 수 있기 때문이다. 이런 점에서 마오쩌둥은 본질적으로 변증법론자라고 할 수 있다.[30]

마오쩌둥 이전부터 모순개념이 있었고 레닌이 그의 혁명이론 전개를 위해 모순개념을 충분히 활용했다는 점에서 마오쩌둥의 「모순론」은 새로운 것은 아니다. 또한 마오쩌둥이 변증법을 학습한 교재가 소련에서 출간된 것이며 그것도 번역본이었다는 점에서 스탈린의 이론 수준에 미칠 수 없었던 것도 분명하다. 그러나 모순개념을 현실에 적용·설명하고 운용하는 데는 마오쩌둥의 독창성이 인정되어야 한다.[31]

마오쩌둥의 국제정치사상의 이론적 틀로서의 「모순론」을 우·적 관계를 구분하는 기준이라는 시각에서 재정리하고 마오쩌둥의 변증법의 이론적 위치를 살펴보자.

모순의 보편성과 특수성

마오쩌둥의 「모순론」에서는 모순의 특성이 보편성과 특수성의 두 가지로 대별된다. 먼저 보편성에 대한 논의를 살펴보자.

모순이 보편적임을 논증하기 위해 마오쩌둥은 두 가지를 논한다. 첫째, 모든 사물의 발전과정에 모순이 있다는 점, 둘째, 매개 사물이 발전해가는 과정에는 처음부터 끝까지 모순운동이 일어난다는 점이다.

모든 사물의 발전과정에 모순이 있다는 구체적 사례를 수학(+⋯미분·적분), 역학(작용·반작용), 물리학(양전陽電·음전陰電), 화학(화합·분해), 사회과학(계급투쟁), 전쟁(공격·수비) 등을 열거하면서[32], 간단한 운동형식이건 복잡한 운동형식이건 또는 객관 현상이나 사상 현상을 막론하고 모순이 보편적으로 존재하며,[33] 모순이 없으면 세계 자체가 있을 수 없다고 단정한다.[34]

매개 사물이 발전해가는 데 처음부터 끝까지 모순운동이 일어난다는 점에 대해 마오쩌둥은 데보린(Deborin) 학파의 이론을 비판하는 데서 논지를 전개한다.

> 그들은 모순이 과정의 시작과 동시에 나타나는 것이 아니라, 과정이
> 일정한 단계에 도달하는 것을 기다렸다가 비로소 나타난다고 생각
> 했다. 그렇다면 어느 시간 이전에 과정 발전의 원인은 내부적 원인에
> 의한 것이 아니라 외부적인 원인에 의한 것이 된다. 이런 데보린의 주
> 장은 형이상학적 외인론(外因論)과 기계론(機械論)이 되어버리는 것이다.

··· 그들은 세상의 모든 차이 속에 모순이 포함되어 있으며, 차이 바
로 그것이 모순이라는 것을 모르고 있었다.[35]

차이 속에 모순이 포함되어 있으며, 차이가 곧 모순이라는 주장에 따르
면 모순은 모든 과정의 초기부터 존재할 수밖에 없다. 차이가 아직 격화
되지 않았다 해서, 즉 대항성(對抗性)을 띠지 않았다 해서, 또는 계급투쟁 형
태를 취하지 않았다 해서 모순이 존재하지 않는다고 보아서는 안 된다는
것이 마오쩌둥의 '모순의 시종일관설'의 요지다.

이런 마오쩌둥의 주장은 그가 형이상학적 우주관을 비판하고 변증법적
우주관의 기본 관점인 '사물 내부의 모순성이 사물발전의 근본 원인'이라
는 입장이기 때문에 나온 것이며, 더 직접적으로는 레닌의 모순관 답습 형
태라 할 수 있다. 레닌은 발전과정을 대립물(모순방면矛盾方面들)의 통일로 파
악한 것이다.[36]

마오쩌둥 자신이 "모순의 보편성은 많은 사람이 승인하는 바다."[37]라고
한 반면 "모순의 보편성은 모순의 특수성 속에 살고 있다."[38]라고 했듯이,
「모순론」의 대부분은 모순의 특수성을 논했다. 마오쩌둥은 모든 물질의
운동형식은 각각 특수한 본질을 갖추고 있는데 그것은 곧 모든 물질 내부
의 특수한 모순에 의해 규정되는 것이며, 그런 현상은 자연계뿐 아니라 사
회현상과 사상현상에도 존재한다고 전제한 뒤, 서로 다른 많은 사물의 특
수한 본질을 인식하는 것이 중요하다고 했다.[39]

이런 논의는 당내 교조주의자로 지목되는 사람들의 소련식 혁명노선
추종을 반박·비난하려는 것이며, 나아가서는 중국혁명의 특수성과 그에
따른 혁명노선의 재정립을 시도하기 위한 것이었다고 할 수 있다. 실제
로 그는 "우리 당내의 교조주의자들은 이 문제에서 착오를 범하는데, 이

는 모순의 특수성을 연구해야 한다는 사실을 모르고 있기 때문에 생겨난 일"[40]이라고 지적하면서 소련식 혁명노선 추종을 다음과 같이 거부했다.

> 질이 다른 모순의 해결은 질이 다른 방법을 써야만 가능하다. … 과
> 정이 변화함에 따라 구(舊) 과정과 구(舊) 모순은 소멸되고 새 과정과
> 새 모순이 발생하기 때문에 모순 해결 방법이 같을 수 없어진다. 러
> 시아의 2월혁명과 10월혁명이 해결한 모순 및 그 모순을 해결한 방
> 법도 근본적으로 다른 것이다. … 교조주의자들은 … 혁명상황의
> 구별에 대한 이해 없이 … 천편일률적으로…[41]

마오쩌둥은 중국의 농업사회적 특성을 중시했고, 따라서 혁명도 이런 특성을 이용해야 한다는 것을 1930년대 초반에 이미 강조해 왔다.[42] 따라서 시기와 장소에 따라 혁명상황이 구별되어야 하며 해결방법도 달라야 한다는 주장은 소련식 혁명노선을 거부하는 입장의 표현이라 할 수 있으며, 동시에 그것은 적과 동지를 구별하는 데 시기와 장소에 따라 기준이 달라져야 함을 강조한 것이다.

적과 동지의 구별 기준은 모순의 특수성 파악을 전제로 하는데, 그러면 모순의 특수성은 어떻게 찾아내는 것인가? 마오쩌둥에 따르면 모순의 특수성을 찾아내려면 첫째, 주관성을 버려야 한다. 즉 편면성(片面性)과 표면성을 버리고 양면성을 늘 고려해야 객관성을 띨 수 있고, 그렇게 함으로써만 모순의 특수성이 찾아진다는 것이다. 예컨대 농민과 지주, 과거와 장래, 개체와 전체, 중국과 일본, 공산당과 국민당 등 대립적 요소를 염두에 두고 모순 각 방면의 특징을 찾아내야 한다는 것이다.[43]

둘째, 일차적으로는 이와 같이 양면성을 고려하되 사물 발전의 단계성

을 고려해야 모순의 특수성이 두드러지게 부각된다는 것이다. 왜냐하면, 사물 발전과정에서 '근본모순'의 성질과 과정의 본질이 변하지 않았다 하더라도 근본모순은 긴 과정의 여러 단계에서 점차 격화될 수 있기 때문이라는 것이다. 그뿐만 아니라 근본모순에 의해 규정되거나 영향받는 허다한 크고 작은 모순 중에 어떤 것은 격화되고 어떤 것은 잠시 또는 부분적으로 해결되기도 하고, 어떤 것은 완화되기도 하고, 또 새로 생겨나는 등, 사물 발전과정은 단계성을 띠므로 반드시 단계성을 주의해야 한다는 뜻이다.[44]

셋째, 양면성을 보고 단계성을 주의하되 동시에 모순을 일으키는 요소들 사이의 관계를 연결시키면서 총체적으로 보아야 하며, 모순의 각 방면을 예의 분석해야 한다는 것이다.[45]

그러나 마오쩌둥은 모순의 특수성을 찾아내기 위한 조건을 위와 같이 나열하고 나서, "사물 범위가 극도로 확대될 수 있고 발전이 무한해질 수 있기에 어떤 경우에는 보편적인 것이 다른 경우에는 특수한 것으로 바뀔 수 있고, 역으로 어떤 경우 특수한 것이 다른 경우에는 보편적인 것이 될 수 있다"[46]고 하면서도 '경우'가 어떻게 무엇에 의해 결정되는지는 설명하지 않았다.

모순의 특수성에 대한 마오쩌둥의 이론이 존재론적으로는 복잡성을 띠지만,[47] 적과 동지의 구별기준이라는 면에서는 마오쩌둥이 적과 동지의 관계를 절대 바꾸지 않는 공식에서 파악하지 않고 상황에 따라 구별하려 했다는 것을 알 수 있으며, 그런 점에서 레닌주의적인 면을 강하게 보여준다고 할 수 있다.[48] 실제로도 마오쩌둥은 『수호전(水滸傳)』의 '축가장 세 번 공격[三打祝家莊]' 사례가 유물변증법적 상황분석에 의한 전략·전술 운용의 좋은 예라고 지적함으로써[49] 주적을 타도하려면 잠재적인 적과도 잠정적인 동지 관계로 연합해야 함을 주장한 것이다.

주요모순, 차요(次要)모순과 신진대사

모순의 분석 결과를 현실적으로 응용하는 데 가장 핵심이 되는 것은 '주요모순'을 찾아내는 것임을 마오쩌둥은 이렇게 말했다.

> 복잡한 사물의 발전과정에는 허다한 모순이 존재하는데, 그중에는 반드시 주요모순이 있기 마련이다. 그 주요모순의 존재와 발전에 따라 기타 모순의 존재와 발전이 규정되거나 영향을 받는다.[50]

> 어떤 사물발전 과정에 다수의 모순이 존재한다면 그 가운데 반드시 한 가지 모순은 주요한 것으로서 영도적이며 결정적 작용을 하는 반면 기타 모순들은 두 번째 중요한 복종적 지위에 처하게 된다. 따라서 이런 과정을 연구하는 데 둘 이상의 모순이 존재하는 복잡한 과정이 있는 경우에는 전력을 다해서라도 그 속에서의 주요모순을 찾아내야 한다. 주요모순이 포착되기만 하면 모든 문제는 쉽게 해결될 수 있다.[51]

주요모순이 모든 모순의 강도와 방향을 결정하는 것이기 때문에 주요모순을 포착하여 그것이 높은 단계로 발전하기 전에 해결해야 한다는 것이다. 왜냐하면 모순에는 단계성이 있다고 이미 지적했는데, 단계가 바뀌면 모순의 주요모순과 차요모순이라는 지위도 변할 수 있기 때문이다. 예컨대 자본주의 사회에서는 무산계급과 자산계급의 모순이 주요모순이 되고 그 밖의 모순역량은 차요모순이 되지만, 시양세력이 중국을 짐략하던 시기의 주요모순은 제국주의와 중국의 모순이고 나머지 계급 간 모순은 차요모순이 된다는 것이다.[52]

허다한 모순 중에서 주요모순을 찾아내는 것이 모순의 특수성을 규정하는 데 일차적으로 필요한 것이라면, 주요모순이든 차요모순이든 모순을 일으키는 두 개의 주요한 방면과 차요의 방면을 구분해내는 것 또한 중요한 문제라는 것이다. 마오쩌둥은 다음과 같이 말했다.

> 어떤 모순이든 모순을 일으키는 여러 방면의 발전은 원래 평형한 것이 아니다. 어느 때는 힘의 균형을 일으키지만, 그것은 잠시적이고 상대적인 현상일 뿐, 기본적인 형태는 평형된 것이 아니다. 모순을 일으키는 여러 방면 중 한 방면이 반드시 주요한 방면이 되고 다른 방면은 차요의 방면이 되기 마련이다. 바로 그 주요한 방면이 이른바 모순을 일으키는 데 주도적인 작용을 하는 것이다. 사물의 특질은 지배적 지위를 차지하는 모순의 주요방면에 의해 규정되는 것이다.[53]

주요모순과 모순의 주요방면에 관한 이상과 같은 내용들을 종합하여 '적과 동지의 구분'이라는 문제에 연결지어 보면, 적대세력 중의 주적이 모든 악의 근원이며, 주적의 색출과 타도만이 중국 역사의 흐름을 바로잡는 관건이라는 것이다. 여기서 우리는 공산주의자들이 공산혁명 수행을 위한 타격 대상으로서의 주적을 가려내고 타도할 때, 공격을 가할 대상으로서의 적대세력들과 이들을 타도할 때 동원할 동맹세력을 구분하는 이른바 스탈린의 전략개념[54]에 따른 적과 동지의 구분기준이 마오쩌둥에서는 「모순론」에서 재현되고 있음을 발견할 수 있다.

마오쩌둥에게 유일한 절대적 상수(常數)는 변화였다고 할 수 있을 것이다. 마오쩌둥의 논의를 보자.

모순의 주요방면과 비주요방면은 서로 바뀌며 사물의 성질도 이에 따라 변화하는 것이다. 모순이 발전하는 일정한 단계에서 주요방면은 갑의 방면이 되지만 별도의 단계나 과정에 이르러서는 그 지위를 서로 바꾸게 된다. 이것은 사물발전 중 모순을 일으키는 쌍방의 투쟁 역량의 증감 정도로 결정되는 것이다. … 신진대사는 우주 간에 보편적인 영원히 저항이 불가한 규율이다. 사물이 본래 지닌 성질과 조건에 따라 부동의 비약형식을 거쳐 하나의 사물이 다른 사물로 전화하는 것은 곧 신진대사 과정이다.[55]

모순 내부에서의 '신진대사'라는 '변화' 개념은 중국 공산혁명의 필연적 승리와 아울러 세계 속에서 중국의 지위가 높아질 수 있다는, 소위 혁명적 낙관주의의 출발점이 된다. 마오쩌둥은 이렇게 말했다.

어떠한 사물의 내부에도 신·구 두 방면의 모순이 있어 하나의 곡절적인 투쟁을 거치게 되어 있다. 전쟁 결과 새로운 방면은 작은 것에서 큰 것으로 변하여 지배적인 것으로 상승하는 반면, 낡은 방면은 큰 것에서 작은 것으로 변하여 점차 멸망해 간다. … 자본주의 사회에서, 자본주의는 봉건주의 시대의 부차적인 지위로부터 진화하여 지배적 지위를 취득하는 역량이 되었고, 사회의 성질 역시 봉건주의적인 것에서 자본주의적인 것으로 되었다.[56]

우리는 이런 상호전화의 경험이 있다. 중국의 근 3백 년을 통치하던 청나라가 신해혁명으로 타도되고 쑨원이 이끄는 혁명동맹회가 승리를 거두었다. 1924년에 이르는 혁명전쟁 중 국공합작의 남방혁명 세력이 약소하던 역량을 키워 북벌에서 승리를 거둠으로써 한때 세력을 떨치던 북양군벌(北洋軍閥)이 타도되었다. 1927년 공산당이 영도하는 인민역량이 국민당 반동세력의 타격을 받아 매우 약해졌다. 그러나 공산당은 숙청을 통해 점차 힘을 키워 왔다. 공산당이 영도하는 혁명근거지에서는 농민이 피치자로부터 통치자의 지위로 올라선 반면 지주들은 처지가 바뀌게 되었다.[57]

제국주의와 반식민지가 투쟁을 벌이는 동안 무산계급 영도 하에 생장해온 역량은 반드시 중국을 반식민지로부터 독립국으로 만들 것이고 제국주의는 타도될 것이다. 낡은 중국은 반드시 새 중국이 될 것이다. 낡은 중국이 새 중국이 되려면 국내의 낡은 봉건세력과 새로운 인민세력 사이의 상황에 변화가 일어나야 한다.[58]

이상 인용문을 통해 볼 때 마오쩌둥이 사용하는 '상호전화(轉化)', '신진대사'라는 개념은 유물변증법에서 '양의 축적이 질적 변화를 가져온다'(Transformation of Quantity into Quality)는 개념보다는 중국 전래의 '역(易, Change)' 개념에 가까운 것임이 드러난다. 마르크스주의 철학에 의하면, 체제 내 모순이 양적으로 축적되어 혁명이 일어나므로 질적으로 다른 사회가 오게 되며, 이를 설명하기 위해 양-질 변화 개념을 적용한 것이다. 그런데 양-질 변화 개념에는 '비약'(leap)이 포함되어 있고 그것은 곧 '혁명'을 의미해왔다.[59]

마오쩌둥도 '신진대사'가 부동의 '비약형식'을 거친다고 했지만, 전체적인 흐름을 보면 모순방면들이 '상호전화'하는 과정은 단순히 연속작용으로만 정의되는 것이다.[60] 한편『주역(周易)』에 따르면 태극은 음양을 낳고 음양은 사상(四象)을 낳고 사상(四象)은 팔괘(八卦)를 낳는데, 사상(소양少陽, 노양老陽, 소음少陰, 노음老陰)끼리는 순환작용을 한다는 것이다. 즉 소양이 노양으로 바뀌는 동안 양 속에서는 음의 인자가 더 지배적인 지위를 차지하게 됨으로써 소음으로 바뀌고, 소음이 노음으로 바뀌는 동안 음 속에서는 양의 인자가 점차 배태·성장하여 결국 음의 인자보다 지배적인 지위를 차지하면 소양이 됨으로써 우주가 양으로 구현된다는 것이다.[61]

'질적 변화'를 논하긴 하지만 '비약' 대신 '상호전환', '신진대사'를 핵심개념으로 택함으로써 마오쩌둥의 「모순론」에서는 유물변증법적 논리와 중국 전래의 자연철학[周易]에서 찾아볼 수 있는 음양 순환논리가 혼재해 있음이 발견된다. 이런 현상은 '모순방면 사이의 대립과 통일'이라는 문제에서도 유사한 양상을 보이는 것 같다. 계속해서 이 문제에 관한 마오쩌둥의 논의를 살펴보자.

모순방면 사이의 동일성[62]과 투쟁성

마오쩌둥은 모순방면 사이의 동일성의 의의를 두 가지로 요약했다. 첫째, 사물 발전과정에 모순을 일으키는 두 개의 대립적인 방면들은 각각 대립적이면서도 서로가 서로를 자기 존재의 전제로 삼으면서 하나의 통일체를 형성한다는 점, 둘째, 모순을 일으키는 쌍방은 일정한 조건에서 각각 상반된 방면으로 바뀐다는 점이다.

매사가 상대성에 의해 현실로 구현될 수 있음을 강조하기 위해 마오쩌둥은 생사, 상하, 화복(禍福), 순리와 곤란 등 인간 주변사로부터 지주와 빈농, 자산계급과 무산계급, 제국주의와 식민지 등 계급개념에 입각한 관계를 예증하면서, 이 모든 것이 일정한 조건, 즉 일방이 없어지면 타 일방도 존재할 수 없다는 조건 때문에 일면 상호대립하면서도 일면으로는 상호연결, 상호관통, 상호침투, 상호의뢰할 수밖에 없는 상황에 있고 이를 '모순'이라 한다고 했다.[63]

그러나 모순의 방면끼리 상호대립하면서도 상호연결되어야 사물이 존재할 수 있는 데만 사물의 모순성이 존재하는 것은 아니고, 더 중요한 것은 모순을 일으키는 방면 사이의 상호전화(轉化)라는 것이다.

> 사물 내부에서 모순을 일으키는 양 방면이 일정한 조건으로 인하여 원래 자기와 상반된 방면으로 바뀌어 가다 결국 대립방면이 처하던 지위를 차지하게 된다. … 통치를 받던 무산계급이 혁명을 거침으로써 통치자로 바뀌고 원래 통치자였던 자산계급은 피통치자로 바뀌면서 각각 상대방이 점하고 있던 지위로 바뀐다. 일찍이 중국 근대사의 일정한 단계에서 모종의 적극적 작용을 했던 국민당은 그 자체의 고유한 계급성과 제국주의의 부추김 때문에 1923년 이후 반혁명으로 돌아섰다. 그러다가 중·일 간 모순이 첨예화되면서 공산당의 통일전선정책이 나오자 항일을 찬성할 수밖에 없도록 압박을 받았다.[64]

모순을 일으키는 방면들이 '상호전화'할 수 있는 일정한 조건이란 무엇인가? 마오쩌둥에 따르면 혁명, 계급성과 제국주의의 부추김, 중·일모순의 첨예화와 공산당의 통일전선 등이 모순방면 사이의 상호전화를 가능케 한 조건들이라고만 설명될 뿐이다. 즉 마오쩌둥은 역사적으로 일어난

변증법적 변화 사례만 지적하면서, 왜 그것이 일어났는지에 대해 중간과 정을 설명하지 않고 결과만 논의하면서 막연하게 '일정한 조건'이라고 흐리고 있다. 그러나 이 같은 '상호전화의 일정한 조건'이라는 개념은 중국의 국제정치사상계에서 우·적 관계의 변화이유를 설명하기에는 유용한 면이 있다. 즉 중·소관계가 악화된 반면 중·미관계가 호전되게 된 '일정한 조건'은 소련의 팽창주의(제정러시아시대부터의 유물인)와 사회제국주의 및 그것 때문에 중국이 미국에게 제의한 '소련을 반대하는 국제통일전선'이었다고 설명될 수 있을 것이다. 또한 차후 중·미관계가 악화되는 경우에는, 국민당이 그랬듯이 미국도 그 자체의 고유한 계급성 때문에 반동적인 입장으로 돌아갔다고 설명될 수 있을 것이기 때문이다.

'상호전화'로 모순운동이 끝나는 것은 아니다. 마오쩌둥은 "대립의 통일은 조건적이고 일시적이며 과도적이고 상대적이다. 상호배척하는 대립의 투쟁은 발전과 운동이 절대적인 것처럼 절대적이다"라는 레닌의 말을 인용하면서 "모든 과정에 시작과 끝이 있으며 모든 과정은 그들의 대립물로 전화한다. 모든 과정은 상대적이다. 그러나 한 종류의 과정이 다른 종류의 과정으로 전화하는 이런 변동성만큼은 절대적이다."[65]라고 강조했다. 따라서 '모순방면 간의 동일성' 범주에 드는 '상호전화'는 모순 해결 상태라고 할 수 없는 것이다. '상호전화'는 상대적으로 정지 상태에서 일어나는 것이고, 현저하게 변동적인 상태에서 비로소 질적 변화를 보임으로 모순은 해결에 이른다는 것이다. 마오쩌둥의 논의를 보자.

어떤 사물의 운동이건 상대적으로 정지된 상태와 현저하게 변동적 인 상태라는 두 종류의 상태를 취한다. 두 종류의 상태를 취하는 운동은 모두 사물 내부에 포함되어 있으면서 모순을 일으키는 인소(因素)들이 상호투쟁하는 데서 일어나는 것이다. 사물이 운동하는 데 제1종 상태에 있을 때는 양적 변화만 일어나고 질적 변화는 일어나지 않는다. 따라서 마치 정지해 있는 것처럼 보인다. 사물의 운동이 제2종 상태에 들어가면 그것은 이미 제1종 상태에서의 양적 변화가 최고점에 이른 뒤이기 때문에 통일물의 분해가 일어나 질적 변화를 보인다. 따라서 현저한 변화의 모습을 보인다. … 사물은 모두 부단히 제1종 상태를 거쳐 제2종 상태로 전화(轉化)한다. 그리고 모순의 투쟁은 두 종류의 상태 가운데 존재하면서 제2종 상태를 거쳐 모순의 해결에 이른다.[66]

마르크스주의 변증법 이론에서는 모순이 해결되는 것은 '부정의 부정'(Negation of the Negation)을 통해 이루어진다고 설명한다. 즉 '정'(正, Thesis)이 자체 내부 모순 때문에 파괴되어 '반'(反, Anti-thesis)에게 양보('정'의 부정)하면 '반'은 자체 내부의 모순을 제거하려 한다는 것이다. 그러나 '반' 역시 '정'이 그랬던 것처럼 파괴되어 '합'(合, Synthesis)에게 부정당함으로써('부정'의 '부정') 모순이 해결된다는 것이다. 물론 이때 '부정'의 과정에서도 부정의 대상 내부의 좋은 점은 취하는 것으로 되어 있기 때문에 모순의 해결을 통한 발전은 나선형 방향으로 이루어지는 것으로 상정된다.[67]

마오쩌둥이 사용하는 제1종 상태와 제2종 상태라는 개념은 각각 '정'의 부정과 '부정의 부정'이 일어나기 전 상태를 의미하는데, 제1종 상태와 제2종 상태가 '역(易)' 이론에서 말하는 음양의 양극(兩極)과 같이 균형적인 것은 아닌 것 같다.[68] 그러나 제1종 상태에서 제2종 상태로 넘어갈 때 좋은 점은 취한다는 헤겔적인 지양(止揚, Aufhebung) 개념도 찾아볼 수 없다.[69] 제1종 상태에서는 양적 변화만 일어나게 되어 있고, 제1종 상태에서 제2종 상태로 넘어갈 때는 통일물의 분해라는 질적 변화만 일어나는 것으로 설명되는 것이다.

반면 제1종 상태에서도 상호투쟁을 거쳐 양적 변화는 일어나지만 질적 변화는 일어나지 않고, 제1종 상태가 제2종 상태로 전화하면서 모순 해결에 이르게 된다는 주장은 음양 사이의 전화 과정을 설명하는 '사상(四象)'론과 유사한 점이 있다고 할 수 있다. 전술한 바 있듯이[70] 양(陽) 내부에서 소양(少陽)이 노양(老陽)으로 전화하는 동안 음(陰)의 인자가 배태·성장하여 소음(少陰)으로 넘어감으로써 전체적으로 음(陰)이 다시 구현된다는 것이 '사상(四象)'론의 요지다. 요컨대 '사상'론은 음과 양 내부에서 인자끼리의 양적 배합 또는 양적 변화를 기초개념으로 하여 전개되는 것이다. 제1종 상태에서 상호투쟁을 거쳐 양적 변화만 일어난다는 표현은 바로 양 내부에서의 양적 변화 때문에 소양·노양으로는 나뉘되 전체적으로는 양으로 규정하는 것과 논리 면에서 같은 것이라 할 수 있다.

이상을 통해 우리는 마오쩌둥의 '모순방면 간의 동일성과 투쟁성'에 대한 논의는 레닌의 말을 자주 인용하고 있음에도, 그리고 상당히 많은 부분에서 레닌과 궤를 같이하는 면이 있지만, 마오쩌둥의 변증법은 레닌의 변증법과는 논리 구조 면에서 차이가 있음을 알 수 있다. 그것은 레닌에 의해 정리된 마르크스주의 변증법을 접하기[71] 전에 이미 마오쩌둥은 중국적인 변증법 즉 음양론의 영향 아래 있었기 때문이라고 할 수 있다. 즉 마오쩌둥은 후난(湖南)사범학교 시절 파울센(Friedrich Paulsen)의 『윤리학체계』를 읽을 때 책 가장자리에 적어놓은 메모에서 이미 음양론적 사유의 일단을 보였다.[72] 따라서 마오쩌둥은 유물변증법 이론을 이해하는 데도 백지상태가 아니라 중국 전래의 음양론적 필터(filter)를 통해 이해했을 가능성이 매우 높다고 할 수 있다.

모순과 대항의 관계

지금까지 모순의 발생과 발전과정에 관한 마오쩌둥의 논의를 분석해 왔다. 모순이 발전해가면 모순의 극대화 현상이 나타나고 모순 해결문제가 불가피하게 제기된다.

모순 해결 문제에 대해 마오쩌둥은 모순의 특수성을 논할 때 이미 몇 가지 유형을 제시한 바 있다.[73] 당내 모순은 비판과 자아비판의 방법을 택해야 한다고 함으로써 모순 해결 방법에는 모순의 특수성에 따라 불가피한 것도 있지만 인위적으로 채택 여부를 정할 수도 있음을 인정했다. 그리하여 마오쩌둥은 "대항(對抗)은 모순투쟁을 위한 하나의 형식이지 일체의 형식은 아니"라고[74] 주장할 수 있게 된 것이다.

여기서 모순과 대항은 전혀 차원이 다른 관계에 있다는 논의가 가능해지고, 모순의 종류도 그 성격에 따라 구분할 수 있게 되었다고 할 수 있다. 그의 논의를 보자.

> 인류 역사에 존재해 온 계급적 대항은 모순투쟁에서 하나의 특수한 표현이었다. 착취계급과 피착취계급의 모순은 노예사회·봉건사회·자본주의사회에도 있었다. … 그러나 양 계급의 모순이 발전하여 일정한 단계에 이르렀을 때 쌍방은 외부대항의 형식을 취함으로써 혁명으로 발전했다.[75]

> 그러나 우리는 각종 모순투쟁의 구체적 상황을 연구함으로써 모든 사물에 대해 위에서 말한 공식(혁명방식)을 일률적으로 적용해서는 안 된다. … 어떤 모순은 공개적인 대항성을 띠지만 어떤 모순은 그렇지

않다. 사물의 구체적인 발전에 근거해서 보면, 어떤 모순은 원래 비대항성적인 것에서 대항성적인 것으로 발전하고, 어떤 모순은 원래 대항성적인 것에서 비대항성적인 것으로 발전한다.[76]

모순이 보편적이고 항상 존재하는 것인데 반해, 대항의 성격은 소멸적이며 단편성을 지니기 때문에 대항이 모순 내에서 차지하는 위치와 역할에 따라 적대적인 모순(antagonistic Contradiction)과 비적대적 모순(non-antagonistic Contradiction)으로 나뉠 수 있다는 것이다. 대항성이 변하는 것은 상황변화에 따르는 것이며 적대적 모순에 대해서는 대항적인 방법으로 모순을 해결해야 하지만 비적대적 모순에 대해서는 대항적인 방법이 굳이 필요치 않다는 것이다.

모순의 대항성을 고정적인 것이 아니라 유동적인 것으로 규정하면서 모순 해결에 일률적인 공식을 적용해선 안 된다고 함으로써 마오쩌둥은 영원한 적도 영원한 동지도 없다는 결론에 이른다. 『마오쩌둥선집』 제1권 맨 첫 부분에서 "누가 우리의 적인가? 누가 우리의 친구인가? 이 문제는 혁명에서 제일 중요한 문제다."[77]라고 한 문제의 답은 상황에 따라 적과 동지가 구별된다는 얘기가 되는 셈이다.

지금까지 「모순론」의 내용을 우·적관계론이라는 시각에서 재정리하고, 주요개념에 대해서는 유물변증법 이론에서의 개념과 비교하는 식으로 그 위치를 논해 보았다. 먼저 변증법 이론이라는 측면에서의 「모순론」에는 유물변증법적 요소도 강하게 침투되어 있음을 알 수 있다. 소련에서 발간된 유물변증법 이론에 대한 책자 내용을 마오쩌둥 자신의 독자적인 관념의 틀로 해석하고 설명하려 한 데서 철학논문으로서의 독창성은 없지만, 바로 그 점이 혁명전략 이론으로서 「모순론」의 독창성을 높여주는 것이라

할 수 있다.[78]

혁명전략 이론으로서의 「모순론」을 통해 보면 마오쩌둥은 분석법으로서는 2분법을 쓰고 있다. 그러나 그는 사실상 언제나 중간적인 존재나 상태를 의식하고 있었음을 지적할 수 있다. '상호전화', '신진대사' 등 개념이 바로 그런 마오쩌둥의 인식의 특성을 대변해 주는 것이다. 바꾸어 말하면, 마오쩌둥은, 옥센버그(Michel Oksenberg)도 지적하듯,[79] 세계에는 약하지만 잠재적으로 강해질 수 있는 내재적 원인 때문에 점차(또는 급속히) 강해지는 것이 있는가 하면 강하지만 결국 약해질 수밖에 없는 것들이 있다고 봄으로써, 정지된 상태에서의 특성과 아울러 사물 변화의 흐름이라는 것도 중시한 것 같다. 따라서 이론적으로는 2분론적이지만 실제에서 마오쩌둥은 정지된 상태에서의 양극(兩極)과 움직이는 상태에서의 중간적인 상황의 사이에서 나-적-친구 관계를 분명하게 구분하려 했다고 할 수 있다.

이와 같이 마오쩌둥 자신이 2분론자라기보다는 3분론자였기 때문에[80] 프롤레타리아와 부르주아라는 분명한 계급개념보다는 '인민'과 '인민의 적'이라는 모호한 개념에 의한 우·적관을 지니고 있었다고 할 수 있으며, 이런 3분론적 인식의 틀이 국제정치사상 관련해서는 중간지대론, 3세계론 형성 배경의 하나로 기능했으리라고 본다.

반제(反帝)통일전선론

대두 배경 및 개념적 뿌리

장제스 국민당의 공산당 소탕작전 때문에 쫓기면서 시작된 1년 남짓한 '장정(長征)' 끝에 옌안(延安)에 도착한 홍군 등 장정(長征) 인원은 출발 때 9만여 명에서 마지막에는 약 1만 명으로[81] 줄었고, 끝까지 남은 사람들의 사기는 극도로 저하되어 있었다. 그들에게 시급한 것은 제2의 '장정'을 강요당하지 않을 예방책을 세우는 것이었다. 아울러 비공산계 지식인들의 호응과 동정을 받을 수 있는 대의명분을 앞세움으로써 당의 세력을 재건해야 했다.[82]

한편 당시 중국의 객관적인 정세는, 마오쩌둥이 표현했듯이, 반식민지 상태에서 일본의 완전식민지로 변천해가고 있음이 역력했다.[83] 9·18사변 이후 일본의 중국 침략정책이 노골화하면서 중국 지식층의 배일·항일감정은 매우 높아갔다. 주·객관적인 정세가 중국공산당의 구명책으로서 항일 민족통일전선을 제의해야 하는 상황이 된 것이다.

이에 중국공산당은 1935년 12월 25일 정치국회의를 통해 「현하 정치정세와 당의 임무에 관한 결의」를 채택하여 항일민족통일진신 결성을 당의 정책으로 확정하고, 이 통일전선에는 민족자본가를 포함한 모든 반제국주의세력을 참여시키기로 했다.[84]

그로부터 2일 후 마오쩌둥은 당(黨)활동분자회의에서 항일민족통일전선 결성을 결정한 당 정책에 대한 설명을 통해 반제 통일전선론의 실마리를 풀었다. 즉 미증유의 민족적 위기에 직면한 중국공산당으로서는 주요 적인 일본제국주의에 대항하는 거족적 투쟁을 전개하기 위해 새로운 전술에 입각하여 대내적으로는 "반동봉건지주계급과 일본제국주의의 주구를 제외한 모든 세력(영·미 계통 매판계급까지 포함)을 망라"하고, 대외적으로는 "소련 인민을 위시한 국제인민들의 원조를 받는 광범한 반제통일전선을 결성해야" 한다는 것이었다.[85]

이와 같은 항일민족통일전선 결성 주장은 그 내용으로 보아 「하층부 통일전선」과 아울러 「상층부 통일전선」까지 추구하는 것으로, 전술적 한계를 넘은 전략적 개념을 내포한다고 할 수 있다. 그러나 중국공산당이 항일민족통일전선 결성을 당 정책으로 정하기 5개월 전인 1935년 7월 코민테른 7차대회는 디미트로프(Dimitrov)의 제의에 따라 전 공산당에게 '반(反)제국주의인민전선'을 결성하게 하는 결정을 채택한 점에서[86] 반제통일전선론은 중국공산당이나 마오쩌둥의 독창물은 아니라는 것이 확실하다.

코민테른의 '반제국주의인민전선' 전략도 따지고 보면 스탈린의 혁명이론에 근거한 것이었다고 할 수 있고, 그런 점에서 중국공산당 특히 마오쩌둥의 '반제통일전선론'도 스탈린의 혁명이론, 나아가서는 레닌의 「민족 및 식민지 문제에 관한 혁명이론」에서 연원을 찾을 수 있을 것이다. 따라서 레닌과 스탈린의 반제국주의혁명이론을 고찰해야 한다. 실제로도 중국공산당에서는 산시성(陝西省) 옌안에 숨어 지내던 옌안 시대 이전은 물론 옌안 시대 이후 중·소분쟁이 격화되기 전까지 당 간부 훈련에서 스탈린의 저작 연구가 높은 비중을 차지했다고 한다.[87]

마르크스와 엥겔스가 혁명 발생 장소로 규정한 '자본주의가 난숙한 사회'가 아닌 후진국가에서의 마르크스주의적 혁명을 정당화하기 위해 레닌은 자본주의 불균등발전론을 전개했다. 즉 "자본주의의 발전은 나라마다 속도가 일정하지 않았다. 자본주의 세계의 균등발전이나 조화 있는 발전 같은 것은 있지도 않았고 있을 수도 없다. 사회주의가 모든 국가에서 동시에 승리를 거둘 수는 없고, 하나 또는 몇 개 국가에서 승리를 거둔 뒤 나머지 국가들은 일정한 시간이 지난 뒤에야 사회주의혁명에 이를 수 있다"고 함으로써 자본주의 경제의 도약 가능성을 논했다. 바꾸어 말해서 레닌은 경제발전의 불균등에 따라 생기는 자본주의 국가들 사이의 모순을 이용하여 자본주의전선을 타도하려 한 것이다.[88] 또한 레닌은 아시아 지역에서의 민족주의운동이 반(反)제국주의 운동이란 점에서 선진공업국에서의 반(反)자본주의 투쟁과 일치될 수 있다는 점에 착안하고 식민지에서의 민족운동을 지원·조직하는 것이 곧 세계적인 차원에서의 공산혁명운동을 전개하는 중요한 고리임을 주장했다.[89]

레닌의 이런 혁명이론은 1920년 코민테른 제2차 대회의 결정으로 구현되었는데, 코민테른은 후진국에서의 프롤레타리아당의 구성 요소를 규합하되 혁명운동과는 잠정적으로만 제휴하고 동맹을 만들어야 하며 결코 합동해서는 안 된다는 전술 지령을 내린 것이다. 또한 현재 국제적 여건에서는 소련과 동맹을 맺지 않고는 의존적인 약소민족을 구제할 길이 없다는 것도 역설했다.[90]

그러나 레닌의 「민족 및 식민지 테제」는 서구 프롤레타리아혁명을 유발할 가능성을 조성한다는 전제에 서 있었기 때문에 동방의 민족 및 식민지에서 민족주의운동 지원은 전술적인 것에 불과했다. 이에 비해 스탈린은 레닌과는 동방관(東方觀)이 달랐다고 할 수 있다. 1918년 11월 스탈린은 동방의 중요성을 다음과 같이 강조했다.

> 잠시라도 동방을 잊어서는 안 된다. 왜냐하면 동방은 세계제국주의의 끊임없는 후비(後備) 역량이다. 제일 믿음직한 후방이다. … 그들로 하여금 제국주의에 반대하게 함으로써 제국주의가 그들의 후비 역량과 후방을 상실하게 만들어야 한다.[91]

그 후에도 스탈린은 식민지 및 후진국의 지위가 프롤레타리아혁명의 성패를 좌우하는 관건임을 강조했다. 1923년 4월에 열린 소련공산당 12차 대회에서도 스탈린은 과거의 피압박 민족들은 경제발전에서 제일 중요한 지역을 차지할 뿐 아니라 군사·전략적으로도 중요한 지역을 차지하고 있기에 피압박 민족의 이런 후비 역량을 잠시라도 잊어서는 안 된다고 한 것이다.[92]

레닌에 비해 적극적인 동방관을 지닌 스탈린은, 1924년 4월 스웨르들(Swerdle)대학 강연에서, 민족주의운동 지도자가 자본가 출신이라 하더라도 제국주의에 타격을 줄 수만 있다면 그와 연합해야 한다고 주장하고, 혁명은 오히려 후진자본주의 국가에서 더 쉽게 일어날 수 있다고 했다. 그의 논의를 보자.

> 종전에는 자본주의가 발달한 한 나라의 무산계급혁명은 그 자체가 별개의 독립적 현상인 것처럼 말함으로써 개별적 민족의 자본주의 전선만을 각국의 적으로 간주해 왔다. … 오늘날은 세계무산계급

혁명을 논해야 하는 시대로서 개별적 민족의 자본주의 전선은 이미 세계제국주의 전선이라는 쇠사슬에서 하나의 고리같이 되어 있기에 세계 각국의 혁명전선은 이런 세계제국주의전선에 대항하여 싸워야 하게 되어 있다. 오늘날에는 무산계급 혁명을 세계제국주의 체계 속에서 각종 모순이 발전한 결과로 보아야 하며 세계제국주의전선이라는 쇠사슬 중에서 약한 고리가 끊어진 것으로 보아야 한다.[93]

마오쩌둥의 '반제통일전선론'에 직접적인 영향을 준 것은 코민테른 제7차 대회의 '반제국주의인민전선'에 대한 결정서였다고 할 수 있지만, 기본적으로는 레닌·스탈린의 이런 혁명이론들이라고 해야 할 것이다. 그러나 마오쩌둥에 의해 「반제통일전선」이 새로운 차원으로 발전한 면이 없다고 할 수는 없다. 이제 그 문제를 살펴보자.

중간세력 포섭과 적대세력 고립화

중국공산당이 국민당 정부군의 공격을 저지하려는 의도에서 일본의 중국 침략에 항쟁하는 중국 인민의 민족적 감정에 호소하는 '항일민족통일전선'을 표방했을 때 그 반응은 좋았다. 1935년 12월 화북지방에 두 개의 친일괴뢰 정부가 서자 베이징을 위시한 주요 도시에서는 학생·문화계·언론계를 중심으로 대규모 항일소요가 일어났고, 상하이와 칭다오(靑島)에서는 반일 파업까지 일어났다. 그뿐만 아니라 국민당과 공산당이 내전 중지를 요구하기까지에 이르렀다. 따라서 일본의 침략이 확대되면 될수록 국민당 정부군의 공산당 소탕작전은 국민 여론과 충돌할 수밖에 없었다.

이런 국내정세를 이용하여 중국공산당은 1936년 5월 국민당 정부에 내

전 중지와 항일공동전선에 동의할 것을 요구했고 8월에는 국민당 중앙위원회에 국공합작을 요구했다.[94]

그러나 중국공산당은 국민당과의 합작을 진행시키면서도 통일전선전술에 의한 세력 확대를 기도하고 있었다. 마오쩌둥은 1937년 5월 3일 옌안에서 열린 중국공산당 전국대표대회에서 중국에는 오래전부터 두 종류의 격렬한 모순—제국주의와 중국 간, 봉건제도와 인민대중 간—이 있어왔으나 1935년 화북사변 이후 국내모순은 국제모순에 비해 부차적인 지위로 떨어졌고 국제모순 중에서는 일본 제국주의와 중국 간 모순이 주요모순이 되었기 때문에 일본에 반대하는 일부 제국주의 국가와도 공동적 항일관계를 세워야 한다고 주장했다.[95] 그러나 1937년 9월 마오쩌둥은 「국공합작성립 후의 절박한 임무」라는 글을 통해 국공합작기간 동안 중국공산당 세력 확대를 위해 대중포섭에 주력할 것을 다음과 같이 지시했다.

> 항일민족통일전선은 각 당 각계 각 군의 통일전선이면서 노동자 농민 병사 학자 상인 등 모든 애국동포들의 통일전선이다. 현재의 통일전선은 사실상 양 정당의 범위에 머물러 있다. 광대한 농민 병사 도시자산계급 및 기타 허다한 애국동포들은 아직 일어나지 않고 발동하지도 않았으며 조직을 하거나 무장하지도 않았다. … 민중이 충실하게 일어나지 않으면 통일전선의 위기는 불가피하게 증대될 뿐이다.[96]

항일전쟁이 본격적으로 전개되자 천샤오위(陳紹禹, 일명 王明) 등 '신좌익파'는 항일전쟁 승리를 위해서는 국민당과 공산당 간 견해차를 좁히고 공산당은 국민당 정부를 통해 행동해야 하며 공산당 단독 행동은 삼가야 한다고 주장하기 시작했다. 또한 그들은 '팔로군(八路軍)'과 '신사군(新四軍)' 등 홍군(紅軍)은 국민당 정부군과 완전히 통합하여 통일적 지휘, 통일적 편성, 통일적 무장, 통일적 작전을 해야 한다고 주장했다.[97] 이에 대해 마오쩌둥은 '항일민족통일전선'의 전술적 의미를 정확히 인식함으로써 '민족주의적 항일전선' 논리에 빠지지 말 것을 경고하면서 1938년 10월 중국공산당 중앙위 6기 6차 중앙위원회 전원회에서 다음과 같이 말했다.

민족통일전선을 견지하여 곤란을 극복하고 적을 이기며 새로운 중국을 건설한다는 것은 의심의 여지가 없는 일이다. 그러나 동시에 통일전선에 가입하고 있는 어떠한 당파건 사상상·정치상·조직상 독립성을 유지해야 한다. … 통일성만 말하고 독립성을 부인하는 것은 민권주의에도 위반되는 것으로, 우리 공산당뿐 아니라 어떠한 당파도 동의할 수 없는 것이다. 계급투쟁과 민족투쟁의 관계에서도 마찬가지다. 항일전쟁 중에는 모든 것이 항일적 이익에 복종해야 하는 것이 확정된 원칙이다. … 그러나 계급과 계급투쟁이 존재한다는 것 또한 사실이다. … 우리는 상호 협조하고 상호 양보하는 정책을 제창한다. 이런 정책은 당파관계뿐 아니라 계급관계에도 적용되어야 한다.[98]

국민당은 집권당이다. … 국민당은 각 당파의 평등한 권리를 박탈하고 각 당이 국민당의 명령 하에 지휘되기를 기도하고 있다. … 국민당의 방침은 우리가 발전하는 것을 제한하는 것이다. … 국민당이 '모든 것을 통일전선을 경과하여, 모든 것을 통일전선에 복종시켜라'고 요구하는 것은 장졔스와 옌시산(閻錫山)에 일체 복종하라는 뜻 뿐이다. 우리 방침은 통일전선 중에서 독립·자주하는 것이다. 통일은 이미 되었기 때문에 독립이 필요한 것이다.[99]

마오쩌둥 자신은 '상호협조', '상호양보', '통일', '독립'으로 표현하지만, 그 속내는 합작 하의 세력확장을 암시하기 위한 것이었다고 할 수 있다. '항일전쟁'이 끝나고 국·공내전이 진행되고 있을 때와 국·공내전 말기 2차에 걸쳐 마오쩌둥은 항일통일전선기의 중국공산당의 정책을 다음과 같이 회고한 바 있다.

항일전쟁기에 우리 당은 투항주의나 다름없는 사상에 반대했다. 우리 당은 이와 같이 연약하고 무능하며 부패했을 뿐 아니라 마르크스-레닌주의 원칙에 위배되는 사상에 대해 견결한 투쟁을 벌여왔다. 오히려 우리 당은 진보세력은 발전시키고 중간세력은 쟁취하며 완고(頑固) 세력은 고립시키는 정치노선을 집행함으로써 해방구를 확대하고 인민해방군을 늘려왔다.[100]
중국혁명의 이론과 실천은 중국공산당 영도하에 크게 발전함으로써 중국의 면목을 근본적으로 변환시켜 오늘에 이르렀다. 중국 인민이 이미 취득한 주요하고도 기본적인 경험은 다음과 같은 두 가지다. ① 국내에서는 민중을 환기시키는 일이다. 이것은 노동자계급, 농민계급, 도시소자산계급과 민족자산계급을 노동자계급의 영도 하에 국내적 통일전선으로 결성한 경험을 발전시켜 공인계급이 영도하는 공·농연맹에 기초한 인민민주독재국가를 건립시켜야 한다는 뜻이다. ② 외국에서는 우리를 평등하게 대하는 세계 모든 민족 및 각국 인민들과 연합하여 공동 투쟁한다. 이것은 소련과 연합하고

각국 인민민주국가와 연합하고 기타 각국 무산계급 및 광범한 인민
들과 연합하여 통일전선을 결성하는 것을 뜻한다.[101]

코민테른의 결정으로 구현된 레닌·스탈린의 혁명이론과 그들의 '반제
통일전선' 개념이 마오쩌둥의 '반제통일전선론'에 영향을 미친 것은 부인할
수 없다. 그러나 코민테른 7차 대회 결정서에서는 후진국의 혁명운동과
잠정적인 동맹을 하되 합동해서는 안 되고 프롤레타리아 운동은 독립을
유지해야 한다고 할 뿐이다. 또한 국제적으로는 소련과의 동맹만을 거론
하고 있었다.

마오쩌둥도 '통일 속에서의 독립'을 주장했고 소련과의 연합을 주장한
점에서는 코민테른결정서 이상의 전략론을 전개하지 않았다고 할 수도 있
다. 그러나 그것은 합작 대상인 국민당에게 중국공산당의 전략을 노출당
하지 않기 위해 취한 조치에 불과했을 뿐이라고 보아야 한다. 실제로는
그 자신이 고백하듯이 합작 하의 독립 유지에 그치지 않고 진보세력은 발
전시켜 중국공산당에 편입시키고 중간세력은 포섭하며 적대세력은 고립
시키는 군중 공작을 부단히 전개해온 것이다. 또한 소련에 그치지 않고
제국주의 국가 내 피압박계급과 반제국주의적 입장을 지닌 '진보세력'을
'인민'의 범주에 분류하고 이들과의 연합이라는 문제를 중시해 온 것이다.

「모순론」이 철학적 차원에서는 독창성을 인정하기 어려운 반면 중국적
현실에서 그것을 적용하여 혁명의 변증법으로 발전시켰다는 평가가 있듯
이, 「반제통일전선론」도 마오쩌둥의 독창물은 아니지만 중국적 현실에 적
용하는 과정에서 레닌과 스탈린이 제시하지 못한 새로운 내용을 포함한
다고 보아야 한다. 마오쩌둥의 국제정치사상과 전략이론에서 중간지대와
협조하여 주적을 고립시킨다는 원칙, '세계 인민들과의 연합전선'을 모색한

다는 원칙들은 '항일민족통일전선'을 계기로 형성된 마오쩌둥의 '반제통일 전선론'에서 유래한 독창적인 것이다. 이러한 것들은 레닌이나 스탈린에게 서는 중시되지 않던 요소들이기 때문이다.

1 마오쩌둥, 「中國革命戰爭的戰略問題」, 『毛澤東選集』 제1권(北京: 人民出版社, 1969), p.172.(이하 『選集』I로 약기)

2 John Gittings, The World and China, 1922~1972(London: Eyre Methuen, 1974), p.36. 1927년 4월 12일을 기해 개시된 장제스의 공산당 소탕작전에서 중국공산당원 2만 5천 명이 죽었다. 그러나 왕칭웨이(汪精衛, 국민당 좌파)의 우한(武漢) 정부에서는 국민당 좌파와 중국공산당의 합작이 계속되고 있었다. 1927년 7월에는 국민당 좌파와 중국공산당의 합작마저 결렬되었다. 국공합작에 실패한 중국공산당은 1927년 8월부터 폭동주의를 노선으로 채택하고 도처에서 소비에트 근거지 구축을 시도했다. 1927년 8월 1일 주더(朱德)의 난창(南昌) 폭동은 수일 만에 끝났고, 마오쩌둥의 후난(湖南) 추수폭동도 성공하지 못했다. 1927년 12월 11일 좌경 노동자들이 세운 광둥(廣東) 코뮌은 6천 명의 인명손실만 내고 3일 만에 좌절되었다. 1928년 1~2월에 있었던 국민당의 좌익노조 및 농민협회에 대한 검거로 2만 7천여 명의 사상자가 나왔다. 국공합작 말기 국민당 우파의 반공정책과 중국공산당의 손실에 대해서는 김상협, 같은 책, pp.59~63 참조.

3 1927년 8월 난창(南昌)폭동을 일으켰다가 실패한 주더(朱德)는 광시·하이난(廣西·湖南) 지방에 적색 근거지를 만들어 놓고 1928년 5월 井崗山에 들어와 마오쩌둥과 합류했다. 당시 주더가 인솔한 총병력은 1만 명이 되어 홍군 세력은 갑자기 커지게 되었다고 한다.

4 Gittings, The World and China, 1922~1972, p.37.

5 마오쩌둥, 「中國的紅色政權爲什麼能够存在?」, 『선집』 I. p.49.

6 예컨대 대부분의 중국인이 중국이 반(半)식민지라고만 알고 있는데 이는 스스로를 위로하는 것이고, 실은 중국이 식민지 이하의 상태인 차식민지(次植民地)라고 했다. 쑨원, 『三民主義』(이명구 역, 서울: 삼성문화재단, 1972), p.23 참조. 이를 통해 볼 때, 쑨원의 이런 발언은 1924년 2월 3일에 나왔지만 당시 중국에는 이미 반(半)식민지라는 개념이 통용되고 있었음을 알 수 있다. 한편 중국공산당 2차 대회 선언문(1922.7.22)에서는 중국이 "제국주의의 공동 식민지"가 되었다고 했다, 중국공산당의 선언문은 Gittings, The World and China, p.32.

7 위의 책, p.44.

8 위의 책, p.44.

9 위의 책, p.45. 후일 마오쩌둥은 이를 실천에 옮겼지만, 스탈린은 국공합작이 결렬된 후 민족부르주아의 혁명 참여를 배제하라고 중국공산당에게 지시했다. 천두서우, 쥬츄바이(瞿秋白), 샹충파(向忠發), 리리싼(李立三), 왕밍(王明) 등 친소파 중국공산당 지도자들을 통해 스탈린은 '좌익모험주의'적 지시를 거듭했다. 중국공산당에 대한 스탈린의 지시 및 코민테른의 동향에 대해서는 郭華倫, 같은 책, 제1권, p.200~231, pp.248~254, 제2권, pp.89~96, pp.113~124, pp.164~185 참조.

10 Gittings, The World and China, p.45.

11 위의 책, pp.45~46.

12 Schram, PTMTT, pp.209~210.

13 Gittings, 같은 책, p.28.

14 마오쩌둥, 「中國的紅色政權爲什麼能够存在?」, 『선집』 I, pp.47~48.

15 당시 장제스의 국민당 중앙군은 토벌군의 병력을 늘리면서 포위망을 압축해 오고 있었다. 이에 마오쩌둥과 주더는 井崗山을 펑더화이(彭德懷)에게 맡기고 4천 명의 주력군을 이끌고 1929년 1월 정강산을 나와 장시성(江西省) 남부로 나아갔다. 이때부터 그들은 현재의 중국공산당 깃발인 홍기(紅旗)를 그들의 기치로 내걸기 시작했고, 토지개혁과 농민무장을 통해 1929년 12월에는 루이진(瑞金)에 중앙소비에트를 건립하여 마오쩌둥이 정부 주석에 취임했다. 제2차 당대표자대회 이후 장시(江西) 소비에트 건립까지의 경과는 Rice, 같은 책. pp.57~70; 차오버이(曹伯一), 『江西蘇維埃之建立及崩潰』, 上(台北: 國防部總政治作戰部, 1974); 귀화룬(郭華倫), 같은 책, 제1책, pp.11~19 참조.

16 마오쩌둥, 「星星之火, 可以燎原」, 『선집』 I, pp.97~98. 마오쩌둥의 이 글은 원래 린뱌오(林彪)에게 보낸 편지인데, 1951년 마오쩌둥 선집을 편찬할 때 일부 표현들을 수정하고 제목을 새로 붙였다. 인용 부분에서 수정된

표현은 "중국의 통치계급"(毛澤東 選集: "各派反動統治者")이다. 수정된 내용에 대해서는 Schram, *PTMTT*, p.216 참조.

17 마오쩌둥의 이런 입장은 군사 면에서는 유격전(게릴라전)의 필요에 대한 이론적 근거를 제공한다. 유격전 문제가 마오쩌둥 사상에서 중요 문제이긴 하나, 이 책의 목적과는 큰 관련이 없어 논의 대상에서 제외한다.

18 Gittings, *The World and China*, p.39.

19 위의 책, pp.40~41. 1929년 4월 당 중앙에 보낸 편지에서 마오쩌둥은 다음과 같이 농민의 역할을 강조했다. "농민투쟁의 발전, 소(小)구역의 홍색정권 수립, 홍군 창조와 확대는 도시투쟁을 도와준다. 그리고 혁명의 조류를 고조시키는 중요한 요건이다. 따라서 도시투쟁을 포기하는 것은 잘못이다. 그러나 농민세력의 발전을 두려워하고 그것이 장차 노동자(Proletariat) 세력을 능가함으로써 혁명에 불리하다고 생각하는 것도 잘못이다. 반(半)식민지 중국의 혁명에서 농민투쟁이 노동자들의 영도를 받지 못하면 실패하겠지만, 농민투쟁이 발전하여 노동자 세력을 능가한다고 해서 혁명 자체가 불리해지는 일은 없다." 마오쩌둥, 「星星之火, 可以燎原」, 『선집』I, p.99.

20 Gittirigs, *The World and China*, p.41. 민족부르주아 계급의 이중성 때문에 혁명에서 잠정적인 활용이 가능하다는 견해는 반(半)식민지론과 무관하게 1926년 3월의 「中國社會各階級的分析」, 『선집』I, p.4에서도 밝힌 바 있다.

21 위의 책, p.42. 마오쩌둥의 이런 논의는 스탈린의 '약한 고리'론을 방불케 한다. 1917년 이전 러시아 자본주의가 후진적인 것이었기에 혁명에 오히려 도움을 주었다는 점을 레닌과 스탈린이 모두 시인했고, 레닌은 이런 상황을 설명하기 위해 '자본주의 불균등발전론'이라는 것을 전개하기도 했다. 스탈린은 1926년 11월 레닌의 '자본주의 불균등 발전' 개념을 도입하여 제국주의 전선에서 가장 미개발된 국가(약한 고리)에서 혁명이 발생할 것이라고 했다. 스탈린의 이런 이론이 발표되자 중국공산당 중앙은 회람을 통해(1927.8) "세계혁명의 운명은 중국혁명의 장래에 달려 있다"고 강조함으로써 중국이 스탈린이 말한 '약한 고리'임을 시사했다. 회람이 돌던 시기로 보아 마오쩌둥의 이런 논의는 스탈린의 '약한 고리'론에서 시사받은 점이 있을 것 같다. 1930년 6월 리리싼도 "세계제국주의 통치의 쇠사슬 중에서 중국이 가장 약한 지점이다. 세계혁명의 화산이 폭발할 수 있는 가장 유망한 곳은 중국이다."라고 하며 스탈린의 '약한 고리'론을 적극 지지하고 나섰지만, 그에게서는 반(半)식민지 개념을 통한 분석이 없는 것이 특징이다.

22 마오쩌둥은 준이(遵義)회의(1935.1) 이전 당중앙위원회와 당정치국에서 3차에 걸쳐 추방되었고 8차에 걸쳐 견책받은 바 있다고 한다. Rice, 같은 책, p.84. 1927~1934년, 마오쩌둥이 당내 소수파로서 영향력이 없던 상황에 대해서는 Gittings, 같은 책, pp. 46~50; Shanti Swarup, *A Study of the Chinese Communist Movement* 1927~1934(London: Oxford University Press, 1966), Chap. 6 참조.

23 Gittings는 마오쩌둥의 반(半)식민지론이 중국혁명에서 가장 중요한 전략개념들의 이론적 출발점이 되었다고 지적한다. Gittings, 같은 책, pp.8~9, p.39, 43.

24 마오쩌둥이 당권을 완전히 장악한 것은 1942년 정풍운동 이후였다고 할 수 있다. 당시 마오쩌둥은 독일과의 전쟁에 몰두해 있는 소련의 간섭이 약한 시기를 택해 국제파를 제거함으로써 당내의 완전한 제1인자가 될 수 있었다. 郭華倫, 같은 책, 제4권, pp.369~405 참조.

25 Schram, *PTMTT*, p.88, Schwartz, "The Philosper", pp.28~29.

26 옌안(延安)의 항일군사정치대학에서 강의한 것으로 알려진 「모순론」, 「인식론」, 「유물변증법」의 독창성 및 개작 여부에 대해서는 많은 논의가 있다. 1940년 출간된 「유물변증법」의 내용을 보면 마오쩌둥의 마르크스주의 철학에 대한 이해도가 낮았기 때문에 1937년에 「모순론」같이 고급논문을 쓸 수 없었으리라 주장하는 학자들이 있다. Arthur A. Cohen, *The Communism of Mao Tse-tung*(Chicago: University of Chicago Press, 1964), pp.7~28. pp.139~146; Denis J. Doolin and Peter J. Golas(tr.), "Dialectical Materialism", *China Qtiarterly*, No. 19(1964), pp.38~46. 반면 마오쩌둥의 저작 중에 소련에서 간행된 마르크스주의 철학 관계 책자 내용을 표절한 것이 많기는 하지만 대체로 「모순론」등 1937년대 저작은 마오쩌둥의 것으로 보아야 한다는 학자도 있다. Karl A. Wittfogel and C.R. Chao. "Some Remarks on Mao's Handling of Concepts and Problems of Dialectics", *Studies in Soviet Thought*, Vol, III, No. 4(Dec. 1963), pp.251~277; Schram,

PTMTT, pp.85~88.

27 마오쩌둥 선집에서는 「실천론」 및 「모순론」의 집필 동기 설명에서 이렇게 말한다, 『선집』 I, p.259, p.274 주.

28 John Bryan Starr, Ideology and Culture: *An Introduction to the Dialectic of Contemporary Chinese Politics*(New York: Harper and Row Publishers, 1973), p.24.

29 위의 책. pp.24~25.

30 위의 책. p.25.

31 Schram, *PTMTT*, p.84, p.88.

32 마오쩌둥, 「矛盾論」, 『선집』 I, p.281.

33 위와 같음.

34 위의 책, p.280.

35 위의 책, pp.281~282.

36 Wakeman, *History and Will*, pp.295~296.

37 마오쩌둥, 「矛盾論」, 『선집』 I, p.279.

38 위와 같음.

39 위의 책, p.284.

40 위의 책, p.285.

41 위의 책, p.286.

42 제3장 제1절(반식민지론)이다. 1927년 「湖南農民運動考察報告」에서도 농민의 혁명역량을 중시했으나 이론적인 체계를 갖춘 것은 반(牛)식민지 개념을 도입하면서 본격적으로 강조되었다고 할 수 있다.

43 마오쩌둥, 「矛盾論」, 『선집』 I, p.287.

44 위의 책, pp.289~290. 마오쩌둥은 자기주장을 논증하기 위해 신해혁명(1911.10) 이후 20여 년간 반(反)제국주의·반(反)봉건 혁명의 전략적 단계는 변하지 않았지만 몇몇 전술적 발전단계가 있었음을 예시한다. 즉 반제국주의·반봉건 민주주의 혁명을 필요로 하는 모순은 근본적으로 남아 있으면서도, 신해혁명 실패와 북양(北洋) 군벌의 통치, 제1차 국공합작과 그 파괴를 둘러싼 자산계급의 반혁명, 토지혁명전쟁 등 여러 단계를 거치는 동안 토지혁명전쟁과 일본의 중국 동북지방(만주) 침략에서처럼 어떤 모순은 격화하기도 했고, 북양군벌의 소멸과 지주의 토지 몰수 등에 의해 어떤 모순은 잠시 또는 부분적으로 해결되기도 했으며, 새로운 군벌전쟁이 발생하고 남방 지주들의 토지 재(再)점유로 어떤 모순은 다시 발생하기도 했다는 것이다.

45 위의 책, p.290. 마오쩌둥은 자기주장을 이해시키기 위해 국민당과 중국공산당의 정책 노선 전개 과정을 예시했다. 즉 국민당이 쑨원 생전에는 '러시아와 손잡고 공산당과도 손잡고 노동자·농민을 원조하는 정책'을 택함으로써 각 계급의 혁명적 민주연맹이라 할 수 있었으나, 1927년 이후(제1차 국공합작 결렬 이후) 지주와 대(大)자본계급 같은 반동집단이 되었고, 1936년 12월 서안사변(서북지방 군벌 장쉐량(張學良)이 시안(西安)까지 찾아와 장제스를 감금하고 제2차 국공합작을 강요한 사건) 이후에는 내전을 중지하고 공산당과 손잡고 일본에 대항하는 연공항일(聯共抗日)에 동참함으로써 정책 노선이 다시 바뀌었다는 것이다. 중국공산당도 국민당의 정책 노선 변화와 거의 동시적으로 세 단계를 거쳐 오늘에 이르렀다고 했다.

46 위의 책, p.293.

47 Wakeman, *History and Will*, p.297.

48 게오르크 루카치(헝가리의 마르크스주의 철학자)에 의하면 "레닌은 마르크스주의의 원리와 방법에 정확하게 일치하는 경우의 변증법적 상호관계가 있을 때만 타협했다"고 하면서 "마르크스도 '인간이 역사를 만들어 가기는 하지만 인간 자신이 선택한 상황에서 역사를 창조해 가는 것은 아니다'라고 했기 때문에 모든 타협을 반대하고 '불가개변(不可改變, 아무것도 고칠 수 없다는 뜻)'의 공식에 따르려는 것을 '좌익 소아병'으로 간주하여 배척하는

것이 레닌주의의 진수다"라고 했다. Georg Lukacs, *Lenin: A Study on the Unity of His Thought*, trans., Nicholas Jacobs(London: NLB, 1970), p.83, Wakeman, *History and Will*, pp.300~301 '주'에서 재인용.

49 마오쩌둥, 「矛盾論」, 『선집』 I, p.288 참조.

50 위의 책, p.295.

51 같은 책, pp.269~297.

52 같은 책, p.295.

53 같은 책, p.297.

54 스탈린의 전략개념에서 주요한 내용은 ① 혁명 과업 규정 ② 혁명의 타격 대상 및 주요 공격 방향 설정 ③ 주력군 선정 ④ 포섭 대상 및 후원세력 확보 ⑤ 혁명역량 편성계획 등이다. J. V. Stalin, *The Foundations of Leninism*(Peking: Foreign Language Press, 1965), pp.82~100 참조.

55 마오쩌둥, 「矛盾論」, 『선집』 I, p.297.

56 위의 책, pp.297~298.

57 같은 책, p.299.

58 같은 책, pp.298~299.

59 유물변증법에서의 '양(量)'과 질(質)의 변화' 개념에 대한 설명은 R.N. Carew Hunt, *The Thory and Practice of Communism*(Harmondsworth: Penguin Books, 1975), pp.44~45; Richard T. De George, *Patterns of Soviet Thought: The Origins and Developments of Dialectical and Historical Materialism*(Ann Arbor: University of Michigan Press, 1966), pp.103~104.

60 Wakeman, *History and Will*, p.297.

61 음(陰)과 양(陽)의 순환은 사상(四象) 개념뿐만 아니라 오행(五行) 개념으로 설명되기도 한다. 수(水), 화(火), 목(木), 금(金), 토(土)라는 다섯 가지 관계는 상호의존적인 것과 상호제약적인 두 가지 측면이 있다고 한다. 상호의존적인 것은 오행상생(五行相生)이라 한다. 즉 '목생화(木生火)', '화생토(火生土)', '토생금(土生金)', '금생수(金生水)', '수생목(水生木)'으로 순환한다는 것이다. 한편 상호제약적인 것은 오행상승(五行相勝) 또는 오행상극(相克)이라 한다. 즉 '수승화(水勝火)', '화승금(火勝金)', '금승목(金勝木)' '목승토(木勝土)', '토승수(土勝水)'로 순환하면서 음양을 구현시킨다는 것이다. 이상은 鄭文光, 席澤宗, 『中國歷史上的字密理論』(北京: 人民出版社, 1975), pp.42~43 참조. 중국에서는 왕조 교체를 오행의 순환 개념에 입각하여 설명하려는 시도들이 있었다. 예컨대 전국시대에 음양론을 체계화했다는 鄒衍(B.C. 305~240)은 전설상의 황제(黃帝)를 토(土)에, 하(夏)를 목(木)에, 상(商, 은殷)을 금(金)에, 주(周)를 화(火)에 비유하면서 이전까지의 왕조교체가 '목승토(木勝土)', '금승목(金勝木)', '화승금(火勝金)'으로 이루어져 왔기 때문에 주(周)를 교체할 왕조는 '수승화(水勝火)'의 원칙에 따라 '수(水)'에 속하는 왕조가 될 것이라 했다(위의 책, p.43). 한편 동중서(董仲舒)는 오행상생의 논리에서 왕조교체 등 치란(治亂)을 논했다(⊠孟武, 같은 책, pp.179~186).

62 마오쩌둥은 모순방면 사이의 동일성을 여러 가지 다른 이름으로도 설명했다. 즉 통일성, 일치성, 상호침투, 상호관통, 상호의뢰, 상호의존, 상호연결, 상호합작 등과 같이 동일성은 결국 동일한 현상을 지칭한다는 것이다. 마오쩌둥, 「矛盾論」, 『선집』 I, p.301.

63 위의 책, p.302.

64 위의 책, p.303.

65 위의 책, p306.

66 위의 책, p.307.

67 마르크스주의 변증법에서 '부정의 부정' 법칙에 대한 설명은 Hunt, 같은 책, pp.45~46; De George, 같은 책, pp.105~106 참조.

68 Wakeman, *History and Will*, p.297.

69 위와 같음.

70 3장 2절, '다. 주요모순. 차요모순과 신진대사' 항 뒷부분 참조.

71 Schram에 의하면 마오쩌둥이 변증법 연구를 위해 활용한 책자는 나온 지 오래돼서 소련에서는 쓰이지 않은 책자였다고 한다. 왜냐하면 스탈린의 변증법 이론에 의한 책자(「소련공산당사」)는 1938년에 비로소 출간되었고, 마오쩌둥의 「모순론」 강의는 1937년 8월에 시작되었기 때문이라는 것이다. 따라서 마오쩌둥으로서는 「모순론」을 강의할 당시에는 소련의 변증법에 대한 공식 입장이 레닌 시대와는 차이가 있지만, 마오쩌둥 자신은 그것을 몰랐을 뿐 아니라 자신의 변증법에 대한 몇 가지 주장 중에는 스탈린의 견해와 일치하지 않는 것이 있다는 것조차 몰랐을 거라고 한다. Schram, *PMPTT*. p.98.

72 제2장 제2절 가항 참조.

73 질이 같지 않은 모순은 질이 같지 않은 방법으로라야 해결될 수 있다고 하면서, 마오쩌둥은 다음과 같이 예시했다. 무산계급과 자산계급의 모순은 사회주의혁명의 방법으로 해결된다. 인민대중과 봉건제도의 모순은 민주혁명의 방법으로 해결된다. 식민지와 제국주의의 모순은 민족혁명전쟁의 방법으로 해결된다. 사회주의 사회에서 노동자계급과 농민계급의 모순은 농업집체화(集體化)와 농업기계화의 방법으로 해결한다. 공산당 내의 모순은 비판과 자아비판의 방법으로 해결된다. 사회와 자연의 모순은 생산력을 발전시키는 방법으로 해결된다. 마오쩌둥, 「矛盾論」, 「선집」 I. p.286.

74 위의 책, p.308.

75 위와 같음.

76 위의 책, p.309.

77 마오쩌둥, 「中國社會各階級的分析」, 「선집」 I, p.3.

78 Schraram, "Mao Tae-tunng and the Theory of the Permanent Revolution, 1958~1959", *China Quarterly*, No. 46(April/June, 1971), p.224. Schram은 마오쩌둥이 변증법과학에 기여한 바는 적지만 혁명의 변증법에 대한 기여는 큰 것이었다고 한다. 또한 마오쩌둥의 「모순론」이 변증법 이론으로서는 매우 어색하고 능란하지 못하지만 인간과 우주, 특히 정치적인 투쟁문제에 변증법을 적용해 가는 것은 매우 능란했다고 지적한다.

79 Michel Oksenberg, "The Political Leader", in Dick Wilson (ed.), 같은 책, p.75.

80 Starr, *Ideology and Culture*, p.25.

81 만리장정(萬里長征) 출발 인원과 옌안(延安) 도착 인원에 대해서는 정설이 없다. Otto Braun은 6만 명(홍군: 4만 5천, 비전투요원: 1만5천)이 장정을 떠났다고 하는가 하면 郭華倫은 30만이 출발하여 2만이 도착했다고 한다. Agnes Smedley, Nym Wales, James Pinckney Harrison 등은 9만 명이 출발하여 약 1만 명이 도착했다고 본다. 여기서는 Harrison 등의 통설을 따른다. 이상에 대해서는 각각 Otto Braun, *Horizont*, No. 33(1969) cited in Dick Wilson, *The Long March: The Epic of Chinese Communism's Survival*(London,1971) p.66; 郭華倫, 같은 책, 제3권, p.22; Agnes Smedley, *Great Road: The Life and Time of Chu Teh*, New York, 1956, p.309; Nym Wales, *Inside Red China*(New York, 1939) pp.101ff; James Pinckney Harrisn, *The Long March to Power*(New York: Praeger, 1972), pp.238~259, 특히 p.243, p.258 참조

82 김상협, 같은 책, p.108.

83 마오쩌둥, 「論反對日本帝國主義的策略」, 「선집」 I, p.129. 당시 사정을 간단히 설명하면 다음과 같다. 1931년 9월 18일 만주에서 군사행동을 개시(9·18사변)한 일본은 1만5천 병력으로 장쉐량(張學良) 군대를 공격하고 5일 후에는 펑톈(奉天)과 지린(吉林) 등 주요 지역을 장악했다. 1932년 3월 1일을 기하여 만주 전력을 장악하고 만주국을 세웠다. 장제스의 난징(南京) 정부가 국제연맹(League of Nations)에 이 문제를 호소했으나 성과는 없었다. 1932년 7월에는 러허(熱河)까지 진출, 1933년 5월에는 장제스 정부와 '탕구(塘沽)협정'을 체결하여 일본의 만주에 대한 기득권을 인정받았다. 1935년에 이르러 화북지방까지 진출하여 12월까지는 두 개의 친일 괴뢰정부까지 세우는 데 성공했다. 김상엽, 같은 책, pp.108~109.

84 산시성(陝西省) 북쪽 '와야오부'에서 열렸기에 와야오부회의라는 속칭을 지닌 이 회의는 코민테른의 지시에 따라 개최되었다는 설노 있다. 郭華倫, 같은 책, 제3권, p.108.

85 마오쩌둥, 「論反對日本帝國主義的策略」, 『선집』 I, pp.139~148.

86 코민테른 제7차 대회(1935)의 결정서인 「파시즘의 공세, 파시즘에 대항하는 노동자계급의 투쟁에서 코민테른의 임무」 제5항 「식민지 제국에서의 반(反)제국주의 인민전선」에는 "식민지 '반(半)식민지 나라들에서는 반(反)제국주의 인민전선 결성을 위해 활동하는 것이 공산주의자의 가장 중요한 임무"라고 명시하고 "제국주의적 착취를 반대하고 제국주의자를 몰아내며 국가의 독립을 목표로 하는 민족주의해방운동을 전개할 것"을 지령했다. 또한 그 전술로는 "민족개량주의자가 이끄는 대중적인 반(反)제국주의 운동에 공산주의가 적극적으로 참가하여 구체적인 반(反)제국주의적 강령에 입각하여 민족혁명조직이나 민족개량주의 조직과의 공동행동을 쟁취하도록 노력할 필요가 있다"고까지 했다. 특히 중국에 대해서는 "소비에트운동 확대와 홍군의 전투력 강화는 전국에 걸친 반(反)제국주의 인민전선운동을 전개하는 것과 결부시켜 이루어져야 하며 무엇보다도 일본 제국주의자와 그 추종자를 반대하는 무장인민의 민족해방전쟁의 슬로건 아래 진행시켜야 한다"고 지시한 것이다. デイシトロフ, 『反ファシズム統一戰線』(板井信義·村田陽一 譯)(東京: 大月書店, 1967), pp.206~207: 강인덕, 『공산주의의 통일전선에 관한 연구』(서울: 극동문제연구소, 1977), pp.62~63.

87 Richard Lowenthal, "Soviet and Chinese Communist World Views", in Donald W. Treadgold(ed.), Soviet and Chinese Communism: Similarities and Differences(Seattle: University of Washington Press, 1967), p.377. 특히 옌안 시대에도 스탈린의 저작이 중국공산당 간부들에게 중시될 수밖에 없었던 이유를 Lowenthal은 다음과 같이 설명한다. 즉 1935년 이후 1949년 정권 수립에 성공할 때까지 소련과의 유대를(비록 그것이 완전히 우호적인 것만은 아니었지만) 제외하고는 완전히 고립된 상태에서 대일전쟁과 반(反)장제스 투쟁을 벌여야 했기 때문이라는 것이다.

88 尹慶耀, 『從馬克思·列寧到毛澤東思想探源』(合北: 國際關係研究所, 1973), p.3.

89 민족운동을 공산혁명의 일환으로 간주하여 지원해야 한다는 주장은 1920년 7월 코민테른 2차 대회에서 나왔다. 「민족 및 식민지문제에 관한 테제」에서 레닌은 세계를 억압국과 피억압국으로 구분하고 억압자로는 제국주의 국가를, 피억압자로는 소련 공산주의자와 식민지의 여러 민족을 분류하기도 했다. 강인덕, 같은 책, pp.30~31.

90 코민테른 2차 대회결정서 내용 요지는 위의 책, p.32.

91 스탈린, "Don't Forget the East", J. V. Stalin Works, Vol. 4(Moscow: Foreign. Language Publishing House, 1953), pp. 134~175.

92 스탈린, "Report on National Factors in Party and State Affairs", 위의 책, pp.243~253.

93 스탈린, The Foundations of Leninism, pp.28~29.

94 국공합작을 요구하는 중국공산당의 입장은 시안(西安)사변(1936.12) 이후에야 국민당에 의해 중시되었다. 장제스가 시안까지 갔다가 장쉐량에게 감금당함으로써 장제스는 비로소 중국공산당의 요구에 동의하게 된 것이다. 1937년 2월에는 국민당과 중국공산당이 교섭을 시작했고, 1937년 7월 7일 루커우자오(蘆溝橋)사건이 일어나자 국·공협상(國·共協商)은 급진전, 7월 15일에는 국·공양측의 합작선언서가 교부되었다. 장제스의 1937년 9월 23일자 담화로 중국공산당의 합작선언서가 인정되고 이로써 제2차 국공합작이 2차 세계대전 말까지 지속된 것이다.

95 마오쩌둥, 「中國共留黨在抗日時期的任務」, 『선집』 I, pp.232~233.

96 마오쩌둥, 「國共合作成立後的迫切任務」, 『선집』 II, pp.336~337.

97 강인덕, 같은 책, pp.66~67.

98 마오쩌둥, 「中國共產黨在民族戰爭中的地位」, 『선집』 I, pp.490~491.

99 마오쩌둥, 「統一戰線中的獨立自主問題」, 『선집』 I, pp.504~505.

100 마오쩌둥, 「目前形勢和我們的任務」, 『선집』 IV, pp.1153~1154. 1947년 12월 23일 당 중앙위원회회의에서 이렇

게 말하고 항일전쟁이 끝났기 때문에 '민주주의적 혁명적 통일전선'을 새로이 결성, 반장(反蔣)·반미(反美) 투쟁을 전개할 것을 주장했다.

101 마오쩌둥, 「論人民民主專政」, 『선집』 IV, p.1361. 1949년 6월 30일 중국공산당 창립 28주년 기념 연설인 「論人民民主專政」에서는 소위 '국제혁명역량'으로서 제국주의 국가 내 '인민'이라는 것을 중시하고 이들과의 연합을 주장했다.

마오쩌둥 국제정치사상의 변천

항일전쟁기의 국제정치사상

2분론에서 3분론으로의 변화와 우·적(友·敵) 개념

옌안 시대 이래 마오쩌둥이 국제문제에 깊은 관심이 있었고, 국제문제에 대한 지식도 상당한 수준이었음은 마오쩌둥 연구가들이 이미 여러 번 지적한 바 있다.[1] 그러나 우·적 개념에 입각하여 광범하게 국제정세 전반에 걸쳐 분석한 것은 1939년 9월 1일 자 『신화일보(新華日報)』 기자와의 담화가 최초의 경우였던 것 같다. '독일·소련 불가침조약' 체결(1939.8.24.)의 의미에 대한 설명을 요구하는 기자의 질문에 마오쩌둥은 다음과 같이 설명했다.

> 이 협정은 챔벌린과 달라디에 등 국제반동자산계급이 독일·소련 간
> 전쟁을 일으키려던 음모에 타격을 가했고 독일·이탈리아·일본의 반
> 공 집단이 소련을 포위하려는 것을 물리침으로써 독일·소련 양국 평
> 화를 공고히 하고 소련의 사회주의 건설·발전을 보장했다. 동방에서
> 는 일본에 타격을 가하고 중국을 원조하는 것이며 중국 내 항전파
> 의 지위를 높인 것이다.[2]

마오쩌둥의 이 구절은 중국공산당의 소련에 대한 종속적 사세를 논할 때 자주 인용된다. 뢰벤탈(Lawenthal)이나 탕저우(Tang Tsou) 등은 이런 입장이 표현될 수밖에 없었던 이유로 중국공산당이 옌안에 피신해 있으면서 외부세계와 단절되어 있었기 때문이라는 설명을 하기도 했지만,[3] 우리는 여기서 마오쩌둥이 국제정세를 분석할 때 항상 중국 문제와 관련짓는 좋은 증거를 찾게 되었다고 할 수 있다. 공산주의 지도자들은 대체로 모스크바에서 해석하고 규정한 국제정세관을 견지하고 있다가 모스크바로부터 새로운 해석이 하달되면 그때야 자기 입장을 바꾸는 것이 통례였다. 그러나 마오쩌둥은 새로운 분석의 대상이 되는 상황이 오면 모스크바의 해석이나 규정을 기다리지 않고 독자적으로 분석을 해낸 것이다.[4] 다음 구절을 보면 그것이 명백해진다.

목전의 국제정세는 이미 새로운 국면에 놓여있다. 이미 시작된 제2차 제국주의 전쟁의 일방적 상태는 불간섭정책 단계를 지나 한쪽으로 치고 나가고[一方進攻] 한쪽으로 좌시하는[一方坐視] 국면에 이르렀고, 이것이 유럽 방면에서는 앞으로 반드시 전방위적 전쟁으로 바뀌게 될 것이다. 제2차 제국주의전쟁은 이미 새로운 단계에 들어가는 것이다. 유럽 방면에서는 독일·이탈리아의 제국주의 집단과 영국·프랑스의 제국주의 집단 사이에 식민지 인민통치권을 둘러싼 쟁탈을 위한 제국주의 대전이 눈앞에 다가왔다. … 양대 제국주의 집단은 바야흐로 미친 듯이 전쟁을 준비하고 있다. 그리하여 대 도살(屠殺)의 위험이 천백만 인민의 머리 위에 임박해 있다. 인민들이 제국주의 전쟁의 포화를 면하려면 그들은 반드시 각종 방식으로 제국주의 전쟁을 반대해야 한다.[5]

당시 모스크바에서는 독일·이탈리아 등 파시스트 세력의 반공 정책만 우려하여 '반(反)파쇼'를 정책 기조로 삼고 있었을 뿐이나, 마오쩌둥은 전쟁 자체의 제국주의적 성격이라는 문제에 착안함으로써 유럽 정세에 대한 분석을 통해 선진자본주의와 후진자본주의 사이에 식민지를 둘러싼 전쟁이 일어날 것을 이미 예견하고 있었다. 물론 이런 분석과 전망에는 레닌의 자본주의 불균등발전 개념 등 제국주의 이론이 영향을 미쳤다고 할 수 있다. 그러나 마오쩌둥 자신 '제국주의 집단 간 타협과 경쟁' 개념을 발전시킨 바 있음을 상기할 때, 마오쩌둥의 정세분석은 모스크바보다 한발 앞선 것이라 할 수 있다. 실제로 모스크바에서는 1939년 9월 17일에야 반(反)파쇼 노선을 반(反)제국주의 노선으로 전환시킬 것을 지시함으로써 마오쩌둥의 정세관을 추후에야 인정하는 조치를 취했다.[6]

국제정세 분석에서 '내 나라'의 입장을 중시하고 있었기 때문에 독일·소련 불가침조약 체결과 관련해서도 마오쩌둥은 일본이 유럽 열강들과 짜고 중국을 침략하는 이른바 '극동의 뮌헨협정'을 우려하지 않을 수 없었던 것 같다.

일본 제국주의는 독·소 협정으로 심한 타격을 받았다. 그의 앞길은 더욱 곤란해졌다. 일본의 외교정책을 놓고 일본 내에서는 양 파가 투쟁 중이다. 군벌들은 독일·이탈리아와 연맹함으로써 중국을 점령하고 남태평양 섬들을 침략하여 영·미·프랑스의 동방진출 목적을 배척해야 한다고 한다. 그러나 일부 자산계급은 영·미·프랑스에 양보하더라도 목표를 중국 약탈에 집중시켜야 한다고 한다. 목전에 일·영 타협의 추세가 크게 두드러지고 있다. 영국 반동파는 중국을 공동 분할하고 경제적·재정적으로 일본을 지원한다는 조건을 내걸어 일본을 영국의 이익을 지키는 동방의 경비견으로 확보함으로써 중국 대륙의 해방운동을 진압하고 소련을 견제하려 하고 있다. … 일본은 중국을 이용해서 중국을 견제하는 정치공세와 전쟁을 통해 전투력을 키워가는 경제침략을 교묘히 진행시키면서 … 영국을 이용, 중국의 투항을 강요하려 한다. 일본에 유리한 모종의 시기에 가서는 일본은 동방의 '뮌헨'을 만들어낼 것이다. 그리하여 크게 양보하고서라도 중국을 삼키려 들 것이다.[7]

'제국주의 간 타협과 경쟁'이 동방의 '뮌헨협정'을 가능케 함으로써 중국을 희생시킬 가능성을 예견하고 있었다는 것은 마오쩌둥이 제국주의의 대중국 정책을 불신하고 있었음을 의미한다. 중국에 대해 적대적인 정책 노선을 걷는 국가들에 대해서는 상세한 설명을 하는 마오쩌둥이 동지가 될 수 있는 국가, 즉 미국과 소련에 대해서는 간략한 언급만 하는 대신 "지금까지 우리 국력이 적들의 그것에 비해 크게 차이가 나기 때문에 반격할 수 있는 역량을 준비하려면 전국이 일치하여 분투하지 않으면 안 된다"고[8] 함으로써 '자력갱생'을 주장한 것이다. 마오쩌둥이 제국주의 국가들의 대중국 정책을 근본적으로 불신하게 된 데는 마오쩌둥이 지니고 있던 반(半)식민지국가의 민족주의자적 지향과 마르크스주의자로서의 제국주의관이 크게 영향을 미치게 된 것 같다. 1939년 9월 24일 자 강의내용의 관계 구절을 보자.

제2차 제국주의 전쟁의 목적은 제1차 제국주의 전쟁의 목적과 유사하다. 그것은 세계를 다시 분할하는 것이다. 즉, 식민지·반식민지 세력권을 다시 분할하여 세계 인민들을 약탈하고 그들에 대한 통치를 강화하는 것이다. … 이 목적 외에는 다른 목적이 없는 것이다. 독일이든 이탈리아든 일본이든 아니면 그것이 영국이든 프랑스든 막론하고 제국주의 전쟁에 직·간접으로 참여하는 제국주의 국가들은 인민의 약탈이라는 반혁명적이고 제국주의적인 목적만 있는 것이다.[9]

마오쩌둥은 모든 제국주의의 참전 목적이 식민지·반식민지 재분할에 있다고 했는데, 이런 제국주의관은 5·4운동을 전후하여 중국이 당한 국제적 배신감을 반영하는 것이 아닌가 싶다. 제국주의 전쟁의 목적을 이같이 설명하는 마오쩌둥은 제국주의 전쟁 예방을 위한 처방을 다음과 같이 제시했다.

참전하는 모든 제국주의 국가들에 대해 우리는 제국주의 국가들 내부의 인민들이 전쟁 반대 사상을 갖도록 환기시켜야 한다. 그러려면 항쟁하고 있는 양 진영의 제국주의적 본질을 부각함으로써 양자가 똑같은 강도라는 사실을 인식시켜야 한다. 특히 우리는 영국 제국주의에 대항해야 한다. 영국이 강도의 우두머리라는 것을 인식시킴으로써 제국주의 강도들의 선전에 속아 넘어가지 않게 하기 위해 제국주의 전쟁을 혁명적 내전으로 전환시키고 제국주의 전쟁에 반대하는 통일전선을 결성해야 할 것이다. … 미국 같은 중립국가에서 공산당들은 부르주아 정부의 제국주의 정책을 폭로해야 할 것이다. … 식민지·반식민지국가에서는 민족통일전선을 결성하여 침략자·식민 모국(母國)에 저항하고 독립을 쟁취해야 할 것이다.[10]

지금까지 보아온 마오쩌둥의 국제정세에 대한 논의를 종합해 보면, 마오쩌둥은 세계를 양분하고 있었다고 할 수 있다. 즉 식민지·반(半)식민지 세력권을 넓히려는 제국주의—물론 제국주의 진영 내에서의 타협과 경쟁 등 모순 관계가 존재하긴 하지만—와 이에 저항해야 할 '인민' 및 식민지·반(半)식민지국가들의 민족이라는 양대 세력이 있는 것으로 보고 반제국주의 통일전선을 결성하여 제국주의에 저항할 것을 주장한 것이다.

1939년 가을 이전의 마오쩌둥에게서는 일종의 낙관주의가 발견된다. 왜냐하면 제국주의의 본질에 대한 강한 불신감에도 불구하고 소련에 큰 기대를 걸지 않은 채 광범한 '인민' 및 식민지·반(半)식민지 국가 민족들로 구성되는 반(反)제국주의 통일전선만 주장하고 있었다는 것은 그만큼 '제국주의 간 타협과 경쟁'을 잘 활용함으로써 오히려 중국의 항전에 유리한 상황을 조성할 수 있으리라고 보았음을 의미하기 때문이다. 실제로 그는 다음과 같이 말함으로써 항일전쟁의 전망을 낙관하고 있었다.

제국주의자들 사이에 전쟁이 일어나고 있다는 점과 이로 말미암아 제국주의 역량이 상호 감소되어 모든 나라의 인민해방운동과 민족 해방운동 그리고 중국의 항일 및 소련의 공산주의 건설에 유리한 조건이 형성되고 있다. 이렇게 볼 때 세계를 지배하는 암흑은 일시적인 것이요, 미래 세계는 광명스러운 것이다. 제국주의는 반드시 멸망할 것이고 압박받는 인민과 민족들의 해방운동은 반드시 그 목적을 달성할 것이다.[11]

그러나 1939년 9월 독일이 폴란드를 침공한 뒤 소련마저 폴란드에 개입(8월 17일)함으로써 영·프랑스 대 독·소의 긴장이 고조된 이후 마오쩌둥의 국제정치사상은 계급론적 성격보다는 진영론 성격을 띠기 시작했음이 발견된다. 소련의 폴란드 진주가 독일의 폴란드 진격과는 근본적으로 다른 것이었다고 누누이 역설하면서도 마오쩌둥은 중국에 대한 제국주의적 유린이라는 문제를 심각하게 우려하기 시작한 것이다. 즉 소련의 남하를 저지하기 위해 유럽 '제국주의'가 일본과 타협할 가능성을 배제할 수 없었기에 마오쩌둥은 소련의 친중국성을 의식적으로 강조하기 시작한 것이다. 그의 이런 입장은 일·소불가침조약 문제와 관련하여 집약적으로 나타났다.

> 뤄멍간(諸蒙玕) 정전협정으로 일본을 굴복시킴으로써 소련의 중국에 대한 원조 가능성은 늘었을 뿐, 줄지는 않았다. … 일·소 불가침조약이 체결된다 해도 소련은 자기가 중국을 원조할 수 있는 행동을 제약할 조항을 넣지 않을 것이다. 소련의 이익과 중국민족해방의 이익이 결코 상호 충돌할 수 없으며 미래에도 영원히 일치할 것이다.[12]

이후 마오쩌둥의 친소적 입장은 스탈린 개인에 대한 격찬으로까지 표현되기에 이르렀고,[13] 1940년 1월 「신민주주의론」에서는 중국혁명을 세계무산계급 사회주의혁명의 일부로 규정하게 되었다.[14]

그러나 이런 의식적인 친소 자세의 표현은 유럽에서 소련의 정책으로 보아 소련마저 전쟁에 개입될 뿐 아니라 중국에 불리한 정책을 들고 나올지도 모른다는 우려에서 나온 것이라고 보아야 한다.[15] 바꾸어 말해서 일본의 중국 정책과 국민당의 반공 정책이 각박하게 전개되는 상황에서 국제원조역량으로 생각되던 소련마저 중국에 이중정책을 펴기 때문에 마오쩌둥은 극도의 고립감에 사로잡혀 있었고, 그 때문에 최종 수단으로 친소(親蘇)를 구호로 들고 나와 소련의 지원을 얻어내려 한 것이 아닌가 생각된다.

이 시기를 통해 격변하는 국제정세 속에서 마오쩌둥 자신도 적과 동지를 명확히 구분하기 어려운 상황이었음은 1940년 12월 25일 새삼스럽게 정책 방향을 거론했다는 데서도 반증된다. 그는 다음과 같이 말했다.

공산당이 모든 제국주의를 반대한다 하더라도 중국을 침략하고 있는 일본 제국주의와 아직은 중국을 침략하지 않고 있는 제국주의를 구별해야 한다. 또한 일본과 동맹을 결성하여 만주국을 승인하는 독일·이탈리아의 제국주의를 구별해야 한다. 과거 극동의 '뮌헨' 정책으로 중국의 항일에 위해롭던 때의 영·미와 이런 정책을 버리고 중국의 항일을 돕는 영·미를 구별해야 한다. 우리의 책략 원칙은 모순을 이용하여 다수를 쟁취하고 소수를 반대하며 개별적으로 격파하는 것이다. … 우리는 구별해야 한다. 첫째, 소련과 자본주의 각국을 구별하는 것이다. 둘째, 영·미와 독일·이탈리아를 구별하는 것이다. 셋째, 영·미의 인민과 영·미의 제국주의 정부를 구별하는 것이다. 넷째, 극동 '뮌헨' 시절의 영·미 정책과 오늘날의 그것을 구별하는 것이다.[16]

이렇게 해서 마오쩌둥은 1939년 가을 이전의 계급개념에 기초한 2분론적 국제정치사상으로부터 세력 사이의 모순을 중시하는 3분론적 국제정치사상으로 전환하게 된 것 같다. 즉 1939년 9월 가을 이전의 마오쩌둥은 적=제국주의, 동지='인민' 및 식민지·반(半)식민지민족을 논했을 뿐이나 1939년 9월 유럽전쟁 발발 이후 마오쩌둥은 적=반(反)중 제국주의, 나, 동지='인민' 및 비반중(非反中) 제국주의를 논하고 있었던 것이다.

1940년 12월 25일의 「논정책(論政策)」을 통해 당의 정책 방향을 확고하게 제시한 마오쩌둥은 이후 그의 국제정세 분석에서 3분론적 입장을 견지한 것 같다. 1941년 4월 13일의 일·소 불가침협정에 대해 독·소 불가침협정 때와 같은 평가를 하지 않은 점이나, 비공식적이나마 스탈린에 대해 노골적인 불만을 토로한[17] 점으로 보아 마오쩌둥은 이미 소련을 진정한 지원세력으로 보지 않았음을 알 수 있다. 즉 1940년대부터 마오쩌둥은 소련을 모델로서가 아니라 필요할 때 이용하는 동맹국으로만 파악하고 있었던 것이다. 마오쩌둥의 국제정치사상이 그럴 수밖에 없는 것은 마오쩌둥 자신의 「모순론」에 입각해서도 설명된다. 즉, 소련의 대중국 정책이 양면성을 띠기에 마오쩌둥 역시 소련을 이데올로기적 차원에서 친근한 지원세력으로만 볼 수 없게 되기도 했지만, 「모순론」에서 '상호전화', '신진대사' 개념이 마오쩌둥 특유의 개념으로 중시된 점을 감안하면 마오쩌둥은 이미 국제정치 세계에서 영원한 동지도 영원한 적도 없다는 것을 간파하고 있었던 것 같다. 3분론적 국제정치사상이 대두한 배경을 검토해 보자.

대외환경과 대내 상황

근대중국의 발전과정과 혁명사를 보면 중국의 경우만큼 국내정치와 국제정치가 밀접한 연계 속에 이루어진 예를 찾기도 어려우리라는 생각이 든다. 기팅스(Gittings)도 지적하듯이[18] 사실상 대외환경이 중국 내 정치적 상황 조성에 주요변수로 작용한 면이 크게 부각된다. 그러나 이런 귀납적인 결론에 의해서가 아니라도 마오쩌둥의 국제정치사상이라는 관념의 세계에서는 국제정치와 국내정치가 불가분의 관계로 파악되어야 하는 이유가 있다. 그의 「반(半)식민지론」에서도 보았듯이 마오쩌둥이 대항하던 정부는 곧 제국주의와 결탁한 반동자산계급의 매판정부라고 규정되고 있었기 때문이다. 그런 점에서 '항일민족통일전선'하에서의 국내적 세력 관계는 마오쩌둥의 국제정치사상 변화에 큰 영향을 미치지 않았다고 할 수 있다.

1930년대 중반의 국제정세는 마오쩌둥의 지적대로 신진제국주의와 후진제국주의의 타협과 경쟁 속에서 전개되고 있었다. 1935년 만주를 점령한 일본은 만리장성 이남의 중국 본토로 관심을 돌리기 시작하여 그 일환으로 9·18사건이 일어나기도 했던 것이다. 일본이 중국 본토에 대한 침략정책을 가속화한 것은 문호개방정책으로 중국이 서방의 상품시장으로 되기 전에 기득권을 선취해야 한다는 생각 때문이었던 것 같다.[19]

반면 미국 입장에서 보면, 인구 4억의 중국은 매력적인 상품시장이 아닐 수 없었다. 당시 중국의 대미·일 교역량은 비슷했지만, 미국 측에서 볼 때는 이미 공업화한 일본보다는 자본주의 초기 단계에 머물러 있는 중국이 훨씬 장래성이 커 보였을 것이다. 일본은 머지않아 보호무역정책을 쓸 가능성이 있는 반면, 중국은 개발을 추진할수록 외국의 자본·기술·상품이 필요할 것이기 때문이다. 극동지역에서 미국이 추구할 수 있는 것이 무역일 수밖에 없었던 것은 지리적으로 멀기 때문이지만, 원료 및 상품시장으로서 중국의 가치는 미·일간 충돌을 불가피하게 만들고 있었다.[20]

미국의 중국 정책은 이런 점에서 제국주의적이었다고는 할 수 있지만 식민지주의적인 것은 아니었다. 그러나 영국의 경우는 달랐다. 미국으로서는 중국의 현상 유지가 절실한 것은 아니었지만, 영국으로서는 중국의 현상 유지가 아시아에서의 영국 국익에 필요한 것이었기에 영국은 강력한 항일을 저지해야 했다. 중국에 민족주의 물결이 인다는 것은 인도를 위시한 영국의 아시아식민지로부터 반영(反英)운동이 일어날 가능성을 고조시키는 결과를 가져오리라 예상했기 때문이다. 그런 점에서 영국은 일본과 이해를 같이할 공감대가 있었다고 할 수 있다. 물론 일본 세력이 중국에서 확장됨으로써 영국의 이익이 침해받지 않는 것은 아니었다. 즉, 일본의 중국대륙 남하는 영국이 중국에서 누리던 무역 및 재정상의 기득권에 대한 도전을 의미했다. 따라서 영·일간에는 타협의 여지도 있지만 경쟁의 여지도 컸던 것이다.[21]

마오쩌둥이 1939년 9월 이전 극동의 '뮌헨협정'을 우려하면서 영국을 제1의 적으로 규정하게 된 배경으로는 이런 국제관계가 있었다.

영국과 미국이 중국에 이해관계가 있었음에도 양국이 지리적으로 중국과 떨어져 있는 반면 중국에 가까운 일본은 영·미의 이런 약점을 이용하여 중국 침략에 몰두함으로써 영·미를 능가하는 우선권을 확대해 가고 있었다. 1939년 유럽전쟁 발발은 영국으로 하여금 일본과 대중(對中) 연합전선을 모색하는 것보다는 미국과 대일(對日) 연합전선을 모색하게 했다고 할 수 있다. 일본의 남하(南下) 속도는 이미 영·일 타협 가능성을 넘어섰고, 일본 자신이 일본 중심의 동아시아 질서 수립을 추진하는 가운데 중국의 항일운동도 강화되어갔기 때문에 영국으로서는 미국과 손잡고 중국의 항일(抗日)을 지원하는 것이 부득이해진 것이다.

마오쩌둥이 「논정책(論政策)」에서 극동의 '뮌헨협정'을 기도하던 때의 영·미와 당시의 영·미를 구별해야 한다면서 중국을 침략하는 제국주의에 대한 투쟁을 호소하게 된 배경에는 이런 국제관계 변화가 있었던 것이다.

항일전쟁 시기 마오쩌둥의 국제정치사상이 초기의 2분론적인 것에서 후기의 3분론적인 것으로 전환하게 된 주요인으로는 소련의 중국 정책을 들 수 있다. 소련의 중국 정책이 양면적인 성격을 띠어야 했던 것은 소련의 지리적 위치 때문이라 할 수 있다. 소련은 유럽과 아시아 양측으로부터 위협을 받고 있었다.

유럽 방면은 그만두더라도 아시아 쪽으로부터의 위협을 줄이기 위해서는 레닌이 쑨원(孫文)에게 했던 것처럼 중국의 독립을 지원하고 방위력을 강화시키는 일도 필요했지만, 일본과 중립적인 관계를 유지하는 것도 정책으로서 고려할 수 있는 문제였다. 유럽전쟁 발발 이전 소련의 중국 정책은 중국의 독립을 지원하고 방위력을 강화하는 방향에서 전개되었다. 1937년 8월 장제스의 국민당 정부와 소련 정부가 불가침조약을 체결한 후 상당수의 군사장비와 저리(低利) 차관이 제공됨으로써 중국민족 전체의 항일역량 강화에 크게 기여한 것이다. 그러나 유럽전쟁 발발 이후 소련으로서는 일본과의 관계를 우호적으로 유지하는 것이 더 시급한 문제로 대두했기 때문에 1941년 4월에는 일·소 불가침조약을 체결함으로써 마오쩌둥의 주적(主敵)과 타협하기에 이른 것이다.[22]

1939년 가을 이전의 마오쩌둥에게서 낙관주의적 국제정세 평가를 찾을 수 있고, 1940년 1월 중국혁명을 세계무산계급 사회주의혁명의 일부로 규정한 것은 소련의 중국 정책이 항일지원 측면에서 추진되었기 때문이다. 또한 스탈린 개인에 대한 격찬이나 친소구호 등은 소련이 중국의 항일을 지원하기는 하지만 장제스 정부를 중심으로 지원이 추진되는 것을 중국공산당 중심으로 전환시키기 위한 의도 때문이라고 해석할 수도 있다.

2분론적 국제정치사상이 친소 자세와 표리를 이루는 것이었다면 3분론적 국제정치사상은 소련과의 관계가 원활하지 못한 상황에서 나온 것이다. '적'과 '동지'를 명확히 구분함으로써 좌경맹동주의에 흐르지 않아야 한다고 역설한 것은 소련에 대한 환상을 버리고 '나'의 위치를 변화하는 모순관계에서 명확히 정립할 것을 요구하는 것이었다. 이후에도 대소련 관계의 긴밀도는 마오쩌둥으로 하여금 2분론을 택하게 하기도 하고 3분론을 택하게 하기도 했다. 이렇게 볼 때 3분론적 국제정치사상은 '자력갱생'과 '대소련 자립' 또는 '대소 저항'의 의미를 내포하는 것이라 할 수 있다.

국·공내전 전기의 국제정치사상

3진영론과 우·적 개념

히로시마와 나가사키에 투하된 원자탄은 스탈린으로 하여금 제3차 대전 발생 가능성을 생각게 했다고 한다. 즉, 미국이 원자탄을 배경으로 경제적 압박을 가하며 동유럽에서 스탈린의 정치적 의도에 제동을 거는 방식으로 소련의 안보 자체에 도전해오면 부득이 또 전쟁을 치르지 않을 수 없으리라 전망했다는 것이다. 원자탄의 충격은 공산주의자로서 스탈린의 '제국주의자들의 의도'에 대한 의구심을 자극했을 것이며, 처칠을 비롯한 서방 진영 지도자들의 반공 노선이 드러남으로써 전쟁 재발 가능성에 대한 걱정이 더욱 커졌을지도 모른다. 실제로 스탈린은 소련국민에게 불가피한 전쟁 재발 위험에 대비할 것을 경고했다고 한다. 소련 내에는 이미 양대(兩大)진영론적 국제정치사상이 대두되어 있었다고 할 수도 있다.[23]

소련의 정책판단이 이러했기에 중국공산당에 대해서도 반(反)장제스 투쟁을 전개하는 대신 협조를 통해 중국민족의 멸망을 방지해야 한다고 충고한 것이다.[24] 이에 따라 중국공산당 내에도 공산혁명의 승리를 어렵게 하는 국제정세가 조성되고 있다고 믿는 비관론이 일기 시작했기에, 그들을 상대로 마오쩌둥은 1946년 4월 다음과 같이 말함으로써 당내의 '착오사상'을 교정하려 했다.

세계의 반동역량이 제3차 세계대전을 준비함으로써 전쟁 위험이 존재한다. 그러나 세계 인민의 민주역량은 세계의 반동역량을 넘어서서 발전해가므로 전쟁 위험을 극복하고 말 것이다. 따라서 미·영·프랑스·소련의 관계는 타협이나 분열 문제가 아니라 일찍 타협하고 늦게 타협하는 문제다. … 여기서 말하는 타협이란 영·미·프랑스에서 반동파에 의한 통치가 계속되는 여건에서는 불가능한 것이다. 즉 약간의 문제 또는 중대문제를 포괄하는 문제에서만 타협하는 것이다. 그러나 이런 종류의 타협도 가까운 장래 단시간 내에는 많이 이루어질 수 없을 것이다. 미·영·프랑스·소련 간 통상무역이 확대될 가능성은 있다. 미·영·프랑스·소련 간 이런 타협은 세계의 모든 민주역량이 미·영·프랑스의 반동파 역량에 대해 견결하고도 유효한 투쟁을 벌여온 결과로 비로소 가능한 것이다. 이런 타협 때문에 자본주의세계 각국 인민들이 이에 따라 국내적 타협까지 할 필요는 없다. 각국 인민들은 각자 처한 부동의 상황에서 투쟁을 진행시키고 있다. 반동세력이 인민적인 민주세력에 대해 갖는 원칙은, 능히 소멸시킬 수 있는 자는 반드시 소멸시키고 소멸이 어려운 자는 잠시 준비를 통해 소멸시킨다는 것이다. 이런 상황에 따라 인민적인 민주세력이 반동세력에 대해서도 같은 원칙을 택해야 한다.[25]

마오쩌둥의 이런 국제정치사상은 스탈린의 것과 전적으로 다를 뿐만 아니라, 소련의 역할이 상대적으로 수동적인 것으로 평가되며 세계대전 위험이 매우 적게 평가되는 데서 특징을 찾을 수 있다. 마오쩌둥이 말하는 '세계 인민의 민주역량'을 중국과 영·프랑스 등 미국을 제외한 자본주의 국가로 해석할 경우, 마오쩌둥의 국제정치사상은 3진영론적 분석에 의한 것이었다고 할 수 있다.[26]

　스탈린의 2진영론적 국제정치사상에 반대할 뿐 아니라, 국제정치 특히 대(對) 자본주의 투쟁에서 소련의 역할을 상대적으로 수동적인 것으로 평가한 마오쩌둥의 국제정치사상은 1946년 당시 소련은 물론 당내에서도 크게 지지를 받지 못한 것 같다.[27] 그러나 위 인용문에서는 「모순론」에 있었던 '상호전화' 개념과 '반제통일전선론'에 있었던 '중간세력'으로서의 '세계 인민' 개념 등이 보이는 것으로 보아, 마오쩌둥으로서는 3진영론적 국제정치사상에 집착하고 있었다고 할 수 있다. 왜냐하면 4개월 후인 1946년 8월 미국 기자 스트롱(Anna Louisa Strong)과의 담화에서도 3진영론적 국제정치사상을 찾아볼 수 있고, 3차 세계대전을 부인하는 입장이 계속됨을 발견할 수 있기 때문이다. 미국이 소련과 전쟁을 일으킬 가능성에 대해 어떻게 생각하느냐는 스트롱 기자의 질문에 마오쩌둥은 이렇게 답변했다.

　　반소전쟁에 관한 선전은 두 가지 측면에서 볼 수 있다. 첫째 측면은 미 제국주의가 분명히 소련과의 전쟁을 준비하고 있고 따라서 눈앞의 반소전쟁선전과 기타 반소선전은 곧 반소전쟁을 위한 정치적 준비라고 보는 것이다. 두 번째 측면은, 이런 선전은 미국의 반동파가 그들이 직면한 허다한 실제 모순을 은폐하기 위해 터뜨리는 연막이라는 것이다. 그 모순이란 미국 반동파와 미국인 민간의 모순, 미국과 기타 자본주의 국가 및 식민지, 반(半)식민지 사이의 모순이다. 미국의 반소전쟁 구호가 갖는 눈앞의 실제 의의는 미국 인민을 압박하고 자본주의 세계에 대한 침략을 확장하는 데 있다. … 미국 반동파가 전쟁을 일으키려면 먼저 미국 인민을 공격해야 한다. … 미국과 소련 중간에는 극히 광활한 지대가 가로놓여 있다. 여기에는 유럽·아시아·아프리카 3대륙의 허다한 자본주의 국가와 식민지·반(半)식민지 국가들이 있다. 미국 반동파는 이런 국가들을 억압하여 복속시키기 전에는 소련에 대한 공격을 개시할 수 없는 것이다. … 미국은 각종 구호로 허다한 국가에서 대규모 군사적 배치를 진행시키고 군사기지를 세우고 있다. … 이런 군사기지는 소련을 향한 것이다. 그러나 현재로서 미국의 침략을 먼저 받는 곳은 소련이 아니고 군사기지가 세워진 이런 국가들이다.[28]

스트롱과의 담화에서는 3차 대전 발발 가능성이 희박하다는 마오쩌둥의 생각이 1946년 4월 문건에서 보다 논리적으로 설명된다. 즉, 반소(反蘇) 명분하에 미국의 영향권을 확대하는 것이 급선무이기에 반소전쟁선전은 연막에 불과하다는 것이며, 따라서 미·소 충돌에 의한 3차 대전은 일어나기 어렵다는 것이다. 스트롱과의 담화에서 발견되는 또 하나의 변화는, 1946년 4월 문건에서는 '세계 인민의 민주역량'으로만 표현되던 제3 진영이 정치·지리적인 개념으로까지 발전했다는 것이다.[29]

이상과 같은 국제정치사상을 통해 우리는 마오쩌둥의 모순관을 정리하고 그에 근거하여 주요모순은 미·소간 모순이 아니라 자본주의 국가 내 민주세력과 반(反)민주세력간 모순이라고 보았다고 할 수 있다. 좀 더 구체적으로 말하자면 '미국 인민'과 '미국 반동파' 간 모순과, 미국과 영·프랑스 사이의 모순이 미·소 모순보다 첨예화되어 있다고 본 것이다.

이런 모순관은 중국공산당이 국민당과 내전 상황이었기 때문에 나온 것으로 볼 수 있다. 즉, 국·공내전 수행을 위해서는 장제스를 최대의 적으로 규정해야 했고, 그러려면 '인민'과 '반동파' 사이의 모순을 주요모순으로 규정해야 할 정치적 필요가 있었다고 할 수 있다. 따라서 반(反) 장제스 투쟁을 강조함으로써 결과적으로 국제관계에서는 '반미(反美)·항소(抗蘇)·연세계 인민(聯世界人民)'의 입장을 취하고 있었다고 할 수 있다.[30]

대외환경과 대내 상황

마오쩌둥이 직면한 대내 상황을 조성한 대외환경은 당시 중국과 이해관계가 있던 소련과 미국의 대중국 정책으로 집약할 수 있다. 소련의 대중국 정책을 살펴보자.

공산혁명 추진 과정에서 마오쩌둥이 중국적인 특수성을 강조하긴 했지만, 대내외정책 수립과 집행에서 스탈린의 지시를 공공연하게 거절하는 입장은 취하지 않았다고 할 수 있다. 특히 국제관계와 관련해서는 소련의 입장과 스탈린의 견해를 중시했다고 할 수 있다. 예컨대 1939년 독·소 불가침조약, 1941년 일·소 불가침조약, 1943년 코민테른 해체 등 스탈린의 주요 조치에 대해 마오쩌둥은 항상 정당성과 유효성을 강조함으로써 소련에 지지를 보내고 있었다.[31]

마오쩌둥은 정책적 입장에서 소련에 지지와 동조를 보내기도 했지만, 스탈린 개인에 대한 찬사와 감사도 아끼지 않았다. 1939년 12월 스탈린의 회갑에 즈음하여 마오쩌둥은 "스탈린은 세계혁명의 지도자다. 인류가 스탈린과 더불어 살고 있는 것은 훌륭한 일이다. … 마르크스·엥겔스·레닌이 죽은 뒤 스탈린이 없었더라면 누가 가르침을 내렸을 것인가?"라고 스탈린 개인을 격찬했다. 또한 1945년 4월 말 중국공산당 7차 전원회의에서 마오쩌둥은 중국 인민을 대표하여 소련 정부와 소련 인민이 중국의 해방전쟁을 위해 베풀어 준 도움에 감사를 보내면서, 1944년 11월 스탈린이 발표한 대일(對日) 비난 성명과 일·소 불가침조약 파기 결정을 찬양하고 "소련의 참여 없이는 태평양 문제의 최종적이고도 완전한 합의에 도달할 수 없다"고 역설했다.[32]

2차 대전 말기까지 중국공산당의 국제관계에서는 소련에 대한 추종 정도가 매우 높았다.[33] 그러나 소련은 중국공산당 지원에 적극적이지 않았을 뿐만 아니라 중국공산당의 능력 자체를 신뢰하지 않은 것 같다.[34]

당초 카이로회담이나 테헤란회담에 참여했던 스탈린은 전후 극동 문제 처리에서 특별한 요구를 내놓지 않고 있었다고 한다. 그러나 연합국 측으로부터 대일참전을 요구받은 뒤부터 소련은 사할린을 일본으로부터 소련으로 넘겨줄 것과 다롄(大連) 항의 국제화, 뤼순(旅順) 항의 소련 해군군사기지화를 요구하고 나섰다. 스탈린의 이런 요구는 소련이 러·일전쟁(1904~1905) 이전의 동북아 국제질서를 회복하려는 의도를 나타낸 것이라 할 수 있다.[35]

스탈린은 제정러시아 시대의 외교적 소득인 영토들을 되찾고 가능하면 소련의 공업 중심지를 보호할 수 있도록 중앙아시아의 중국 지역까지 지배하려는 데 정치적 목표를 두고 있었다고 볼 수 있다. 따라서 소련의 중국 정책은 중국공산당을 일방적으로 지원하는 등 이데올로기적 차원에서만 이루어질 수는 없었다. 현실적으로 소련은 장제스의 국민당 세력이 중국공산당의 그것보다 강하다는 점을 고려하여, 중국의 지도자로서 마오쩌둥보다는 장제스가 더 유망하다고 판단했기 때문에 제2차 국공합작을 종용했다고 할 수 있다. 이와 같이 오래전부터 중국공산당의 능력을 저평가하고 있었기에 스탈린은 국민당과 협조해서라도 제정 러시아 시대의 국제정치적 지위와 이권을 회복하려 한 것이다.[36]

소련의 이런 중국정책 기조는 마오쩌둥의 정치적 지위를 불리하게 만드는 것이었다. 1945년 2월 얄타협정에 의하면 소련은 국민당 정부와 우호동맹조약을 체결하게 되어 있었다. 소련이 이런 조건을 수락한 미국과 영국이 국민당 정부를 지지하고 있었고, 국민당 정부 대표로 장졔스가 카이로회담에 참석할 정도로 대외적으로 인정되던 정통 정부였기 때문이라고 할 수 있다. 바꾸어 말해서 정치적 목적 달성에 미·영과 협력이 필요하다고 판단한 소련으로서는 국민당과의 우호적인 관계 유지가 필요했다는 것이다.[37]

1944년 4월 미국이 중국 문제에 개입하기 시작했을 때 마오쩌둥은 미국에 상당한 기대를 걸었던 것 같다. 마오쩌둥 자신과 저우언라이가 미국 대통령을 방문하여 회담하겠다는 제의를 하는가 하면,[38] '중국 인민'과 '미국 인민' 사이에는 강한 이해와 공감대가 있으면 상호이익의 여지가 있다고[39] 주장했다고 한다. 그러나 마오쩌둥의 이런 행동이 대미 의존을 의미한 것은 아니었다고 보아야 한다. 즉, 아직도 마오쩌둥은 대미 의구심을 완전히 버리지는 않았고, 다만 미국에 대한 견해가 약간 낙관적으로 전환되었다고 보아야 한다.[40] 코민테른이 해체된 상황에서 소련의 대중간섭도 줄었지만 지원도 줄 수밖에 없게 되자, 마오쩌둥으로서는 미국에 대해 결국 '망할 수밖에 없는 장졔스'보다는 마오쩌둥 자신을 지원하라고 요구할 수도 있었을 것이다.

그러나 미국은 마오쩌둥보다는 장졔스를 지원하는 방향으로 기울기 시작했다. 루즈벨트의 특사 헐리(Hurley)의 마오쩌둥에 대한 인식이 좋지 않았던 탓으로 미국의 정책 결정 과정에 투입되는 중국 정보가 왜곡된 점이 있었던 것 같다.[41] 그러나 보다 근본적인 이유는 이데올로기적 측면에서 찾아야 한다. 마오쩌둥이 장제스보다 장래성이 있다 해도, 그리고 장제스 정부가 부패했다 해도 마오쩌둥을 지원함으로써 결과적으로 중국에 공산 정권이 세워지게 하는 것은 전후 아시아의 질서에 대해 미국이 의도하던 목표에 어긋나는 것이었기 때문이다.[42] 따라서 미국은 중국에서 국민당과 공산당 어느 편에도 치우치지 않는다는 것을 표시하려는 의도에서 문호 개방원칙을 다시 들고 나오게 되었다. 또한 중국의 내전은 바람직하지 않다는 입장을 취하기 시작했다. 그러나 실질적으로 미국은 장제스를 지원하고 있었다.[43]

이상에서 보듯이, 2차 대전 종전 전후 미국의 중국 정책은 중국공산당 세력 신장을 억제하고 국민당 집권을 도와주는 방향에서 전개되었다. 따라서 소련의 중국 정책과 미국의 중국 정책이 다 같이 마오쩌둥에게는 불리한 것이었다고 할 수 있다.

반면 장제스는 미국으로부터 지원을 받는 한편 소련과의 관계에서도 정치적인 성공을 거두었다. 중·소우호조약을 쉽게 체결할 수 있었던 것이다. 1945년 7월 첫 주에 열려 포츠담회담으로 일시 중단되었다가 8월 14일 체결된 이 조약이 비록 소련 측에 유리한 내용으로 차 있었지만 장제스는 여기에 만족하고 있었다. 그가 만족한 것은 그 내용이 아니라 소련 측에서 중국공산당을 포함한 연합정부를 상대로 하겠다는 요구를 내걸지 않고 끝까지 국민당을 상대로 했다는 사실이다.[44]

소련과 협상을 통해 장제스는 내정문제에 자신을 갖게 되었고, 중국공산당에도 강경한 입장을 취하게 되었다. 반면 마오쩌둥으로서는 소련이 국민당 정부와 중·소 우호조약을 체결한 것을 중국의 중앙정부로서의 국민당 정부에 대한 지지로 받아들일 수밖에 없었기 때문에 국민당과의 교섭 전개에 성의를 보이지 않을 수 없었던 것이다.

마오쩌둥이 당시 정치적 주요모순은 미·소간 모순이 아니라고 전제하고 '반미·항소·연세계 인민(反美·抗蘇·聯世界人民)'의 우·적 개념을 지니게 된 것은 미·소의 중국 정책에 의해 마오쩌둥에게 강요된 자력갱생이 부득이한 상황에 서였다고 할 수 있다.

국·공내전 후기의 국제정치사상

양대진영론과 우·적 개념

소련의 이중적인 중국 정책과 미국의 친(親)장제스적인 중국 정책으로 어려운 상황에서 반(反)장제스 투쟁을 하는 동안 마오쩌둥에게는 반미적 견해가 형성되어가고 있었다. 『마오쩌둥 선집』에 수록된 1947년 12월 25일 이전 마오쩌둥의 글에서 보이는 미국은 '미국'으로 표현되거나 필요한 경우에는 '미국 반동파'와 '미국 인민'을 구별해서 표현되어왔다. 그러나 1947년 12월 25일 열린 중국공산당 중앙회의에서의 마오쩌둥 보고에서부터는 미국이 '미 제국주의'로 표현되고 있음이 발견된다. 또한 이 보고에서는 양대진영론적 국제정치사상이 엿보인다. 관계 구절을 보자.

> 파시스트에 반대하는 제2차 세계대전이 승리로 끝난 뒤 미국 제국주의와 그 주구들은 독일 및 일본 제국주의와 그 주구들을 대신하여 반동진영을 결성하고 소련에 반대할 뿐 아니라 유럽의 인민민주국가들에 반대하고 있다. 또한 자본주의 국가의 노동자운동을 반대하고 식민지·

반(反)식민지의 민족운동을 반대하며, 중국 인민의 해방을 반대하고 있다.[45]

미국 제국주의분자는 세계를 노예로 만들려는 계획을 세워놓고 야수와도 같이 유럽과 아시아주 및 기타 지방에 쳐들어가 각국 반동세력을 집합시켰다. 인민들로부터 멸시받는 저 쓰레기 같은 자들은 제국주의와 반(反)민주 진영을 결성하여 소련을 우두머리로 하는 모든 민주세력에 반대하면서 전쟁을 준비하고 있다. 그들은 장래 또는 요원한 시간 내에 언젠가는 제3차 대전을 일으켜 민주역량을 때려 부수려고 한다. … 전 세계 반(反)제국주의 진영의 역량은 제국주의 진영의 역량보다 크다. 우세한 것은 우리 쪽이며 적 쪽이 아니다. … 미국 내부에는 날로 강대해져 가는 인민민주세력이 있다. 라틴 아메리카 인민들도 이제는 미제국주의에 복종만 하는 노예가 아니다. 아시아 전체에 위대한 민족해방운동이 일어나고 있다. 반(反)제국주의 진영의 모든 역량이 단결하여 일어나 앞을 향해 발전해가고 있다.[46]

3진영론적 국제정치사상과 비교할 때 몇 가지 변화가 발견된다. 첫째, 미·소를 정점으로 하는 두 진영이 형성되었다고 본 점에서 차이가 난다. 둘째, 제3차 대전 발발 가능성을 약간 강하게 시인하고 있다.

그러나 3진영론적 국제정치사상과 큰 차이가 없는 면도 있음을 지적할 수 있다. 양대진영론적 국제정치사상을 보이면서도 '인민역량'이 '반동역량'을 넘어서서 발전하고 있다는 견해는 변치 않고 되풀이된다. 다만 이번에는 "반(反)제국주의 진영의 역량이 제국주의 진영의 역량보다 크며 더욱 강대해져 가고 있다"는 표현으로 바뀌었을 뿐이다. 이런 견해가 되풀이

되는 것은 마오쩌둥의 「모순론」에서 보아온 '상호전화,' '신진대사' 개념과 관련 있다고 할 수 있다. 공산주의자들의 결정론적 사고방식이 혁명의 장래를 낙관할 수 있게 하는 면도 있지만, 마오쩌둥에게서 그 점이 특히 강하게 나타나는 것은 오히려 '역(易)' 논리에서 영향을 받은 '상호전화,' '신진대사' 개념 때문이라고 보는 것이 타당하다.

양대진영론적 국제정치사상을 내비치면서도 마오쩌둥은 소련의 양대진영론과는 몇 가지 면에서 차이를 보인다. 비교를 위해 먼저 소련의 양대진영론과 관계된 비신스키(Vishinsky)와 쯔다노프(Zhdanov)의 문구를 인용해 보자.

최근 수개월의 경험을 통해 보면 「트루먼 독트린」 선전을 계기로 미국은 … 독립국가들에게 자신의 의사를 강요하는 방향으로 움직이고 있다. 또한 동시에 구호 명목으로 제공되는 경제적 물질들을 사실상 정치적 압력의 도구로 쓰고 있다. … 「마샬 플랜」이 추진될수록 유럽 국가들은 미국의 경제적·정치적 지배하에 들어갈 것이고 결국은 직접적인 내정간섭까지 받게 될 것이다. 그뿐만 아니라 이 플랜은 유럽을 두 진영으로 분열시키기 위한 것이며, 영국과 프랑스의 협조를 받아 수 개의 유럽 국가들로서 하나의 진영을 형성하여 동유럽 민주국가들에 적대하고 특히 소련의 이익에 적대적인 입장을 취하려는 의도가 있는 것이다. … 서독과 루르 지방의 중공업을 이용함으로써 유럽에서 미국이 팽창할 수 있는 경제적 기지를 구축하려는 것이다.[47]

전쟁은 미국 자본가들을 크게 살찌워 주었다. … 그러나 종전과 더불어 미국은 많은 문제에 부딪히게 되었다. 독점 자본가들은 전쟁이 끝나기 전과 같은 수준의 높은 이윤을 유지하기 위해 전쟁 기간과 마찬가지로 납품할 것을 요구하고 있다. 그러기 위해서는 전쟁 기간 중의 해외시장을 계속 유지할 뿐 아니라 새로운 시장을 개척해야만 한다. 전쟁으로 대부분 국가의 구매력이 떨어졌기 때문이다. 이 때문에 미국은 노골적으로 약탈적이고 확장적인 정책을 쓰면서 제국주의의 세계적 지배권을 확립하려 한다. … 전쟁 시기가 과거 속으로 멀어져 갈수록 전후 국제정치의 조류는 두 가지로 명확히 구별되어 가고 따라서 정치세력들도 두 진영으로 갈라져 간다. 즉, 제국주의적이고 반(反)민주적인 진영과 반(反)제국주의적이고 민주적인 진영으로 갈라져 가는 것이다.[48]

비신스키나 쯔다노프는 세계가 양대(兩大) 진영으로 갈라지게 된 원인을 미국 자본주의 체제의 구조적 모순에서 찾으려고 한 것이다. 또한 미국과 영국, 프랑스 등 자본주의 국가를 하나의 공동이해집단으로만 파악했다. 양대 진영으로 갈린 원인을 독점자본주의 개념에서 설명하려 한 점에서는 레닌적이라 할 수 있지만, 미국과 영국, 프랑스 등 자본주의 국가들을 하나의 공동이해집단으로 규정하려 한 것은 레닌의 '자본주의불균등발전'론을 수용하지 않았다는 점에서 비(非)레닌적이었다고 할 수 있다.

이에 비해 마오쩌둥은 세계가 양대 진영으로 갈라진 원인을 군사·정치적 측면에서 설명하려 했다.

장제스 반동집단이 1946년 전국적 규모의 반인민적 국내전쟁을 일으켰을 때 그들이 모험을 무릅쓰게 된 것은 자체의 우세한 군사역량을 믿었던 데도 이유가 있지만, 더 중요한 이유는 갈수록 강대해지는 무적의, 그리고 원자탄을 손에 쥔 미 제국주의에 의지하고 있었기 때문이다. 한편으로 그들은 미국이 그들에게 물 흐르듯이 군사상·재정상 지원을 해주리라 믿었고, 또 한편으로는 제3차 세계대전이 반드시 일어나리라 믿고 있었기 때문이다. 이와 같이 미 제국주의에 의지하려는 것이 제2차 세계대전 이후 전 세계 각국 반동세력들의 공통된 특징들이다.[49]

군사적인 목적과 정치적인 목적 달성을 위해 각국의 반동세력들이 미국에 매달릴 수밖에 없는 까닭에 미국을 중심으로 한 '반동진영', '제국주의 진영'이 형성되었다는 것이다. 물론 마오쩌둥이 미국의 국내경제문제를 언급하지 않은 것은 아니다. 그러나 그는 경제위기 외에도 각종 모순—조화될 수 없는 모순들이 미국으로 하여금 제국주의적 정책을 추진하도록 강요하고 있다고 평가했다.[50]

또한 마오쩌둥은 '반동진영'이 민족해방을 추구하는 '민주세력'과 계급해방을 추구하는 프롤레타리아 운동을 반대한다는 점을 역설했다. 결과적으로 '미·영·프랑스 등 자본주의 집단' 대 '소련·동유럽' 관계라는 일종의 수평적 관계에서 양대 진영 구조를 논한 소련의 이론가들과 달리 마오쩌둥은 지배세력과 피지배세력의 모순관계라는 일종의 수직적인 관계를 중시하고 있다.

이런 국제정치사상 및 우·적 개념이 형성된 것은 먼저 국내정치적인 수요, 즉 '인민'과 '반동'을 분리시켜야만 내전 수행에 필요한 역량을 확보할 수 있고, 장제스 국민당의 '반동성'을 부각할 수 있었기 때문이었다고 할 수 있다. 한편 이론적으로는 「모순론」과 더불어 그의 「반제 통일전선론」의 반영이라고 볼 수 있다. '인민'과 '반동'을 구분하여 국제정세를 논하는 것은 「반제 통일전선론」의 영향이라고 볼 수 있는 것이다.

이상을 통해 볼 때 1947년 말까지 마오쩌둥의 국제정치사상은 형식상 양대진영론적 성격을 띠면서도 논리 구조 면에서는 3분론적인 면이 발견된다. 그러나 약 1년 후인 1948년 11월의 마오쩌둥의 글에서는 약간 다른 양상을 띠기 시작했다. 러시아의 10월혁명 31주년을 기념하는 논문으로 코민포름 기관지에 실린 글에서 마오쩌둥은 다음과 같이 말했다.

> 역사는 스탈린이 예상한 방향으로 발전됐다. 10월혁명은 세계 인민의 해방사업에 광대한 가능성과 현실적 길을 열어주었다. 10월혁명은 서방의 무산자들이 러시아혁명을 거쳐 동방의 피압박 민족들이 세계 제국주의에 반대하는 새로운 혁명전선에 이를 수 있는 한 줄기 길을 열어주었다. 이 혁명전선은 레닌 생전과 사후에 걸쳐 스탈린의 영명한 영도하에 건립되어 발전해 온 것이다. … 소련을 우두머리로 하는 세계혁명의 통일전선이 파시스트주의 독일·이탈리아·일본을 이겼다. 이것은 10월혁명의 결과다. 10월혁명이 없었더라면, 소련공산당이 없었더라면, 소련이 없었더라면, 소련이 영도하는 서방과 동방의 반(反)제국주의혁명통일전선이 없었더라면, 파시스트 독일·이탈리아·일본과 그 주구들을 어찌 이길 생각을 할 수 있었단 말인가? … 제2차 세계대전 승리 이후 파시스트 독일·이탈리아·일본의 지위를 대신 차지하고 미친 듯이 세계전쟁을 준비하면서 전 세계를 위협하는 미 제국주의와 각국의 그 주구들은 … 이 적들은 아직도 역량이 있다. 따라서 모든 나라 내부혁명 역량은 단결해야 하고, 모든 나라의 혁명역량이 단결함으로써 소련을 우두머리로 하는 반(反)제국주

의혁명 통일전선을 결성하여 정화한 정책을 따르지 않으면 승리할 수 없다.[51]

여기서 발견되는 변화는 다음과 같다. 첫째, 스탈린과 소련의 역할이 적극적으로 평가되고 있다는 점이다. 둘째, 전쟁 발발 가능성이 좀 더 적극적으로 인정되고 있다는 점이다. 셋째, 제3의 역량을 논하지 않고 분명한 양대진영론적 논리를 답습하기 시작했다는 것이다. 이런 입장 변화는 마오쩌둥이 중국혁명을 프롤레타리아 국제주의에 의한 세계혁명의 일환으로 간주하기 시작했음을 의미한다. 1947년 말경 국제정치사상에서는 제국주의 진영이 존재한다고 했을 뿐, 그 지도세력이 누구라는 것을 제시하지도 않았고, "모든 역량이 단결하여 앞을 향해 발전해가고 있다"고 했을 뿐, 통일전선 결성을 주장하지 않았다. 그러나 1948년 11월에 이르러서는 세계혁명을 위해 소련을 지도자로 하는 반(反)제국주의 통일전선을 결성하여 미 제국주의와 주구들을 타도할 것을 주장한 것이다. 제3의 역량을 논하지 않고 그들도 반(反)제국주의 통일전선으로 단결되어야 한다고 함으로써 마오쩌둥은 다시 완전한 양대진영론자가 된 것이다. 이렇게 해서 마오쩌둥은 1940년 1월 「신민주주의론」에서 취한 입장으로 돌아갔다. 「신민주주의론」에서 마오쩌둥은 혁명의 형태는 자산계급혁명 아니면 무산계급혁명이라는 두 가지 형태밖에 없다면서 제3의 혁명형태를 거론하던 유고의 민족주의자(티토 대통령)를 비난한 스탈린의 논문(1925년 6월 30일)을 인용하며 다음과 같이 말했다.

10월혁명 이후 중국의 자산계급 민주주의혁명은 새로운 자산계급 민주주의 혁명의 범주에 들게 되었고, 혁명전선상으로 말하면 세계

무산계급 사회주의혁명의 일부에 속하게 되었다. … '중국혁명이 세
계혁명의 일부분'이라는 이런 정확한 명제는 1924년부터 1927년 사
이의 중국 제1차 혁명 시기에 비로소 나온 것이다. … 중국공산당이
제출한 이 정확한 명제는 스탈린의 이론에 근거한 것이다. 피압박민
족 중에서 혁명에 참가하는 계급·당파 또는 개인이 어떠한 계급·당
과 개인을 막론하고 그들이 제국주의에 반대하는 한 그들의 혁명은
무산계급 사회주의세계혁명의 일부분이 되는 것이며, 그들은 무산
계급 사회주의세계혁명의 동맹군이 되는 것이다. … 오늘날 국제 환
경에서 사는 식민지·반(半)식민지의 영웅·호걸들은 제국주의 전선(前線)
방면에 섬으로써 세계 반혁명역량의 일부분이 되든지 반(反)제국주
의전선 방면에 서서 세계혁명 역량의 일부분이 되든지, 둘 중 하나를
택해야만 한다. 그 외의 길은 있을 수 없다.[52]

마오쩌둥의 입장이 변하여 소련의 양대진영론을 지지하고 나서게 된 데
는 여러 가지 요인이 있다. 이 문제는 조금 후에 설명하겠지만, 중국공산
당의 승리가 임박해짐에 따라 2중적인 중국 정책을 펴던 소련의 지원이
필요했기 때문이라 할 수 있다. 즉, 지원을 얻어낼 수 있는 유일한 대상인
소련—같은 공산당이라는 점에서—을 설득하는 것은 프롤레타리아 국제
주의에 호소하는 길이었으며, 그러기 위해서는 소련의 주장에 완전히 동
조하는 길밖에 없었다고 보아야 할 것이다. 특히 '제3의 길'이 없음을 역설
하게 된 것은 1948년 6월 티토에 대한 코민포름으로부터의 제재가 있었던
데서 기인한 것 같다. 당시 소련은 중국공산당 역시 프롤레타리아 국제주
의를 택하지 않고 부르주아민족주의노선을 걷게 될 가능성이 높다고 보
았기 때문에 중국공산당으로서는 자진하여 소련과의 유대를 강조하는 것

이 정책상 필요했던 것이다.[53]

마오쩌둥의 소련에 대한 충성을 고백하는 것 같은 양대진영론에 대한 적극적 지지는 1949년 6월 30일 「인민민주독재론」에서 적극적으로 표시됨으로써 국·공내전 전기에 보여준 3진영론적 국제정치사상이나 우·적 개념은 일단 사라졌다고 할 수 있다. 그는 이렇게 소련에 대한 일변도 지지를 선언했다.

> 일변도(一邊倒)는 쑨중산(孫中山: 孫文)의 40년에 걸친 경험과 공산당의 28년에 걸친 경험이 우리에게 가르쳐주는 바다. 승리에 이르고 승리를 다지려면 일변도해야만 한다. 40년과 28년의 경험을 쌓아온 중국인들은 제국주의 일변도를 하지 않고 예외 없이 사회주의 일변도로 나아갈 것이다. 담장에 걸터앉는 것은 좋지 않다. 제3의 길은 없다. 우리는 제국주의에 일변도하는 장졔스 반동파를 반대하며 제3의 길이 있으리라는 환상에 반대한다.[54]

아울러 그는 소련의 지원을 얻어내기 위해, 제국주의가 존재하는 시대에서 진정한 인민혁명은 국제혁명역량으로부터 각종 방식의 원조를 얻어내야만 승리할 수 있으며, 나아가서는 그 승리를 공고히 할 수 있다고 전제하고 다음과 같이 말했다.

> 위대한 10월혁명의 승리와 그 승리의 공고화도 이렇게 해서 얻어진 거라고 레닌과 스탈린이 우리에게 일러주었다. 제2차 세계대전에서 3개의 제국주의 국가를 타도하고 인민민주국가를 세운 국가들의 승리도 이런 과정을 거친 것들이다. 인민중국의 현재와 장래도 이렇게

해야 할 것이다. … 우리는 국제적으로는 소련을 우두머리로 하는 반(反)제국주의 통일전선 쪽에 있으며 진정한 원조와 우의(友誼)는 바로 이쪽에서만 찾을 수 있고 제국주의 전선 쪽에서는 찾을 수 없다는 것을 잊지 말아야 한다.[55]

소련이 동유럽을 지원하는 것처럼 중국공산당을 지원할 것을 노골적으로 요청하는 동시에 10월혁명 후 소련의 승리를 공고화시킬 수 있었던 이면에는 쑨원 등 중국 지도자들의 지원이 있었음을 상기시키는 것이다.

이후 중국공산당 정권이 수립된 1949년 10월 1일까지 마오쩌둥은 5편의 반미논문을 발표함으로써[56] 친소·반미를 공식적으로 표명하며 소련의 지원을 얻어내려 했다.

이상과 같은 국제정치사상을 통해 국·공내전 후기 마오쩌둥의 모순관과 그에 근거한 우·적 개념을 정리하게 되었다. 마오쩌둥은 당시 정치적 주요모순이 '미 제국주의'와 '반(反)제국주의 사회주의 세계혁명통일전선' 사이의 모순이라고 함으로써 코민테른 이래의 국제정세 분석 모델로 돌아가게 되었다. 코민테른의 국제정세 분석 모델은 세계에 4가지 모순이 있다고 보고, 제국주의 진영과 프롤레타리아독재의 소련 사이의 모순이 가장 첨예화되어 있으며, 이하 제국주의 사이의 모순, 제국주의와 식민지·반(半)식민지국가의 모순, 프롤레타리아와 부르주아의 모순이 있다고 본 것이다.[57]

국·공내전 후기 마오쩌둥의 국제정치사상이 1947년과 1948년간에 약간의 변화를 보인 것은 위에서 지적한 바 있다. 즉, 1947년 말까지의 국제정치사상에서는 3분론적인 성격이 발견된다고 했다. 그러나 그때도 진영 간 모순이 주요모순임을 인정하고 있었기에 국·공내전 후기의 모순관과 큰 차이는 보이지 않았다. 다만 그때는 지배세력과 피지배세력 사이의 모순(코민테른 모델에 따르면 제4종 모순)을 중시했으나 주요모순을 무엇으로 규정하느냐 하는 문제와 관련해서는 1947년과 1948년 이후가 차이를 보이지 않았다는 것이다.

주요모순을 이같이 규정함으로써 마오쩌둥의 우·적 개념은 '반미·항소·연세계인민(反美·抗蘇·聯世界人民)'으로부터 '반미·친소·연인민민주국가(反美·親蘇·聯人民民主國家)'로 변화를 일으키게 되었다.

그러면 마오쩌둥 자신의 국제정치사상의 이론적 틀에서 크게 벗어났다고 할 정도의 국제정치사상과 우·적 개념을 지니게 된 배경은 무엇인가? 이 문제를 살펴보자.

대외환경과 대내 상황

중국 문제에 개입한 미국의 계획은 장제스를 중심으로 한 통일 중국을 세우는 것이었고, 소련도 처음에는 미국의 이런 계획에 동조했다. 미국의 마샬(Marshall) 장군(2차 대전 중 미국 총참모장, 후일 유럽부흥계획인 마샬 플랜 제창)의 주선으로 1946년 1월 10일 국공휴전협정이 체결될 수 있었던 것은 이런 미·소의 중국 정책 때문이다.[58]

그러나 1946년 1월 10일 체결된 휴전협정은 만주(현 동북 3성)에는 적용되지 않았으며, 국공 간 전투가 만주에서는 계속되었다. 이에 국민당은 만주에서의 작전을 용이하게 할 목적으로 소련의 중국공산당 지원을 비난·공격하기 시작했다.[59] 중국 각지에서 소련 반대 시위가 계속되는 가운데 소련군이 1946년 4월 14일 창춘(長春)에서 철수하자 4월 18일 중국공산당군이 이를 점령했지만, 5월 19일에는 국민당군에게 다시 뺏기는 등, 중국공산당군은 열세를 면치 못하고 있었다.

정치적으로는 마샬 장군의 중재가 계속되고 있었는데, 1946년 6월 6일 국·공 간 전면 휴전이 성립되었다. 그러나 그것도 7월에는 다시 깨지고 말았다. 이 단계에 와서 중국공산당은 노골적으로 미국을 비난하기 시작했고, 마오쩌둥도 미국 해병대를 중국에서 철수시킬 것을 요구하게 되었다. 7월 7일에는 미국의 중국 정책을 비난하는 성명이 발표되기도 했다.[60]

한편 국민당이 소련의 중국공산당군 지원을 이유로 1946년 2월 18일부터 벌인 반소운동 이후부터 소련은 장제스의 중국 중앙정부를 '국민당정부'·'국민당군'이라 부르고 중국공산당군을 '통일민주군'이라고 부르기 시작했다. 그러나 소련은 아직 장제스 개인에 대한 공격은 하지 않고 국민당 내 반동파와 일본 영향력의 잔재만 비난하고 있었다. 장제스에 대한 소련의 이런 태도는 미국의 대중간섭을 강화시키지 않으려는 의도 때문이었다. 그러나 1946년 6월 28일 미·중 원조협정이 연장되자 소련은 미국이 중립을 파기했다고 비난하기 시작했고, 이로 말미암아 소련과 국민당의 공식관계가 악화되게 되었다.[61]

중국 문제를 둘러싸고 국민당과 미국이 협조적 관계를 강화해가는 반면, 국민당과 소련의 관계가 악화되어 가는 가운데 1946년 11월 19일 저우언라이가 충칭(重慶)으로부터 옌안(延安)에 돌아옴으로써 국·공 교섭은 중단되고 말았다. 그러나 1946년 1년 동안은 국민당군의 우세가 지배적이었다. 즉, 국민당군은 중국공산당군보다 3배나 많은 군사력으로 창춘(長春)에 이르기까지의 만주에서 주요 교통망을 장악하고 있었으며, 한때 중국공산당군은 쑹화강(松花江) 이북 지역까지 후퇴하기도 했다.[62]

그러나 1947년 5월부터는 군사적인 면에서 전략적 주도권이 중국공산당군의 손으로 넘어가기 시작했다고 한다. 이 상황을 마오쩌둥의 설명을 토대로 보면 다음과 같다. 즉, 1947년 5월 13일 중국공산당군은 만주와 러허(熱河) 등 각 전장에서 동시에 공격을 개시하여 9월 1일까지 8만여 명의 국민당군을 살상하고 40개 이상의 도시를 탈환함으로써 '동북해방지구'에 대한 국민당의 계획을 완전히 분쇄했다. 창춘(長春) 철도와 베이징·랴오닝(北京·遼寧) 철로변의 좁은 회랑지역에 집결되어 있던 국민당군은 남아 있는 요지(要地) 방위전을 펼 수밖에 없게 되었으나 이것이 바로 동북 중국에서 국·공간 세력을 역전시키는 결과를 가져온 것이다.[63] 이런 세력 역전 현상은 중국공산당군이 국민당군의 보급선을 차단하는 데 성공함으로써 비롯한 것이다. 1947년 5월 30일자 선양(瀋陽) 주재 미국 총영사의 보고에 의하면 1947년 4월부터 국민당군의 사기가 급격히 저하되는 가운데 중국 공산당군은 지하조직과 조선인 지역으로부터 인적 보급을 받아 수적으로 우세한 군사력으로 전선을 최대한 확장하면서 현지 보급이 어려운 국민당군에게 상당한 피해를 입히고 있었다.[64]

한편 정치적인 면에서는 1947년 1월부터 중국공산당 측의 대미 비난이 강화되기 시작했다. 국·공 교섭을 위해 충칭에 파견되었던 저우언라이가 1946년 11월 19일 옌안으로 돌아온 뒤 1947년 1월 7일 마샬 장군은 국무장관에 임명되어 귀국하면서 국·공·미(國·共·美) 3자회담에서 미국 대표의 철수를 선언하면서도, 국·공간 중재를 계속하기 위한 노력은 마샬의 후임자 스튜어트(John Leighton Stuart)에 의해 계속될 것임을 밝혔다. 이에 대해 1월 10일 저우언라이는 미 특사의 사명 자체가 내정간섭이라고 함으로써 대미 비난을 재개한 것이다. 미국의 대중국 내정간섭을 배제하려 한 점에서는 소련도 마찬가지였다. 즉, 1947년 3월 모스크바에서 열린 외상회의에서 소련 외무장관 몰로토프는 중국 문제를 의제로 채택하자고 함으로써 미국의 단독개입을 저지하려 했다. 미국과 국민당은 반대했지만 중국공산당은 소련 측 안을 지지한 것이다. 그리고 소련은 1947년 8월 웨드마이어 장군의 사명에 대해서도 특별한 관심을 보였고 1947년 10월 난징에서 미국과 국민당 간에 체결된 '구호협정'이 군사적인 의미가 있다고 비난했다.[65] 이런 일련의 반응은 미국의 대중국 내정간섭을 저지하는 입장의 표현이라고 볼 수 있다.

1947년 이후 소련의 대미 자세가 변화한 것은 소련의 팽창 정책을 견제하려는「트루먼 독트린」이 1947년 4월 12일 발표되고 6월 5일에는 유럽부흥계획인 마샬 플랜이 발표되었기 때문이라 할 수 있다. 루즈벨트 이래 낙관적인 소련관이 불식되고 대(對)소련 봉쇄정책이 취해지자, 1943년「코민테른」을 해체했던 스탈린은 1947년 9월 22일「코민포름」을 창설(10월 5일 발표)함으로써 대미(對美) 대결 자세를 취했다. 중국 문제를 둘러싸고 대미 자세와 대국민당 대중국공산당정책의 변화가 보이게 된 것은 전 세계적 차원에서 미·소 냉전이 노골화되는 과정과 일치해서 일어난 현상이다.[66]

1947년 12월 25일 중국공산당 중앙위원회 보고를 통해 마오쩌둥이 "미제국주의와 그 주구들이 반동진영을 결성하고 소련에 반대하며 유럽의 인민민주국가들에 대해 반대하고 있다"고 비난하면서 소련의 양대진영론에 동조하는 입장을 천명하기까지는 이런 국내외 상황이 배경으로 작용한 것이다. 그러나 이미 지적한 대로 1947년 말까지 마오쩌둥의 국제정치사상이 양대진영론적이었음은 부인할 수 없으나 3분론적인 논리구조를 취한 것은 중국공산당에 대한 소련의 지지 자세가 확고하지 않았기 때문이라 할 수 있다. 1948년 이후 상황 변화를 거치면서 비로소 소련의 양대진영론에 더 근접한 국제정치사상을 지니게 되었다. 그 과정을 보자.

1948년에 이르러 국민당군은 더욱 어려운 상황에 빠지게 되었으며, 4월에는 옌안도 중국공산당군 수중에 다시 돌아갔다. 이런 상황에서 장제스는 중국공산당군이 소련군의 지원을 받고 있다는 비난을 더욱 강화하고, 7월에는 국민당 정부 부총통 리쭝렌(李宗仁)이 중국 공산주의자들을 국제 공산주의전선의 일부라고 비난했다. 이에 대해 소련과 중국공산당이 장졔스와 리쭝렌의 주장을 반박했음은 물론이다. 그러나 특이한 것은 마오쩌둥 자신의 말이다. 마오쩌둥은 중국공산당은 소련과 완전히 생각을 같이 하지만 중국공산당은 소련에 의존하고 있지는 않다고 한 것이다.[67] 마오쩌둥으로서는 소련의 물량적인 지원이 필요했던 것이다.

1948년 여름 국민당군의 붕괴가 계속되면서 국민당은 경제적으로도 타격을 받고 있었다. 뜻밖의 사태가 일어나자 소련도 중국공산당과 정책을 조정할 필요를 느낀 것 같다. 1948년 7월 허베이성(河北省)에서 열린 중국공산당 중앙위원회를 통해 나타난 소련 측 견해는 게릴라전을 기본으로 하고 전면공격을 하지 않는 것이 좋다는 것이었다. 류사오치(劉少奇)를 통해 전달된 소련 측 판단은 미국이 장졔스 정부에 군사원조를 계속함으로써 결과적으로 국민당 정부의 국력은 약화될 것이고 제3차 세계대전은 당장 일어나지 않을 것이므로 중국공산당은 시간을 끌 수 있다는 것이었다.[68] 미국의 국력을 소모시키는 전쟁터로 중국을 활용하자는 소련의 의도가 숨어 있는 정책제의였다고 할 수 있다.

이에 반해 마오쩌둥과 저우언라이는 국민당군이 붕괴 직전이기에 승리가 목전에 다다랐으므로 모든 역량을 발동해야 한다고 주장했다. 또한 세계대전 발생 가능성이 오히려 높아졌으며 미국이 전쟁을 일으키면 중국이 전쟁터가 될 것인즉 그 전에 적어도 북부 중국만이라도 점령을 서둘러야 한다고 주장했다.[69] 1946년 8월에 나왔던 제3차 세계대전 가능성을 부인하던 견해와 다른 주장이지만, 어쨌든 중국을 전쟁터로 만들지 않겠다는 의지와 더불어 승리를 촉진하기 위해 소련의 지원을 끌어들이려는 의도가 엿보인다. 이 회의에서는 마오쩌둥과 저우언라이의 견해가 채택되어 중국공산당군은 소련과 무관하게 전략적 공격을 강화했고 1948년 11월 1일에는 선양을 함락시켰다.

선양 함락의 군사적 중요성은 그 후의 사태발전에 결정적인 영향을 주었다. 그것은 전 만주대륙에 대한 중국공산당 지배의 확립을 뜻하며, 북부 중국에 대한 공산세력 확장 가능성을 말하는 것이었다. 즉 국·공 세력관계에서 중국공산당의 지위를 절대 우위에 올려놓은 것이다.

그러나 중국공산당군의 승리에 대해 소련은 크게 보도하지 않았고, 국민당군의 패배에 대해서도 별 언급이 없었다. 10월혁명기념일 연설에서조차 스탈린은 아시아 지역 해방운동의 일반적인 발전을 언급할 뿐, 중국공산당군의 승리에 대해 특별히 언급하지 않음으로써 중국공산당을 별로 지지하지 않는 속내를 드러냈다.

중국공산당에 대한 소련의 정책적 입장이 이같이 미온적이었던 한편 1948년부터는 미국의 중국 정책도 상당한 변화를 보였다. 중국공산당이 중국 정부에 참여하는 것을 원치 않는다고 함으로써 반공 노선을 명확히 했지만, 1948년 국민당이 미국에 새로운 군사원조를 요청했을 때 거절하고 만 것이다.[70]

1947년 11월 코민포름 기관지에 기고한 글을 통해 마오쩌둥이 스탈린과 소련의 역할을 적극적으로 평가하고 전쟁 임박을 역설하면서 제3의 역량이나 자력갱생을 거론하지 않고 소련의 양대진영론을 답습하게 된 배경으로는 이런 과정이 있었던 것이다. 즉 중국공산당이 승리를 눈앞에 두고 있으나 미국은 반공을 전제한 불개입으로 돌아섰고, 소련은 중국공산당에게 미온적인 입장을 견지하는 상황에서 마오쩌둥으로서는 이데올로기와 견해 차이를 무시하고라도 지원을 얻어 낼 수만 있다면 그것을 위해 모든 것을 바쳐야 할 입장이었기 때문이라 할 수 있다.

중국공산당에 대한 소련의 우호적인 입장은 서서히 나타나기 시작했다. 우선 1949년 1월 19일자 프라우다(Pfavda)지는 1월 16일 중국공산당군이 텐진을 점령한 사실을 논평 없이 보도한 뒤 1월 19일 마오쩌둥이 발표한 8개 항의 '평화조건'을 게재함으로써 약간의 태도 변화를 보였다. 1949년 4월부터는 중국공산당군의 승리 사실을 크게 보도하면서 지지를 다짐하고 나섰다. 즉 1949년 4월 10일자 프라우다지는 처음으로 중국공산당의 성명(聲明)을 게재하고 새로운 대전이 일어날 경우 중국공산당을 지원할 것을 약속하기까지 했다. 그리고 중국공산당군이 양쯔강(揚子江)을 건넌 지 5일이 지난 4월 25일에는 난징 '해방'으로 국민당의 반동적 지배체제는 종말을 고했다고 보도하기도 했다. 5월에는 국민당 정부와 유지해오던 외교 관계를 단절함으로써 중국공산당 지지 입장을 분명히 밝히고 나섰다.[71]

"제3의 길이 없으면 담장에 걸터앉지 않고 일변도로 나가겠다"는 마오쩌둥의 충성의 고백을 담은 「인민민주독재론」이 1949년 6월 30일 발표되었는데, 소련에 대한 마오쩌둥의 자세 변화는 1949년 초 이후의 전쟁 상황 변화에 따라 중국공산당에 대한 소련 측 자세가 변했기 때문에 생긴 것이라고 할 수 있다. 물론 소련 측 자세가 바뀐 것은 중국공산당군 세력이 확장되었기 때문일 것이다.

그러나 중국공산당과 중국공산당군은 그들이 요구했던 수준의 지원—동유럽에 대한 소련의 지원만큼의 지원—은 받지 못했다. 물론 양대진영론을 주장하게 된 것이 소련의 지원을 얻어내자는 데만 원인이 있었던 것은 아니고 국·공내전을 종결하기 위해서는 중간세력을 전제하지 않은 대결논리가 제시되어야 했던 면도 있었겠지만, 기본적으로는 소련 및 동유럽의 지원이 더욱 절실하게 필요했기 때문이었다고 볼 때 마오쩌둥의 노력에 비해 성과는 빈약한 것이었다. 이때의 체험은 마오쩌둥의 소련에 대한 자주성을 강화시키는 하나의 원인이 됐다고 봐야 할 것이다. 훗날 마오쩌둥은 당시 소련의 입장을 자주 상기시키면서 비난했다.

중화인민공화국 건국기의 국제정치사상

3진영론에서 양대진영론으로 회귀와 우·적 개념

국·공내전 후기에 마오쩌둥이 소련 일변도를 공언하고 양대진영론을 따르고 있었지만, 마오쩌둥의 양대진영론과 소련의 양대진영론은 완전히 동일한 내용이 아니었다. 소련의 양대진영론이 미·영·프랑스 등 '제국주의 진영'과 소련 및 인민민주국가(동·유럽)의 '반(反)제국주의 진영' 사이의 국가군이 대립하는 것을 묘사한 데 반해, 마오쩌둥의 양대진영론은 국가군의 대립현상 이상을 묘사한 것이다. 즉 마오쩌둥의 양대진영론에서 한 편은 '미 제국주의와 각국에 흩어져 있는 그 주구(走狗)들로 형성되고 다른 한 편은 '소련과 신민주주의제국' 외에도 '민족해방운동'과 '민주주의운동'까지 포함된 것이다. 바꾸어 말해서 마오쩌둥의 양대진영론은 '미 제국주의와 각국에 흩어져 있는 그 주구'들을 상대로 하는 광범위한 '전 세계 인민의 통일전선'론의 성격을 띤 것이다.

마오쩌둥 자신이 "스탈린이 국·공내전에서 승리한 중국공산당이 티토 (Tito, 투쟁노선 문제로 스탈린에 맞섰던 유고슬라비아 대통령) 방식에 의해 승리한 것이 아닌지 의심하고 중국에 압력을 가했다"고 했지만,[72] 스탈린의 의심은 근거가 있는 것이었다. 소련의 지원을 얻어내기 위해 일변도(一邊倒)를 공언하고 제3의 길은 있을 수 없다고 강조하면서도 마오쩌둥의 국제정치사상과 우·적 개념에는 극단적인 양분론보다는 제3역량과의 타협 가능성이 그 저변을 형성하고 있었기 때문이다.

국·공내전에서 소련의 지원을 갈망했지만 중국공산당의 기대는 충족되지 못했다. 그러나 국·공내전이 중국공산당의 승리로 끝나 1949년 10월 1일에는 중국공산당 정권인 중화인민공화국 수립을 선포하기에 이르렀다. 국·공내전기에는 군사적인 지원이 필요했지만 정권 수립 후에는 경제적 지원이 필요했던 만큼, 1949년 12월 16일 마오쩌둥은 첸버다(陳伯達)와 함께 모스크바로 떠났다. 모스크바 역에 내린 마오쩌둥은 도착 연설에서 "오늘날 가장 중요한 과제는 소련을 우두머리로 하는 전 세계 평화전선 강화, 전쟁도발자에 대한 투쟁, 중국과 소련 양대국 우호관계 강화 및 중국·소련 인민 간 우호의 발전이다"라고[73] 함으로써 소련이 중국공산당을 동맹국으로 대해 줄 것을 요구했다.

그러나 스탈린은 마오쩌둥과 협의하면서 만주와 신장성(新疆省) 대표를 같이 참석시킬 것을 요구하는 등, 중국공산당의 지위를 정식으로 인정하지 않는 자세를 취했다고 한다. 스탈린의 요구에 따라 1950년 1월 10일 저우언라이가 소련이 인정하는 만주 지역 책임자 까오강(高崗)과 신장성 대표 사이푸딩(賽福鼎) 그리고 경제전문가 리푸춘(李富春)을 데리고 베이징을 출발, 1950년 1월 21일 모스크바에 도착했다. 약 2개월에 걸친 교섭 끝에 1950년 2월 14일 중·소간 「우호동맹 및 상호원조조약」, 「창춘(長春) 철도·뤼순(旅順) 및 다롄(大連)에 관한 협정」, 「차관공여에 관한 협정」이 마침내 체결되었다. 저우언라이가 이끄는 중국 대표단 일행이 모스크바를 떠나던 2월 17

일, 베이징을 지키고 있던 마오쩌둥이 "경제·문화 건설과 기타 분야에서 소련의 경험이 신중국 건설의 귀감이 될 것이다"라고 함으로써 외관상 중·소간 우호적인 동맹관계가 성립된 듯했다.

중·소간 '우호적인 동맹' 관계 성립은 마오쩌둥이 택한 대소일변도 원칙에 따른 것인데, 당시 마오쩌둥으로서는 미·소 냉전 절정기이며 양극화된 국제정치 체계에서 대안을 생각할 수도 없었기 때문에 2개월 가까운 긴 시간 협상을 하면서라도 매듭을 지어야 했을 것이다.[74]

그러나 '우호적인 동맹' 관계 성립은 마오쩌둥이 바라는 대로 이루어진 것만은 아닌 것 같다. 1950년 6월 6일 중국공산당 7기 3차 중앙위원회 전원회의에서 마오쩌둥은 중·소조약이 "위대한 역사적 의의가 있으며 그것으로 양국 우호관계가 공고화되었다"고 하면서도 양대진영론에 안주하기보다는 제3역량들과 연합을 모색해야 할 것을 시사했다. 그의 국제정세에 대한 논의를 보자.

> 눈앞의 국제정세는 우리에게 유리해졌다. 소련을 우두머리로 하는 세계평화주의전선은 작년보다 훨씬 강대해졌다. 세계 각국에서 평화를 쟁취하고 전쟁에 반대하는 인민운동도 발전했다. 제국주의의 압박에서 벗어나려는 민족해방운동은 광대한 발전을 이룩했다. 그중 특별히 주의해야 하는 것은 미국의 점령을 반대하는 일본과 독일 인민의 군중운동이 일어났다는 것이다. 또한 동방의 각 피압박민족의 인민해방투쟁이 발전하고 있다는 것이다. 동시에 제국주의 국가들 사이의 모순 특히 미국과 영국 사이의 모순이 발전하기 시작했다. 미국 자산계급 내부 각 파간 분규와 영국 자산계급 내부 각 파간 분규는 훨씬 커졌다. 이와 반대로 소련 및 각 인민민주국가 상

호관계는 매우 단합적인 것이다. … 제국주의 진영의 전쟁 위협은
여전하고, 제3차 세계대전 가능성도 존재한다. 그러나 전쟁 위험을
제지하여 제3차 세계대전이 폭발하지 못하도록 투쟁하는 역량도
매우 빠르게 발전해가고 있다. … 전 세계 공산당이 모든 평화민주
역량과 단결을 계속해 가면 새로운 전쟁은 능히 저지할 수 있는 것
이다.[75]

중화인민공화국 수립 선포(1949.10.1) 이후 마오쩌둥은 세계를 '제국주의
진영과 평화민주전선' 또는 '평화민주역량'으로 나눔으로써 양대진영론적
입장을 지키고는 있다. 그러나 '제국주의 국가들 사이의 모순'과 '자산계급
내부 각 파의 모순'이 심각해졌다고 역설하는 점에서, 마오쩌둥은 1947년
말 즉 소련의 양대진영론 지지 이전의 모순관으로 돌아갔다고 할 수 있
다. 또한 제3차 대전 발발 가능성을 부인한다는 점에서도 양대진영론 지
지 이전 입장으로 돌아갔다고 할 수 있다.

기본적으로는 양대진영론적 입장에 서면서도 제3의 역량을 거론하게
된 데는 중·소조약 체결 과정에서 기대만큼 성과를 내지 못한 결과로 생
긴 실망감 때문이라 할 수 있지만, 새로운 통일국가로 등장한 중국공산당
정부, 즉 중화인민공화국이 국제사회에서 독자성을 발휘하려는 의지가 작
용한 면도 있음을 간과해서는 안 된다.

중국공산당은 소위 「노·농동맹」에 기반을 둔 광범한 반(反)제국주의 통
일전선을 통하여 국내 혁명을 완수했을 뿐 아니라, 그들은 이 혁명 과정에
서 정치적 군사적 전략의 독특한 형태를 개발했음이 국제공산주의운동에
서 인정받고 있다. 이런 전략은 오늘날 마오쩌둥전략으로 통하고 있다. 마
오쩌둥은 반(反)제국주의 민족독립투쟁이 필요한 반(半)식민지·반(半)봉건국

가에서 공산당이 지도하는 다(多)계급동맹을 형성함으로써 '하층부 통일전선'과 '상층부 통일전선'을 통합, 전략 차원으로 끌어올리는 데 성공했다고 평가된다. 따라서 마오쩌둥전략은 중국 국내정치에서 혁명을 위한 무기일 뿐 아니라 일본·미국 등 소위 혁명의 적인 제국주의를 물리치는 무기라고 생각되었다.[76]

중화인민공화국 수립 후에도 중국공산당은 혁명이 종결된 것으로 생각하지 않고 한 걸음 나아가 새로운 과제와 임무를 처리하기 위한 투쟁 자세를 취했다. 즉 1949년 이후 중국공산당에서는 마오쩌둥전략의 기본을 대외문제에 적용하려 했던 것이다. 이런 노력은 논리적으로 당연한 것이라 할 수 있다. 마오쩌둥전략이란 원래 장제스 반대 투쟁 중에 형성된 것이지만 장제스 반대 투쟁 자체가 항일·반미투쟁과 연결되는 것으로 보았기 때문이다.

국제적인 차원에서 보면 논리적으로 중국공산당의 적은 여전히 제국주의와 모든 나라의 반동세력이었다. 그리고 중국공산당의 동지는 소련, 인민민주국가, 민족해방운동세력 그리고 모든 나라의 진보적 인민 등이었다. 그러나 항일전쟁과 장제스 반대 투쟁 중에 형성된 마오쩌둥전략을 대외적으로 투영하려는 태도는 중국공산당이 공산진영 주도하에 형성될 국제적인 통일전선에 참여함은 물론 거기서 주도적인 역할을 하겠다는 것으로 해석된다.[77]

1949년 11월 베이징에서 열린 '아시아·오스트레일리아 노동조합회의'에서 한 류사오치(劉少奇)의 연설과 같은 달 20일 마오쩌둥이 인도공산당 총서기 라나다이브(Ranadive)에게 보낸 전문을 보면, 식민지·반(半)식민지에서 민족독립과 인민민주주의를 성취하기 위해서는 마오쩌둥전략을 따라야 한다는 것이 제시됐다. 류사오치는 마오쩌둥전략의 특징으로 광범한 반

(反)제국주의 민족연합전선 형성, 그 전선(前線) 내에서 공산당 지도권 확립, 마르크스-레닌주의 정당 수립을 위한 장기적인 투쟁, 무장투쟁 전개 능력을 갖춘 해방군 창설을 들었다. 류사오치는 특히 식민지·반(半)식민지국 가에서는 서유럽적 의미의 무산계급 인구가 극히 적으므로 노동자-농민 동맹에 기반을 둔 공산당 지도하에 진보적 자본가와 민족부르주아의 지식분자들을 반(反)제국주의·반(反)봉건전선으로 결합시켜야 한다고 강조했다.[78] 마오쩌둥은 라나다이브에게 보낸 전문에서 이렇게 말했다.

> 인도 인민은 위대한 아시아 인민 중 하나다. … 여러 가지 면에서 인
> 도의 과거 운명과 미래에 인도가 걸어야 할 길은 중국과 유사하다.
> 인도가 용감한 인도 공산당에 의지하고 단결하여 인도의 애국자들
> 이 투쟁을 벌인다면 인도가 머지않아 제국주의와 그 협조자들의 굴
> 레에서 벗어날 수 있으리라 확신한다.[79]

이런 발언들은 아시아의 공산당들에 대한 소련의 권위에 간접적으로 도전한 것이며, 식민지·반(半)식민지에서 일어나는 민족독립 운동 및 공산주의 운동을 중국공산당이 지도하겠다는 의사표시라고 할 수 있다. 바꾸어 말해서 중국공산당은 소련을 우두머리로 하는 진영에 들어가기는 하지만, 중국공산당이 이끄는 별도의 세력을 대표하는 독립적인 회원자격을 요구하고 있었다고 할 수 있다.[80]

그러나 1950년 6월 25일 한국전쟁 발발로 중국공산당이 '항미원조(抗美援朝, 미국에 대항하면서 조선을 돕는다)정책'을 택한 뒤부터 마오쩌둥의 발언에서는 대소 편향 추세가 보이고, 중국공산당의 독자적 역할에 대한 주장도 약화되고 있음이 발견된다. 1951년 10월 23일 중국인민정치협상회의 전국위원

회 제1기 2차회의 개회사를 통해 마오쩌둥은 항미원조정책 이후 전 중국 인민이 이전에는 볼 수 없던 광범한 단결을 통해 '미 제국주의 침략세력'에 대항하여 투쟁했다고 지적하면서 소련의 공적을 다음과 같이 찬양했다.

> 우리는 소련을 우두머리로 하는 평화민주 진영의 공고한 단결에 힘 입어 또한 세계 각국 평화애호 인민들의 깊은 동정을 받아 각 방면 공작에서 위대한 승리를 거두었다. … 우리 적들은 제국주의가 세계의 패권을 다투는 시대에 이미 사회주의 소련이 성립되고 중화인 민공화국과 각 인민민주국가들이 성립되었으며 중국과 소련이라는 두 위대한 국가가 우호 및 상호원조동맹조약을 기초로 공고한 단결 을 이루었음을 보지 못하고 있다. … 중화인민공화국은 이제 속일 수 없는 대상이 되었고, 소련을 우두머리로 하는 위대한 평화진영은 함부로 침범할 수 없으며, 전 세계 평화인민도 속일 수 없게 되었다. … 위대한 중화인민공화국이 성립되고, 허다한 인민민주국가가 성 립했으며, 세계 인민의 각성 정도가 높아졌으며, 전 아시아와 북아프 리카의 민족해방투쟁이 힘차게 일어남으로써 전체 제국주의 체계의 역량은 극도로 허약해졌다. 극히 중요한 하나의 사실은 제일 친밀한 동맹국 소련의 역량이 크게 증강되었다는 것이다.[81]

소련을 중화인민공화국의 '제일 친밀한 동맹국'으로 지칭하고, '소련을 우두머리로 하는 평화진영'의 역량이 '제국주의' 역량을 능가한다고 한 마 오쩌둥의 발언은 지금까지의 소련에 대한 발언에서 가장 우호적이라 할 수 있다.[82]

한국전쟁 이후 1950년대 전반은 대체로 중·소 밀월기로 알려져 있다.

그것은 스탈린이 중국의 한국전쟁 참전 이후 중국에 대한 억제정책을 완화하기 시작함으로써 비롯된 면도 있지만,[83] 한국전쟁에 참전함으로써 야기된 중국의 경제적·정치적 고립이 중국으로 하여금 소련에 의존하고 소련의 모델을 따르지 않을 수 없도록 강요한 면도 적지 않다.[84] 실제로 1955년 3월 21일 열린 중국공산당 전국대표대회 개막사에서 마오쩌둥은 다음과 같이 말함으로써 소련에 대한 편향을 노골적으로 드러냈다.

> 우리의 임무는 … 위대한 선진사회주의국가 소련과 각 인민민주국가들과의 친밀한 합작을 계속 잘 발전시키는 것이며 자본주의의 모든 평화 애호 국가와 인민들과의 합작을 발전시키는 일도 필요하다. … 우리의 공작이 성과가 있었다 해서 교만해져서는 안 되고, 겸허한 태도로 선진국가를 배워야 한다. … 눈앞의 국제적 여건은 우리의 사회주의 건설 사업에 유리한 것이다. 소련을 우두머리로 하는 사회주의 진영은 강대하고 내부도 단결되어 있다. 반면 제국주의 진영은 허약하여 그들 내부의 겹겹으로 쌓인 모순과 위기를 극복할 수 없게 되어 있다.[85]

이상으로 볼 때 건국 직후 한국전쟁 발발 이전 마오쩌둥은 양대진영론을 지지하면서도 중국공산당의 독자적 위치와 역할을 암시함으로써 결과적으로 제3의 역량을 논의하지 않을 수 없었고, 따라서 3분론적 국제정치사상을 견지했다고 할 수 있다. 이 시기에 마오쩌둥이 미국을 잠재적인 적으로는 인정했지만, 뚜렷하게 미국을 주적(主敵)으로 규정하지 않은 점이 특징적으로 부각된다. 반면 소련은 동지로서는 인정되었지만 없어서는 안 될 지원역량으로 묘사되지 않았다. 그러나 한국전쟁 참전 이후 소련에 대한 마오쩌둥의 편향은 노골화하기 시작하여 1955년 3월 당대표자회의를 통해 절정에 이르렀다. 따라서 명시적인 대미 적대성 표현은 보이지 않는다 하더라도 항미원조 정책의 연장선상에서 소련에 대한 편향이 나타날 수밖에 없었다고 한다면, 한국전쟁 이후 50년대 전반기에 마오쩌둥의 주적은 결국 미국이었다고 할 수 있다.

한국전쟁 이후 50년대 전반기 마오쩌둥의 양대진영론에서는 통일전선 논리가 발견되지 않는다. 중·소조약 체결 이후 마오쩌둥의 발언에서도 통일전선 논리는 일관해서 보이지만, 소련에 대한 편향 정도가 강해지면서부터는 통일전선 논리가 전혀 보이지 않는다. 이는 마오쩌둥전략이 통일전선을 기조로 한 것이었다고 할 때 1950년대 전반기 마오쩌둥은 주체적 입장보다는 소련의 양대진영론을 답습함으로써 소련으로부터 적극적인 지원을 받아내려 했던 게 아닌가 싶다. 즉 마오쩌둥이 티토(Tito, 코민포름에서 스탈린으로부터 파문당한 유고슬라비아 대통령)화하지 않나 하는 소련의 의심이 사라진 것이 항미원조 이후였다고 하지만,[86] 중국공산당의 독자성을 싫어하는 스탈린을 굳이 자극하지 않음으로써 중국의 국익을 증대시키려 한 것이 아닌가 생각된다. 중국공산당의 반(反)제국주의 통일전선론은 민족자산계급을 포함한다는 점에서 소련의 통일전선론보다 광범위하고 대립되는 것이었다. 쯔다노프의 1947년 9월 코민포름 개막사 이래 소련은 유럽 국가들과 미국 내부의 민족자산계급을 공격할 것을 주장했고 사회주의당마저 제국주의의 간첩으로 규정하고 있었기 때문에, 중국공산당이 통일전선을 강조한다는 것은 곧 소련에 대한 도전의 의미밖에 없었다고 할 수 있다.[87]

이렇게 본다면 마오쩌둥의 양대진영론에 입각한 국제정치사상과 우·적 개념은 마오쩌둥의 진심이 아니고 전술적 타협의 소산이었다고 할 수 있게 된다. 그러나 이것이 주적을 미국으로 인정하지 않았음을 의미하지는 않고, 제3력량과의 동지적 관계설정을 전면 배제하지 않았다는 것만을 의미한다. 실제로 한국전쟁이 교착상태에 빠진 뒤 중·소관계가 약간 호전되면서 중국은 '평화공존 5원칙'을[88] 앞세워 제3역량들에게 적극적인 접근활동을 개시한 것이다.

대외환경과 대내 상황

국·공내전 후기 양대진영론적 국제정치사상을 지녔던 마오쩌둥이 정권수립 이후 3진영론적 국제정치사상으로 돌아가게 된 데는 중·소조약 체결 과정에서 나타난 스탈린의 중국공산당에 대한 억제 기조가 주요인으로 작용했다고 할 수 있다. 마오쩌둥 자신이 중국공산당은 소련공산당을 모범으로 해서 만들어졌기 때문에 발전해온 당이라 하고 대소일면도(對蘇一邊倒)를 공언하면서 소련이 중국공산당을 동맹국으로 취급해 주기를 애원했으나 소련은 이에 냉담했다. 오히려 1949년 5월까지 국민당정부와 외교 관계를 지속시키고 있었을 뿐 아니라 로쉬친(Roshchin) 주중(국민당) 소련 대사가 철수할 때도 양자 간 「항공협정 및 무역협정」과 신쟝(新疆)지방 채광권을 5년간 연장시킨 뒤 귀국했다. 중국공산당의 승리가 임박해지자 소련은 7월에는 만주 책임자 까오강(高崗)을 먼저 모스크바로 불러 만주가 별개 국가인 것처럼 통상협정을 체결하고 만주의 대표부까지 모스크바에 주재시키게 했다.[89]

1949년 10월 1일 마오쩌둥은 중국공산당 정부인 중화인민공화국 수립을 선포하면서 '중화인민공화국'이 중국의 유일 합법정부이며 이 정부는 평화·호혜·영토보존과 주권의 상호존중 원칙에 합의할 용의가 있는 어떠한 나라와도 외교 관계를 수립할 준비가 되어 있음을 모든 외국에게 알리기로 했다고 발표했다. 1954년 6월 28일 저우언라이와 네루(Nehru)의 「중국·인도 공동성명」에서 '평화공존 5원칙'으로 명명된 중국 외교원칙의 기초는 이미 정권 수립 선포 때부터 모습을 나타냈지만, 당시 마오쩌둥이 평화·호혜·영토 보존·주권의 상호존중을 외교원칙으로 내세운 것은 다른 주변국가들보다는 소련을 의식해서가 아니었나 생각된다. 그동안 소련의 대중국 정책이 평화·호혜·영토 보존·주권의 상호존중과 상반되게 전개된 면이 컸기 때문이다.

어쨌든 마오쩌둥의 이런 정책선언은 "중화인민공화국이 다른 나라와 외교 관계를 수립하는 것이 긴요하다"는 내용의 '저우언라이 각서'와 함께 소련 측에 먼저 전달되었고, 10월 3일 『프라우다』(소련공산당 기관지, 일간신문)는 소련이 1949년 10월 2일 국민당 정부 승인을 취소하고 '중화인민공화국'과 외교 관계를 수립하기로 했음을 발표했다. 10월 10일자 『프라우다』는 중국과 폴란드, 체코, 북한, 루마니아 간에도 외교 관계가 수립되었음을 보도하는 친절을 보임으로써 중국공산당군 전승(戰勝) 소식 보도에조차 인색했던 과거와는 다른 자세를 보였다. 10월 10일에는 다시 주중대사로 임명된 로쉬친이 마오쩌둥에게 신임장을 제정했고, 10월혁명 32주년 기념일에 이르러 소련은 중국공산당의 승리를 축하하는 글을 발표하여 형제적 유대를 강조하기도 했다.[90]

중·소 관계가 상당히 진전된 상황에서 1949년 12월 16일 마오쩌둥은 첸버다를 대동하고 모스크바로 향했다. 모스크바에 도착한 마오쩌둥은 『타스(Tass)』 통신원과 인터뷰에서 "내가 소련에 머무는 기간은 회담의 성패에 달려 있다"고 했는데, 이는 마오쩌둥이 처음부터 중·소회담의 난항을 예상한 증거라고 할 수 있다.[91] 마오쩌둥의 예상대로 소련은 신설된 중화인민공화국의 지위를 정식으로 인정하지 않았다. 만주와 신장성 대표를 참여시킬 것을 요구한 것이다. 마오쩌둥이 모스크바에서 빈손으로 돌아온 뒤 저우언라이가 만주 대표 까오강과 신쟝성 대표 사이푸딩(賽福鼎), 경제전문가 리푸춘(李富春)을 대동하고 1월 21일 모스크바에 도착함으로써 중·소간 본격적인 교섭이 진행되고 9주간의 교섭 결과로 1950년 2월 14일에야 비로소 중·소간 「우호동맹 및 상호원조조약」, 「창춘 철도, 뤼순 및 다롄에 관한 협정」, 「차관 공여에 관한 협정」이 체결되었다.[92]

이 밖에도 중·소는 각서교환 형식을 통해 1945년 8월 14일 국민당 정부와 소련 간에 체결된 조약의 폐기와 외몽고 독립에 합의했다. 또한 1950년 3월 27일에는 「중·소 국경지역 개발 협력을 위한 합자주식회사 설립협정」을, 1950년 4월 19일에는 「중·소 통상협정」을 체결했다.[93] 그리고 중·소는 쌍방에 영향을 미칠 국제문제에 대한 정보와 의견교환에도 합의했다.[94]

이상과 같이 하여 중·소간에는 각 분야에 걸쳐 정상적인 국가 관계가 시작되었다. 그러나 중·소간 조약 체결을 계기로 중·소관계가 완전한 신뢰의 기반 위에 서게 되었느냐 하는 데는 의문의 여지가 있다. 물론 「중·소 우호동맹 및 상호원조조약」에서 "조약 체결 당사자 중 일방이 일본이나 일본과 연합한 나라의 공격을 받아 전쟁 상태에 빠지면 다른 일방은 지체없이 모든 가능한 방법을 동원하여 군사적 원조를 제공한다"고 한 규정이 1950년대와 1960년대 중·소간의 불편한 관계에도 불구하고 중국의 안보에 기여했다고 할 수 있다. 예컨대 이 조항이 없었더라면 한국전쟁에 개입한 중국을 추격하여 미국이 중국대륙을 공격했을 가능성이 높았다고 볼 수 있기 때문이다. 바꾸어 말해서 중국이 궤멸을 면할 수 있었던 것은 이 조항 때문이었다고 할 수 있다.[95]

그러나 중·소간에 새로 체결된 조약과 협정들이 기본적으로 1945년 8월 14일 체결된 중(국민당)·소 조약의 토대에서 이루어진 것이라는 점에서[96]

마오쩌둥의 반소감정은 오히려 중·소조약체결 과정에서 더욱 강화되었으리라 추측할 수 있다. 「창춘 철도, 뤼순·다롄에 관한 협정」은 소련의 중국에 대한 기득권을 연장하겠다는 입장을 중국공산당이 세운 새 중국에게 강요한 결과였다. 소련이 새 중국에 제공하기로 한 차관 관련 협정에 규정된 차관액 3억 달러는 소련이 폴란드에 제공한 4억 5천만 달러의 2/3에 불과한 것일 뿐 아니라, 그것마저 외몽고가 친소(親蘇)국가로 독립하는 것에 중국이 이의를 제기하지 않는 조건으로 주어진 재정차관이었기 때문에[97] 마오쩌둥의 반소감정은 높아질 수밖에 없었을 것이다.

실제로 마오쩌둥은 후일 중·소조약 교섭 과정을 모욕적인 것으로 묘사했다. 그는 스탈린이 조약을 체결하려 하지 않았다고 비난하고[98] 그럼에도 사회주의의 이익을 위해 자신이 양보함으로써 불평등한 조약이나마 체결될 수 있었다고[99] 회상했다.

소련이 보여준 이런 자세는 소련의 지원 없이 정권을 장악한 마오쩌둥과 중국공산당이기 때문에 소련에 충직한 위성국가가 될 리 만무하다고 봐서 세력의 신장을 억제하려는 정책 때문이었다고 해석될 수 있다. 마오쩌둥이 소련에 대해 양보와 굴종으로 일관할 수밖에 없었던 것은 신생정권으로서 대내적으로 정치권력마저 확립되지 않았기 때문이다. 마오쩌둥으로서는 중국공산당 창립 이후 소련의 지도노선이 중국혁명에 실질적으로 유용하지 못했던 것처럼 미래에도 기대할 것이 없다고 생각했을 가능성이 높다고 할 수 있다. 이렇게 볼 때 중·소동맹은 처음부터 결점투성이였고 분규의 위험을 안고 있었다.[100]

국·공내전 후기 양대진영론적 국제정치사상을 보이던 마오쩌둥이 건국초 3진영론으로 돌아오면서 제3역량들과의 연합 및 그들에 대한 지도권 확립을 모색한 데는 소련과의 관계에서 이런 과정들이 영향을 미쳤다고 할 수 있다.

소련에 큰 기대를 걸지 않고 있었기 때문에 마오쩌둥과 중국공산당 지도자들은 자본주의 국가들과도 관계를 모색해 왔다. 이런 정책 방향은 이미 1948년 11월 21일 중국공산당 중앙위원회 성명으로 천명되었다. 중국공산당은 중국의 영토 보존과 국민당에 대한 지원 단절을 조건으로 미국을 포함한 모든 나라와 우호적인 관계를 수립할 의사를 밝힌 것이다. 그러나 중국공산당이 1947년 2월 서방국가들과 국민당 정부가 체결한 모든 조약은 무효라고 선언했기 때문에 미국 등 서방국가들은 중국공산당 정부와의 국교 수립에 난색을 표하지 않을 수 없었다. 바꾸어 말해서 미국 등 서방국가들은 국민당 정부와 그들이 체결한 조약과 협정에 규정된 국제법상의 의무를 중국공산당 정부가 부담하지 않는 조건에서는 중국공산당 정부-중화인민공화국 승인 문제를 생각할 수 없었던 것이다.

따라서 1949년 4월 중국공산당군이 양쯔강을 건너 국민당 추격전을 전면화함으로써 중국공산당의 승리가 목전에 이르렀을 때인 1949년 5월 6일 미 국무성은 서방국가들에게 중국공산당 승인 문제에 공동보조를 취할 것을 제의했고 그들은 이 제의를 수락했다고 한다.[101]

반면 중국공산당 측은 평등, 호혜, 영토 보전, 주권존중 등의 요구조건만 강조할 뿐, 국민당이 체결한 조약상 책무를 승계하겠다는 입장은 밝히지 않고 있었다고 한다. 이에 미국은 비공식 경로를 통해 중국공산당이 소련과 동맹하지 않으면 중국공산당을 승인할 용의가 있음을 표명했다고 한다. 미국이 중국공산당에게 이런 조건을 제시했다는 것은 트루먼 미국 대통령의 소련과 중국에 대한 봉쇄(Containment) 정책 방향이 이미 확정되었음을 의미한다. 왜냐하면 사회주의 중국에 이데올로기적으로 적대적일 수밖에 없는 서방국가로부터 외교적 승인을 얻어내기 위해 국민당의 책무를 승계하고 더구나 소련과의 동맹까지도 포기하라는 것은 중국공산당에게 너무 큰 대가를 요구하는 것일 수밖에 없었기 때문이다.[102]

이리하여 중국공산당은 소련과 관계 강화를 모색하지 않을 수 없게 되었다. 그러나 서방국가들과의 거래를 전면 차단하지는 않았다. 예컨대 1949년 6월 30일자 「인민민주독재론」에서 '마오쩌둥은 소련에 대한 일방적인 지지와 협력을 공언하면서도 "국내외 반동세력을 제외한 모든 세력과 거래할 용의가 있다"고 했다. 그뿐만 아니라 이후에도 '항미원조'를 결정하기 전 마오쩌둥은 미국 등 서방국가를 제국주의로만 규정할 뿐, 적극적으로 적대적인 표현을 쓰지 않았기 때문이다. 정권 수립 이후 한국전쟁 참전 이전 마오쩌둥이 양대진영론에 서 있으면서도 3분론적 국제정치사상과 모호한 우·적 개념을 보인 데는 소련과의 관계 외에도 이런 서방국가들과의 관계가 있었기 때문이 아닌가 싶다.

마오쩌둥과 중국공산당의 입장이 위에서 살펴본 대로 미묘하고 불확정적이었던 데 반해 미국의 대중국 공산당 정책에 대한 판단은 상대적으로 흑백논리에서 이루어진 감이 있다. 미국의 대중국 공산당 정책은 중·소간 동맹이 직접적으로 아시아에서 미국의 지위를 위협하는 것이라는 전제에서 출발했다[103] 그뿐만 아니라 도미노(Domino) 이론이 미국 대공정책의 기조를 이루고 있었기 때문에 1950년 6월 25일 한국전쟁이 발발하자 미국은 유엔 안전보장이사회를 소집하여 북한의 남침병력을 철수할 것을 요구하는 결의안을 채택시키고, 6월 27일에는 미국의 아시아 정책에 일대 전환을 가져올 성명을 통해 중국에 대한 봉쇄를 개시한 것이다. 즉 북한이 6월 25일자 유엔 안전보장이사회 결의를 무시하고 있음을 지적하면서 미국의 해·공군으로 하여금 한국을 지지하도록 명령했다. 또 한편으로는 "공산군에 의한 대만 점령이 태평양 지역 안전 및 동 지역에서 합법적이고 필요한 임무를 수행하는 미군 부대에 직접적인 위협이 된다"고 규정하고 제7함대에 의한 대만의 중립화를 명령한 것이다. 대만 중립화를 위한 제7함대의 출동과 아울러 트루먼 미국 대통령은 대만의 장래 지위 문제도 언급했다. "대만은 태평양 지역 안전 및 일본과의 강화(講和) 또는 유엔에 의한 조치를 통해 그 지위가 결정될 것"이라고 한 것이다.[104] 미국의 이런 조치는 1950년 초의 불개입·불간섭 정책으로부터 180도 전환된 정책이고, 중국으로서는 '대만 해방'을 위해서는 미국의 제7함대와 대결하지 않으면 안 되는 결과를 가져왔다고 할 수 있다.

트루먼 대통령의 성명은 한반도와 대만에 대한 미국의 적극적인 정책적 개입의 계기가 되었을 뿐 아니라, 북한의 남침을 중·소를 중심으로 한 국제공산주의의 세계적 팽창정책의 일환으로 보았기 때문에 아시아 전역에 걸친 대공(對共) 봉쇄조치로 이어졌다. 필리핀 주둔 미군이 강화되고 인도차이나에서의 프랑스 지원정책으로까지 확대된 것이다. 이런 사태의 진전이 중국으로서는 충격이 아닐 수 없었다. '대만 해방'이 무기한 연기된 셈이고 한반도에서의 사태도 안보에 중대한 문제였기 때문이다.[105]

그러나 미국의 중국에 대한 적대적 정책 노선이 확인되었고, 한반도의 분쟁이 자국 안보에 위협이 되는데도 대만으로 밀려난 장제스 국민당 정부의 대륙 수복 가능성마저 높아진 상황에서도 마오쩌둥의 중국은 한국전쟁 참전을 결정하기까지 3개월 이상을 보냈다. 정권 수립 후 1년도 채 안 된 시기에 혁명의 승리를 공고히 하지도 못한 상황에서 군사적으로 대외개입을 한다는 것은 중국공산당 내 친장제스 세력에 등을 보이는 것과 같은 일이 아닐 수 없었을 것이다. 나아가 장제스의 대륙 수복 작전 개시에 대한 대응책도 없이 '순망치한(脣亡齒寒, 입술이 깨지면 이가 시리다)'의 명분만으로 참전하는 것은 위험한 일이 아닐 수 없었다.

이런 국내적인 원인 외에도 마오쩌둥은 소련의 지원에 낙관적인 전망을 할 수 없었을 것이다. 중·소회담 과정에서 중국에 대한 소련의 억제 방침을 간파한 터이지만, 중·소동맹 조약 비준서마저 아직 교환되지 않고 있었기 때문이다. 협약에 의해 중·소동맹은 1950년 4월 11일 비준되어 법리상 효력을 발하기 시작했지만, 비준서는 1950년 9월 30일에야 교환되었고 소련이나 북한으로부터 요청도 없는 상황에서 개입하는 것은 무모할 뿐 아니라 불필요하기까지 했기 때문이다. 당시 전세가 한국에 전적으로 불리했다는 점도 중국의 미온적 자세를 설명하는 데 참고가 될 수 있다.[106]

　중국이 참전을 결정한 것은 소련 측 요청에 의한 것이었다는 것이 통설이다. 미 국무성 발표에 따르면 1950년 8월 초 소련이 중국에 연락하여 중국은 병력을, 소련은 화력을 책임지는 것을 내용으로 하는 군사작전 및 배치, 병참, 대내적 선전·선동, 국제적 협력 등의 방법에 관한 중·소협정이 8월 14일 체결되었다고 한다.[107] 일본 측 연구에 의하면 스탈린이 8월 26일 베이징에 특사를 보내 김일성을 위한 지원병력을 요청했다.[108]

　양측 주장에서 날짜 등이 다르고, 확인할 길이 없으나 소련의 요청에 의한 것인 만큼은 일치한다. 중국의 참전을 둘러싼 중·소협정의 합의 방법과 절차에 대해서는 자세한 것을 알 길이 없으나 소련의 중국에 대한 보장 및 보상이 약속되었던 것 같다. 1960년대 중·소분쟁이 격화되면서 이 문제를 놓고 중·소간 상호비난이 있었던 것을[109] 보면 한국전쟁 대가를 소련이 중국에게 약속한 바 있으나 그 이후 이행되지 않았다고 볼 수 있기 때문이다.

　참전 동기가 어쨌든 중국의 한국전쟁 참전은 마오쩌둥의 국제정치사상에 많은 영향을 미쳤다. 첫째, 중국의 대외활동에 대한 제약요인을 형성했다. 1948년부터 추구해온 미국과의 국교는 기대하기 어려운 문제로 변했고, 따라서 국제사회에서 활동 범위에 큰 제약을 받지 않을 수 없었다.[110] 마오쩌둥이 '항미원조' 이후 소련에 의해 양대진영론 자체가 평화공존론으로 대치될 때까지, 양대진영론에 입각하지 않을 수 없었던 것은 한국전쟁 참전 이후 비공산국가들에 의해 팽창주의적인 공격세력이라는 혐의를 받게 된 상황에서 대안이 없었기 때문이라 할 수 있다. 둘째, 그러나 중국은 한국전쟁 참전으로 국내외적으로 이익도 있었다고 할 수 있다.

우선 대내적으로는 중국 역사상 최초로 서방의 군대에 타격을 주었다는 점에서 민족적 긍지를 느꼈을 것이다. "항미원조의 전장(戰場)은 군사학교보다 좋은 연습장이다. 내년에도 계속 싸워야 한다면 육군 모두가 한 번씩 가서 훈련 삼아 싸워볼 필요가 있다"[111]고 한 마오쩌둥의 말은 미군과의 대결에서 자신감을 얻었다는 징표라 할 수 있다.

다음, 대외적으로는 국제적 위신을 격상시킬 수 있었다. 북한을 궤멸 직전에서 구원해 줌으로써 북한에 대한 중국의 영향력을 증대시켰을 뿐만 아니라 동북아 주요 세력으로 등장할 수 있게 되었다. 비록 유엔에서 침략자로 낙인찍히긴 했으나 무력한 국가가 아니고 적극적이고 고도로 동원된 국가로서 자신의 이익 보호는 물론 타국을 지원할 수도 있는 국가로 인식되기 시작한 것이다. 특히 소련에 대해서도 중국의 정치적 입장을 세울 수 있게 된 것은 커다란 성과였다. 한국전 참전을 전후하여 중국공산당은 의존적인 동맹국으로부터 독립적인 대등한 동맹국[112]의 위치로 나아갈 교두보를 확보했기 때문이다.

사회주의적 개조기의 국제정치사상

양대진영론에서 3진영론으로 변화와 우·적 개념

한국전쟁 참전과 더불어 채택한 '항미원조' 정책 이후 마오쩌둥의 국제정치사상과 우·적 개념이 소련의 양대진영론적 논리에 입각한 것으로 전환되었음은 이미 언급한 바 있다. 이후 1957년까지는 대체로 이런 경향이 지속되었다. 바꾸어 말해서 1950년 2월 중·소조약 체결 이후 1958년 「대약진(大躍進)운동」 이전, 중국의 표현을 빌린다면 '사회주의적 개조' 기간의 중·소관계는 동맹과 협력 관계가 주류를 이루어 왔다고 할 수 있다. 물론 이 기간에도 충돌과 분쟁 요인은 있었고 그것들이 결국 중·소대립의 일반적인 원인으로 발전하기는 했지만, 중국이 국제적인 고립 속에서 제1차 5개년계획(1953~1957)을 성과적으로 완수하기 위해서는 소련을 중심으로 하는 사회주의 진영의 단결을 강조하지 않을 수 없었기 때문일 것이다.

흐루시초프 소련공산당 제1서기의 '평화공존론'과 더불어 아시아에서의 혁명방식으로 제시된 '평화적 이행론'이 결과적으로는 1958년 이후 중·소의 심각한 대립을 불러일으키는 쟁점이 되었다. 그러나 1957년 말까지는 마오쩌둥도 약간의 비판적인 입장을 취했을 뿐, 소련의 입장에 정면 도전하지 않고 있었다. 즉 1956년 4월 6일 미코얀(Mikoyan) 소련 부수상 일행의 베이징 방문에 즈음하여 마오쩌둥은 「프롤레타리아독재의 역사적 경험에 대하여」라는 논문을 통해[113] 공산주의 사회에도 모순이 존재할 수 있다는 점과 스탈린의 과오는 스탈린 개인의 책임이 아닌 개인과 집단 간 모순의 반영에 불과하고, 스탈린의 과오보다는 공적이 더 크다는 점 등을 들어 흐루시초프에 대한 최소한의 비난으로 그쳤다. 그뿐만 아니라 1956년 10월 헝가리 사태와 이에 대한 소련의 출병 후에도 소련에 대한 지지 태도는 변하지 않았다. '전중국상공연합회(全中國商工聯合會)' 회의에서 마오쩌둥은 다음과 같이 말함으로써 친소 입장을 분명히 밝혔다.

> 당신들은 사회주의 진영 붕괴가 두려운가? 나는 사회주의 진영이 붕괴한다 해도 큰 위험은 없으리라 본다. 그렇지만 사회주의 진영이 붕괴하리라고 보지는 않는다. 사회주의 진영의 주요 성원은 소련과 중국이다. 중국과 소련은 함께 서 있다. … 이것은 옳은 정책이다. … 중국이 소련과 미국 사이에 선다면 중국이 좀 더 유리해지고 독립적이 될 수 있다고 생각할 수도 있다. 그러나 중국은 그렇게 하지 않고 있다. 미국은 믿을 만하지 못하다. 미국이 중국에게 뭔가 주기는 하겠지만 많이 주지는 않을 것이다. 제국주의가 우리에게 먹을 것을 충분히 주리라고 생각할 수 있을까? … 우리는 큰 공장을 세울 줄 모른다. 누가 우리를 위해 큰 공장—화학공장, 철강공장, 정유공장, 탱크·비행기·자동차공장들—을 설계해 줄 것인가? … 제국주의는 기술상 비밀을 지키고자 한다. … 우리가 일변도(一邊倒)하고 있지만 소련과는 동등한 기반에 서 있는 것이다. 우리에게는 폴란드와 헝가

리 사태 같은 일이 일어나지 않을 것이다. 우리는 마르크스주의 추종자들이다. 그러나 소련의 경험을 통째로 맹목적으로 모방하지는 않는다.[114]

사회주의 진영의 공고성을 역설하고 중국에는 폴란드와 헝가리에서와 같은 평화공존론·평화적 이행론 이후 소련에 대한 자주운동이 일어나지 않으리라고 공언하는 것은 다분히 소련의 지원 때문인 것이다. 다만 소련과 중국이 동등한 입장이라고 한 표현이나 소련의 경험을 맹목적으로 모방하지 않겠다는 입장 표현이 소련에 대한 독자성을 추구하는 표현으로 해석될 수도 있다. 그러나 흐루시초프가 1955년 5월 유고슬라비아를 방문하여 반(反)사회주의에 이르는 다양한 길이 있음을 시인했다는 사실[115]을 상기할 때, 이는 이미 소련에 대한 도전의 의미를 띠지 않는 것이었다고 할 수 있다. 즉 사회주의 건설에서 중국의 독자적 노선 추구는 소련의 승인하에 이루어지고 있었다고 할 수 있다. 1956년 4월의 마오쩌둥의 글인 「논십대관계(論十大關係)」에서 소련 유형을 답습하려는 자들을 경멸하고 자본주의 국가에서도 과학, 기술, 관리 방법을 도입하겠다는 정책 노선이 제시되지만,[116] 그것이 탈(脫)소련을 의미하지 않음은 1957년 11월 모스크바 방문 시 중국 유학생들과 만난 마오쩌둥의 발언에서 분명히 드러난다. 마오쩌둥은 유학생들에게 사회주의 진영이 제국주의 진영을 압도하는 현실을 정확히 인식하고 소련 친구들과 친밀한 단결을 도모할 것을 당부한 것이다.[117]

앞서 언급한 대로 중·소관계는 1957년 말까지는 협조적인 관계로 유지되었다. 그러나 서방국가들에 대한 관계에서는 1957년 1월 수에즈운하 사건이 하나의 전환점이 되었다. 흐루시초프의 평화공존론이 제기되었을 때 중국은 미·소 간 공존 분위기를 이용하여 대만 문제를 해결해보려고 했다.[118] 1957년 1월 수에즈운하사건이 발생하자 마오쩌둥은 미국의 영향력이 전 세계적으로 확대되고 있음에 놀라면서 그것이 중국의 대만 문제 해결에도 악영향을 미치리라 생각했다. 수에즈운하사건을 중심으로 나타난 마오쩌둥의 국제정세에 대한 분석과 모순관의 변화실태를 살펴보자.

중동에 수에즈운하사건이 일어났다. 낫세르(Nasser, 이집트 대통령)라는 사람이 운하를 국유화하자 이든(Eden, 영국 총리)이라는 사람은 침략군을 보냈고 바로 그 뒤를 따라 아이젠하워(미국 대통령)가 들어와 영국을 몰아내고 그곳을 독차지하려 한다. 책략과 공작에 능하던 영국 부르주아는 타협에 능한 계급이다. 그러나 이번에는 실수해서 중동을 미국에게 뺏기고 말았다. 영국의 창끝이 이집트를 향한 것이었던가? 아니다. 영국의 글귀를 보면 미국을 비난하고 이집트를 공격하고 있다. 이 사건은 오늘날 세계의 투쟁의 중점을 이룬다고 할 수 있다. 제국주의국가와 사회주의국가의 모순이 매우 날카로운 모순임에는 틀림없다. 그러나 그들(영·미)은 반공주의라는 핑계로 지반(地盤)을 다투고 있다. 무슨 지반을 다투는가? 아시아·아프리카 10억 인구라는 지반을 둘러싸고 다투는 것이다. 그 충돌에는 두 종류의 모순과 세 가지 역량이 있다. 두 종류의 모순이란 첫째, 제국주의와 제국주의 사이의 모순 즉 미국과 영국, 미국과 프랑스 사이의 모순이고, 둘째는 제국주의와 피압박민족 사이의 모순이다. 세 가지 역량이란 첫째, 최대의 제국주의 미국, 둘째, 2등 제국주의 영·프랑스, 셋째, 피압박민족을 말한다. 오늘날 제국주의가 쟁탈하려는 주요 장소는 아시아·아프리카다. 이 지역들에는 민족독립운

동이 출현했다.[119]

수에즈운하사건을 계기로 마오쩌둥은 1946년 8월에 보여준 3진영론을 다시 거론하기 시작했다. 제국주의와 사회주의진영 사이의 모순을 '주요모순'으로 규정하지 않고 "매우 날카로운 모순"으로만 표현한 것은 중대한 변화다. 마오쩌둥의 「모순론」에 의하면 '주요모순'과 '차요(次要)모순'은 함수관계다. 그러나 진영 간 모순을 '주요모순'으로 규정하지 않음으로써 '두 종류의 모순'은 진영 간 모순과 무관하게 일어나는 것으로 해석될 수 있는 여지를 남겨둔 것이다. 그뿐만 아니라 제3의 역량을 다시 거론하는 것이다. 이를 통해 우리는 마오쩌둥이 양대진영론을 옹호하는 것 같으면서도 양대진영론이 아닌 자기 특유의 3분론적 국제정치사상을 서서히 회복시켜가고 있음을 보게 된다.

국제정치에서 미국과 아시아·아프리카 사이에 새로운 긴장이 조성되고 있다고 봄으로써 마오쩌둥은 미·소 평화공존조차 어려우리라고 생각하게 되었을 것이다. 도처에서 일어나는 반제국주의 투쟁이 미·소간에만 평화적인 공존을 할 수 있도록 허용하지는 않을 것이기 때문이다. 미국의 적극적인 활동이 전개됨으로써 마오쩌둥의 이런 생각은 더욱 굳혀진 것 같다. 1957년 5월에는 미국이 대만에 지대지(地對地)미사일을 배치하고 6월 28일에는 덜레스(Dulles, 미국 국무장관)가 샌프란시스코 연설을 통해 중국 정부를 반대하는 정책을 발표했기 때문에 대미 관계를 호전시켜 보려던 중국의 정책은 참패를 당하고 말았다. 이에 마오쩌둥은 1957년 11월 10일 러시아 10월혁명 40주년 기념 연설을 통해 제3세계와 사회주의 진영이 연합하여 미국을 공격할 것을 주장하기에 이르렀다. 마침 스푸투니크(Sputunik, 소련이 쏘아 올린 최초의 인공위성) 1호가 발사된 때였기에 마오쩌둥은 "동풍이 서

풍을 제압"했다면서 '종이호랑이 미국'을 두려워하지 말고 공격해야 한다고 주장했다.[120]

마오쩌둥의 이런 주장은 흐루시초프를 당황케 했을 것이다. 흐루시초프는 유고슬라비아와의 관계를 좀 더 강화하고 유고슬라비아와의 관계를 모델로 미·소 간에도 화해를 조성하려 한 데 반해, 마오쩌둥이 소련의 영도하에 제3세계와의 단합을 형성하여 미국을 공격하자고 했기에 흐루시초프로서는 두 가지 목표를 설정할 수 없었던 것이다. 더구나 마오쩌둥은 소련이 반미(反美)전선의 영도자가 되어야 하는 이유도 명확하게 제시하지 않고 있었다. 마오쩌둥은 소련이 40년의 혁명 경험이 있고 경제·군사적 역량 면에서 앞서기 때문에 소련이 앞장서야 한다는 식의 논리를 전개했으므로 흐루시초프로서는 더욱 당황했을 것이다. 마오쩌둥의 그런 자세는 곧 겸손을 빙자하여 소련의 대외노선을 조종하려는 것으로 생각될 수 있었기 때문이다.[121]

흐루시초프로서는 마오쩌둥의 이런 주장을 받아들일 수 없었다. 흐루시초프의 국제정세관은 마오쩌둥의 그것과 근본적으로 차이가 있었기 때문이다. 첫째, 흐루시초프는 사회주의 진영의 역량이 제국주의 진영의 역량보다 월등하다고 보지 않고 양자 간 세력균형에서 유리한 변화가 일어났다고 보았을 뿐이다. 둘째, 미국이 아시아·아프리카에서 전술핵무기를 사용하여 국지전을 벌일 가능성이 있다고 보는 것이 마오쩌둥의 견해임에 반해, 흐루시초프는 미·소간 견제력이 국지전에까지 확대될 수 있으므로 전쟁 위험은 매우 적다고 본 것이다. 이런 상호견제·상호저지 상황에서 미·소 화해 관계 수립을 모색함이 바람직하다는 것이 흐루시초프의 입장이었기에 사회주의진영 지도자로서 아시아·아프리카의 민족독립운동 세력을 규합하여 미국을 공격하자는 마오쩌둥의 주장은 채택될 수 없었던 것

이다.[122]

이후 마오쩌둥의 발언에서는 소련의 영도하에 반제국주의 투쟁을 전개하자는 주장이나 소련의 위대성을 찬양하는 것을 찾아보기 어렵게 된다. 루빈슈타인(Rubinstein)의 지적대로[123] 한국전쟁 참전으로 국제적 지위가 높아진 이후 대외관계에서는 실질적으로 독자성을 모색해오던 중국 입장에서 1957년 11월 18일의 마오쩌둥 연설은 소련의 지도성에 대한 최후의 형식적 복종이었다고 할 수 있다.

한국전쟁 이후 1957년 1월 수에즈운하사건 이전의 마오쩌둥은 그가 보여준 몇 가지 소련에 대한 독자성 발언에도 불구하고 국제정치적 차원에서는 양대진영론에 입각하여 '제국주의 진영'과 '사회주의 진영'의 모순을 '주요모순'으로 파악하고 있었다고 할 수 있다. 우·적 개념은 이런 범위에서 설정되어 있었다. 물론 이 기간에 1955년 8월 1일부터 제네바에서 중·미 대사급 비밀회담이 정례적으로 열리기 시작했고, 1955년 4월 반둥(Bandung)회의 이후 '평화공존 5원칙'에 의한 신생국 외교가 활발히 전개되기는 했지만, 그것은 어디까지나 상황에의 전술적인 적응적 의미가 강한 것이었다. 따라서 이데올로기상의 변화나 국제정치사상 내지 모순관의 변화까지 의미하는 것으로 간주하기에는 어려운 점이 있다.

수에즈운하사건 이후 마오쩌둥은 기본적으로는 양대진영론적 입장에 서면서도 진영 간 모순보다는 '제국주의 간 모순', '제국주의와 피압박민족 사이의 모순'을 중점적으로 거론함으로써 제3의 역량과 연합가능성을 시사하고, 따라서 3분론적 국제정치사상으로 돌아가고 있음을 보여주었다. 국제정세평가 및 모순관이 변했기에 우·적 개념도 변화를 일으켜 이때부터는 아시아·아프리카의 민족해방운동 세력들과 연합을 통한 반제국주의 운동을 소련의 영도하에 전개할 것을 주장한 것이다. 따라서 이 시기의 중간지대론은 양대진영론을 주(主)로 하고 3진영론이 종(從)의 위치에 서는, 즉 양대진영론에서 중간지대론으로 옮아가는 과도기적 중간지대론이었다고 할 수 있다.

대외환경과 대내 상황

스탈린 사망(1953.3.5) 이후 소련공산당 20차 대회(1956.2.24-25)까지는 대체로 '중·소 밀월기'로 통한다. 한국전쟁이 끝나고, 스탈린이 죽고, 중국공산당 정권의 국내 기반이 공고해지면서 과거 중·소 관계에서 나타났던 불균형이 중국 측에 유리하게 조정되는 시기였다. 이런 관계가 형성될 수 있었던 것은 중·소의 국내 사정이 크게 작용했기 때문이라고 할 수 있다. 즉 소련에서는 스탈린 사후 새로운 지도체제가 아직 확고해지기 전이었기 때문에 중국 등 공산국가들의 정치적 지원이 필요했고, 중국으로서는 최초의 경제계획을 실행하는 데 소련의 경제적 지원이 절대 필요했기 때문에 양자의 이해관계가 일치할 수 있었던 것이다.[124]

중·소의 우호적인 관계는 1954년 9월 29일 이미 소련공산당 제1서기가 된 흐루시초프가 불가닌, 미코얀 등을 대동하고 중화인민공화국 수립 5주년 행사에 참석하기 위해 베이징에 도착함으로써 본격화했다고 할 수 있다. 물론 그전에도 중·소관계가 스탈린 시대에 비해 우호적으로 전개되기는 했지만,[125] 소련 지도부의 베이징 방문이 갖는 의미는 큰 것이었다. 이때 흐루시초프는 중국을 대국이라 부르고 중국의 혁명 성공은 소련의 10월 혁명 이래 세계 역사상 가장 중요한 업적이라고 찬양하면서 그것이 아시아 인민에게 막대한 의의를 주는 것이라고 했다. 나아가 그는 중국 공산주의자들은 마르크스-레닌주의를 창조적으로 적용했다고 하고 소련과 중국은 사회주의 진영의 불멸의 기초라고 선언했다. 이런 선언은 소련이 중국의 위치를 소련과 대등할 정도로 격상시키는 결과가 되었으며, 공산 진영에서뿐만 아니라 세계무대에서도 중국이 강대국의 위치를 차지하게 하려는 노력으로 볼 수도 있다.[126] 실제로 중국은 한국전쟁 참전 결과 1954년 제네바회의에서 강대국으로서 지위를 과시한 바 있다.[127] 여하튼 흐루시초프의 베이징 방문은 지난날의 중·소관계를 청산하고 대등한 동맹의 기반을 닦아 놓았다고 할 수 있다.

이런 기반을 토대로 1954년 10월 2일 중·소회담에 관한 공동성명을 비롯하여 여러 가지 선언과 협정이 발표되었다. 그 중요한 내용을 들면 다음과 같다.[128]

첫째, 소련은 중국에 5억 2천만 루블의 장기차관을 제공하고 새로 합의한 15개 공사를 위해 4억 루블을 추가 공급하기로 했다. 1949년 12월부터 이듬해 2월까지 3개월에 걸친 교섭 끝에 5년간 3억 달러의 차관밖에 얻어내지 못했던 데 비하면 흐루시초프가 마오쩌둥을 후대했음을 알 수 있다.

둘째, 1952년 9월 15일자 중·소공동성명에서 한국전쟁을 이유로 소련군이 계속 주둔키로 했던 뤼순항을 무상으로 중국에 양도하기로 했다. 1952년 9월 창춘 철도를 무상으로 돌려받은 중국으로서는 뤼순항마저 무상으로 돌려받음으로써 1949년 2월 중·소조약에서 문제로 남았던 지역을 모두 돌려받은 셈이다.

셋째, 신장성(新疆省) 소재 중·소 공동관리 하 4개 주식회사의 소련 소유 주식을 1955년 7월 1일부터 중국에 양도하고, 중국은 소련 소유 주식의 가치에 해당하는 수출물자를 소련에 공급하는 방식으로 변제하기로 했다.

넷째, 중국 란저우(蘭州)에서 우루무치를 거쳐 소련 알마타에 이르는 철도를 건설하기로 하고, 시공 때 자국 내 철도는 각자 책임지되 중국 내 철도 건설에는 소련이 기술원조를 하기로 했다. 이 외에도 중·소·몽골을 연결하는 철도를 건설키로 하여 1956년 1월 완공을 보았다.

중국에 대한 소련의 이런 유화정책은 새로운 지도자로 자리를 굳히기 시작한 흐루시초프의 대외정책의 일환이었다. 1956년 2월 흐루시초프가 '평화공존론'과 '평화적 이행론'을 들고 나오면서 스탈린을 비판하고 나섰을 때 중국이 중국 나름의 비판적 견해를 표명하면서도 결정적인 도전적 자세를 취하지 않았고, 폴란드·헝가리 사태 후 저우언라이가 동유럽 순방 외교를 통해 소련 입장을 옹호하면서 소련 중심 사회주의 진영의 단결을 강조한 것은 이런 중·소간 경제적 유대관계가 형성된 뒤의 일이다. 바꾸어 말해서 중국으로서는 소련의 지원을 확보하지 않고서는 제1차 5개년 계획을 완수할 수 없었기 때문에 소련 편에 서야 했던 것이다. 마오쩌둥의 국제정치사상이 양대진영론의 논리 구조에서 벗어나지 않고 있었던 것도 그 때문이라고 보아야 할 것 같다.

중·소관계가 우호적으로 진전되고 있었다 해서 갈등 관계가 전혀 없었던 것은 아니다. 표면상 우호 관계 이면에서는 중·소관계를 악화시킬 수 있는 일들이 일어나고 있었고, 따라서 중국으로서도 대외정책을 전환해야 하는 상황이 조성되어간 것이다.

첫째, 흐루시초프의 동남아 순방과 이들 나라에 대한 적극적인 외교 공세는 중국과의 경쟁적인 의미가 있다. 1955년 5월 흐루시초프는 불가닌 수상과 함께 긴 여로에 올랐다. 먼저 유고슬라비아를 방문하여 1949년 스탈린의 티토 파문을 취소하고 6월에는 미·영·불·소 정상회담에 참석한 뒤 11월과 12월 인도·버마·아프가니스탄을 방문한 데 이어 1956년 1월에는 인도네시아도 방문했다.[129] 미·영·불·소 4개국 정상회담이 큰 성과는 없었으나 흐루시초프로서는 최초로 정상급들과 만났다는 점에서 개인적 지위 향상에 큰 효과를 냈다고 할 수 있다. 그러나 다른 한편 중국의 소련에 대한 의존성을 과시했다는 점에서 중국으로서는 국제적 지위가 소련에 비해 상대적으로 떨어졌기 때문에 불만이었다.[130] 또한 반둥회의 이래 중국이 '평화공존 5원칙'에 의해 관계를 설정해온 동남아 인접국에 대해 흐루시초프와 불가닌이 방문 활동을 하고 특히 인도와 인도네시아에 대해서는 비록 소규모일망정 중국공산당으로서는 감당할 수 없는 규모의 경제원조를 약속함으로써 중국의 신생국 접근을 어렵게 했다.[131]

물론 이런 외교방식에 의한 소련의 동남아 접근을 신 정권의 인사외교로 볼 수도 있기에 처음부터 소련이 중국과 대립적인 외교정책을 추진하려 했다고 볼 수만은 없다. 그러나 식민지·반(半)식민지적 피지배 경험과 후진성에 대한 동류의식을 앞세워 중국이 '평화공존 5원칙'에 의한 적극적 외교를 전개하던 지역에 소련이 경제원조를 무기로 들고 나온 것은 소련이 중국과 외교적인 경쟁을 개시했다는 것을 의미할 수도 있다. 이렇게 본다면 1954년 9월 베이징 방문 시 흐루시초프가 중국을 대국이라고 찬양하고 중·소가 사회주의 진영의 불멸의 기초라고 한 것은 경쟁자에 대한 립 서비스에 불과했다고 할 수 있다. 여하튼 마오쩌둥으로서는 신생국들에 접근할 수 있는 강력한 명분을 이론화하지 않으면 안 될 상황이 전개되고 있었다고 할 수 있다.

둘째, 대만 문제와 관련하여 소련의 태도가 중국을 유감스럽게 만들었다. 흐루시초프의 베이징 방문으로 경제적으로는 큰 소득이 있었으나 '대만 해방'에 대해서는 소득이 없었다. 흐루시초프는 대만 문제와 관련해서 1950년 2월 「중·소우호동맹 및 상호원조조약」에 규정된 바의 즉각적인 군사적 개입을 몰고 올 상황을 자초하지 않기 위해, 미국의 대만 점령만 비난하고 대만해협의 긴장 문제는 거론하지 않은 채 안보문제와 관련해서

행동 통일을 위해 협의하자는 말만 했다.[132] 반면 미국은 1954년 12월 2일 대만과 「상호방위 조약」을 체결함으로써 중국 봉쇄망을 좁혀왔다.[133] 그러나 소련은 대만 문제를 국제회의를 통해 해결하려는 움직임만 보일 뿐이었고, 소련공산당 20차대회 이후부터는 현상 유지 쪽으로 기울기 시작했다. 이 단계에 이르러서는 중국으로서도 중·소 화해의 틀 안에서 대만 문제 해결 가능성을 모색하지 않을 수 없었다. 단, 중국은 미국이 대만과 국교를 단절하는 것을 절대적인 조건으로 제시했다. 중국의 대미 유화정책에도 불구하고 미국은 대만과의 관계를 더욱 밀접하게 굳혀가는 반면 중국에 대해서는 경직된 입장을 바꾸려 하지 않았다. 소련이 말하는 '평화 공존'을 의심하지 않을 수 없도록 상황이 전개되어 가고 있었던 것이다. 즉 중국을 외면하는 미국과 일방적으로 공존을 도모하고 화해를 교섭한다는 것이 중국으로서는 참을 수 없는 불만이었고 소련의 속셈을 의심하지 않을 수 없었던 것이다. 이런 상황에서 수에즈운하사건이 중국으로 하여금 미국을 적대시하는 전환점을 마련했다고 봐야 할 것 같다.

이상과 같은 대외환경들이 중·소 우호에도 불구하고 중국으로 하여금 내면적으로 독자적인 대외정책 방향을 모색하게 하는 동시에 대내적 상황도 큰 역할을 했다고 할 수 있다. 그것은 평화공존론, 평화적 이행론, 스탈린 비판이 중국 국내정치에 미친 영향에서 비롯되는 것이다. 폴란드와 헝가리 사태 이후 중국으로서도 사전예방을 위해 국내의 자유화를 어느 정도 허용하지 않으면 안 되었다. 그 첫 조치가 1957년 2월 27일 최고국무회의 제11차 확대회의에서 한 마오쩌둥의 강연 「인민 내부의 모순을 정확히 처리할 데 대하여」[134]다. 마오쩌둥은 이 강연에서 우·적 간 모순은 대항성적 모순이지만 인민 내부의 모순은 인민 이익과 근본적으로 일치하는 기초에서 발생하는 것이므로 비(非)대항성적 모순이며, 따라서 비대항성적 모순은 독재 방식이 아닌 단결-비판-단결 방식으로 해결해야 한다고 주장했다.

마오쩌둥의 이 강연은 인민정부가 인민의 이익을 진정으로 대표하는 정부이면서도 인민정부와 인민 사이에 일정한 모순(비대항성적 모순)이 있다고 함으로써 중국 지식인들의 당과 정부에 대한 불만을 인정하고 그들의 신뢰와 지지를 얻어내려 했다는 데 의미가 있다. 바꾸어 말해서 인민정부와 인민 사이의 모순이 비대항성적인 모순이기는 하지만, 헝가리에서와 같이 "사회주의국가 내부의 반동파와 제국주의자가 상호 결탁하여 인민 내부의 모순을 이용, 이간시킴으로써 풍파를 일으키면" 대항성적 모순이 될 수도 있으므로 당, 정부와 인민의 단합을 도모하여 불행한 사태를 예방하자는 것이었다고 할 수 있다. 아울러 마오쩌둥은 비대항성적 모순방면끼리의 단합을 위해서는 상호비판·감독이 필요하기에 '백화제방·백가쟁명(百花齊放·百家爭鳴)'하는 것이 필요하다고 했다.

그러나 이 '백화제방·백가쟁명'이 예상치 못한 심각한 문제를 야기했다. 지식인들의 비관이 중앙간부의 지도 및 당의 독재에 대한 반대로까지 번짐으로써 '비대항성적 모순'이 '대항성적 모순'으로까지 발전될 가능성을 보이게 된 것이다. 이런 예측하지 못한 사태를 당하여 마오쩌둥은 중국공산당의 정권기반이 비(非)당원에 대해 유연정책을 펼 수 있을 정도로 공고하지 못하다는 사실을 깨닫고 1957년 5월 15일 사신(私信) 형식으로 당 간부들에게 반우파(反右派) 정풍운동을 지시하기에 이르렀다.[135]

소련에서는 실시 가능한 국내정치적 변혁이 중국에서는 불가능하다는 사실을 확인했기 때문에 중국으로서는 소련공산당 20차 대회의 노선에 비판적인 자세를 취해야 하게 된 것이다. 체제 자체의 유지를 위해서는 대내적으로 강경노선을 택하지 않을 수 없게 된 것이다. 1957년 6월부터 본

격화한[136] 반우파 정풍운동은 7월에 이르러서는 "자산계급 우파와 인민 사이의 모순은 '적과 나' 사이의 모순으로서 대항성적이고 조화가 불가능한 죽느냐 사느냐의 모순"이라고[137] 표현될 정도로 격렬해졌다.

중국공산당 내의 사태발전을 주도하는 논리로 본다면, 사회주의 진영 내부의 우파인 소련과 사회주의 진영 내부의 인민인 중국 사이의 모순은 대항성적인 것이 되었다고 할 수 있게 되었다. 그러나 야후다(Yahuda)도 지적하듯[138] 국제정치의 세계가 논리적으로만 움직이는 것은 아니기에 중·소 간 모순이 곧 대항성적 모순으로 표면화하지는 않았다. 1957년 10월 15일 중·소 간에 체결된 「국방용 신기술에 관한 협정」을 통해 중국이 소련으로부터 '원자탄 견본'을 제공받게 되었기 때문에 중국으로서는 소련의 대중국 우호적 입장을 재확인할 수 있었다. 1957년 11월 러시아 10월혁명 40주년 행사를 전후하여 마오쩌둥이 분열주의와 수정주의를 배격하면서 대미 강경자세와 사회주의 진영의 단결을 강조한 것은 이런 현실적 이익 때문이었다.

사회주의 건설기의 국제정치사상

중간지대론과 우·적 개념

마오쩌둥은 스스로 한낱 공산주의자에 그치지 않고 아시아적 공산주의 창시자로 자처해 왔다. 이미 1946년 봄부터 류사오치는 마오쩌둥이 마르크스·레닌의 공산주의 이론을 중국에 적용하는 데 처음으로 성공한 사람이며, 마오쩌둥의 혁명이론은 중국인들뿐만 아니라 동남아 식민지 국가 인민들에게까지 '권력에로의 길'을 가르쳐주는 것이라고 말했다. 이런 마오쩌둥의 사상적 독자성과 그 사상의 식민지 및 반(半)식민지 국가들에서의 적용성에 대한 주장은 마오쩌둥 집권 이래 계속 강조되어 왔으나 1951년부터는 그 주장이 뜸해졌다. 그것은 그 후 중국이 스탈린에게 경제·군사적 원조를 의존하고 있었기 때문이라고 봐야 할 것이다.[139]

소련에 의존해야 하는 상황에서 마오쩌둥 사상의 독자성과 식민지에의 적용성을 주장할 수 없게 되자 1955년 4월 반둥(Bandung)회의를 전후해서부터 중국은 식민지 피(被)통치의 역사적 경험을 공유하며 경제적으로 후진인 비(非)산업 국가라는 공통점을 앞세워 아시아·아프리카·라틴 아메리카 지역 국가들과의 관계 강화를 시도해왔다. 중국이 아시아·아프리카·라틴 아메리카와 공유하는 역사적·경제적 조건은 소련에서는 찾아보기 어려운 점이고 오히려 그 반대 현상마저 있었다고 할 수 있다. 그러나 이런 지역들과의 관계 강화가 양대진영론에 대한 거부를 수반하지는 않았다. 바꾸어 말해서 중국은 아시아·아프리카·라틴 아메리카 지역을 사회주의 진영의 동맹세력으로 확보하려는 입장이었고, 그런 입장은 1957년까지는 지속되었다.[140]

그러나 1957년의 정세변화를 지켜본 마오쩌둥은 중국이 미·소로부터 압박을 받고 있다고 느낀 것 같다. 1958년 5월 17일 중국공산당 제8기 2차 중앙위원회전원회의에서 마오쩌둥은 다음과 같이 당원들을 격려했다.

국제적으로 혼란이 대단하다. 제국주의 내부가 시끄러워 세계가 조용치 못하다. 프랑스·알제리·라틴 아메리카·인도네시아·레바논 등 혼란이 모두 자본주의 세계에서 나오고 있다. 그러나 이런 일들이 모두 우리와 관계가 있다. 무릇 반(反)제국주의적인 것은 모두 우리에게 유리하다. 제국주의 내부가 시끄럽고, 그들이 인도네시아·레바논·라틴 아메리카를 압박하고 알제리를 쟁탈하려 할수록… 일반적으로 말해서 형세가 좋지 않은 것 같을 때는 하늘에도 검은 구름이 낀다. 이럴 때 우리는 멀리 보아야 한다. 잠시의 어두움에 미혹되어 우리 일이 잘못되고 있다고 생각하거나 세계가 잘못되어 간다고 생각하거나 해서는 안 된다. 그런 일은 있어선 안 된다. 과거 우리가 제일 곤란했던 때는 만리장정(萬里長征)할 때였다. 앞은 막히고, 뒤에서는 쫓아오고, 군대는 적고, 근거지도 줄어들고, 당원도 줄어들었다. 열 손가락 중에 하나만 남은 셈이었다. 이런 곤란을 극복하고 나니 단련되었고 이후 새로운 기회가 와서 발전한 끝에 한 손가락이 얼 손가락이 되고 중화인민공화국도 세울 수 있게 되었다.[141]

만리장정에 비유하는 것으로 보아 마오쩌둥은 1957년 말~1958년 초에 비해 국제정세가 중국에 매우 불리하다고 본 것이 분명하다. 이런 상황에서 중국이 처할 국제적 위치가 타국이 모방해야 할 모델일 수는 없었을 것이다. 마오쩌둥은 중국을 노동하는 인민과 피압박민족의 상징으로 거론하면서 아시아·아프리카·라틴 아메리카의 반(反)제국주의 세력들에 접근해가고 있었다. 그의 논의를 보자.

중국은 국제정세의 중요한 조성 부분이다. 국제정세를 논할 때는 중국을 거론하지 않을 수 없다. 이때 중국은 노동인민과 피압박민족들이 생명력 있다는 예로 들어진다. 오늘날 사회주의는 많은 동맹군이 있다. 아시아·아프리카·라틴 아메리카의 민족독립 운동은 우리의 동맹군이다. 이런 곳들은 제국주의의 후방으로, 제국주의 후방에 우리의 동맹군이 있는 것이다. 우리는 제국주의를 후방으로부터 포위해갈 것이다. 레닌은 '앞선 것은 아시아요 뒤떨어진 것은 유럽'이라고 했다.[142]

중국공산당을 노동인민과 피압박민족의 상징으로 거론하고, 아시아·아프리카·라틴 아메리카에 제국주의를 공격할 수 있는 동맹군이 있다는 표현과, "앞선 것은 아시아요 뒤떨어진 것은 유럽"이라는 표현 등에서 마오쩌둥이 소련 및 동유럽보다 제3세계 편에 서겠다고 생각하기 시작했다고 할 수 있다.

미국이 중국에 대한 봉쇄망을 좁혀오는 반면 소련으로부터는 별다른 지원을 기대할 수 없다고 생각하여 "앞은 막히고 뒤에서는 쫓아오는 상황에 처하게 되었다"고 토로한 마오쩌둥은 미국이 장제스를 지원하는 반면 소련은 이중적인 대중국 정책을 쓰던 비관적인 상황에서 1946년 8월 중국혁명의 장래를 낙관하면서 3진영론적 국제정치사상을 피력했듯이, 1958년 9월 최고국무회의에서는 의도적으로 낙관적 국제정세관을 피력하면서 아시아·아프리카·라틴 아메리카를 '중간지대'로[143] 명명했다. 그의 논의를 보자.

현재 5대주 중에 오세아니아주를 제외하고 4대주에 대해 미국은 패권으로 점령하려 하고 있다. 중요한 것은 유럽주·아시아주·아프리카주인데 주력군은 유럽주와 아시아주 두 군데에 있다. 병력은 얼마안 되는데 이렇게 흘어놓고 있으니 우리는 미국이 어떻게 전쟁을 치르려는지 그 방법을 알 수 없다. 따라서 결론적으로 말하면 미국은 중간지대를 먼저 패권으로 점령하려 할 것으로 보아야 한다. 우리쪽을 상대로 해서는 사회주의 진영이 완전히 혼란에 빠지기 전에는 감히 공격하지 못할 것이다. 우리 진영을 제외하고는 모두 그들이 군림하고자 하는 곳이다. … 미국이 사용하는 반공의 기치가 이 지방들을 얻으려는 것인가? 아니면 진정으로 반공하겠다는 것인가? 진정으로 반공한다면 군대를 몰아 우리를 치고 소련을 쳐야 할 것이다. 따라서 거짓 반공에 속을 어리석은 사람은 없을 거라고 본다. 미국은 그저 왔다 갔다 할 만큼의 병력만 있는 것이다.[144]

아시아·아프리카·라틴 아메리카를 중시하는 마오쩌둥의 입장은 비공개회의(최고국무회의) 형식을 통해서만 표명된 것이 아니다, 이미 중국공산당 기관지『홍기(紅旗)』를 통해 공개적으로 천명되고 있었던 것이다. 1958년 7월 31일~8월 3일 중국을 방문한 흐루시초프가 떠난 뒤 마오쩌둥은 위자오리(于兆力)라는 필명으로『홍기』1958년 8월호에 기고한 논문을 통해 아시아·아프리카·라틴 아메리카의 중요성을 역설했다. 마오쩌둥은 제1차 세계대전 이후 혁명적 승리가 계속됨으로써 허약해진 제국주의는 그들의 최후의 요새마저 혁명적 인민들의 불가항력적인 저항에 시달리고 있다는 사실을 발견하게 되었다고 주장하고, 10억 사회주의 진영이 민족독립을 쟁취한 7억 인구와 아직도 독립을 위해 투쟁하는 6억 인구의 반제(反帝)투쟁에 참여하게 되었다고 선언했다. 마오쩌둥은 또한 4억밖에 안 되는 제국주의 진영이 그나마 분열되어 있고 언제 어디서 폭동이 일어날지 모르는 불안한 상황에 있다고 평가했다.[145]

중간지대의 중요성을 역설하는 한편, 마오쩌둥은 다시 위자오리 명의의 논문을 통해 다음과 같이 말했다.

> 평화 애호 인민들은 확실히 전쟁을 원하지 않는다. 그러나 진심으로 평화를 간직하려는 사람은 전쟁의 위협에 굴복하지 않을 것이다. 평화는 제국주의자들에게 구걸해서 얻어지는 게 아니다. 전쟁 종식과 평화의 획득은 대중(大衆)투쟁에 의해서만 가능한 것이다. 공산주의자들은 진정한 애국자다. 그들은 인민의 이익과 동떨어진 자신들의 이익을 별도로 갖고 있지 않기 때문이다. 따라서 피압박국가들의 공산주의자들이 민족해방의 최전선에 서서 싸우는 것이 쉽사리 이해된다.[146]

이는 평화공존론의 허구를 지적하면서 중국을 중간지대의 일원으로 포함시킨 발언이다. 어쨌든 이 시기에 중국 자신은 아시아·아프리카·라틴 아메리카 지도자들이 중국이야말로 현대의 국제문제를 가장 잘 이해하고 있으며 미국으로부터 아시아·아프리카·라틴 아메리카에 가해지는 새로운 압력에 대처할 올바른 방향을 제시해주고 용기를 주는 데 한정된 국력으로 최선을 다하는 유일한 국가로 인식해 주기를 희망하고 있었던 것 같다.[147]

중국의 이런 희망은 대체로 실현된 것 같다. 1960년 여름부터 중국에는 아시아·아프리카·라틴 아메리카로부터 많은 대표단이 몰려들기 시작했고, 마오쩌둥도 그중 5개 대표단을 만나 그들과의 대화에서 자신과 중국이 '세계 인민' 편에 서 있으며 서로의 투쟁에서 상호지원할 것을 주장하고, 인민이 모든 일에 결정적 요소임을 강조했다. 또한 그는 "공동의 적인 미 제국주의에 대항하여 같은 전선에서 싸우려면 서로 단결하고 지원해야 한다"고 하고 "적을 제외한 모든 역량이 하나의 통일전선체를 결성해야 통일되고 지속적이며 견결한 투쟁을 할 수 있다"고 역설했다. "제국주의가 가장 두려워하는 것은 아시아·아프리카·라틴 아메리카 인민들이 각성하는 것이라고 지적하고, 흐루시초프 일파도 이런 사실을 깨닫고 대미 유화·온건 자세를 수정할 것을 기대한다"고[148] 했다.

중·소분쟁이 격화됨에 따라 중간지대의 중요성을 더욱 강조하는 경향이 발견된다. 1962년 9월 24일 마오쩌둥은 중국공산당 제8기 10차 중앙위원회전원회의에서 중간지대의 승리라는 맥락에서 국제정세를 논하고 제국주의에 대한 반대가 가장 중요한 문제라고 하면서 국제체제 내에서 모순의 순서에 대해 다음과 같이 말했다.

소위 모순이라는 것은 우리와 제국주의와의 모순, 그리고 전 세계 인민들과 제국주의와의 모순이다. 이것들은 주요모순이다. 각국 인민들은 반동적 자산계급과 반동적 민족주의에 반대한다. 따라서 각국 인민들과 수정주의 사이의 모순, 제국주의 국가들 사이의 모순, 민족주의 국가와 제국주의 사이의 모순, 제국주의 국가 내부의 모순, 사회주의와 제국주의 국가 사이의 모순 등이 있다.[149]

여기서 마오쩌둥은 '사회주의와 제국주의 사이의 모순'을 '민족주의 국가들과 제국주의 국가 사이의 모순'보다도 하위에—최하위에 두고 있다. 또한 '우리'와 '전 세계 인민들'이 공히 제국주의와 모순관계에 있다고 주장했다. 이런 모순관을 통해 우리는 마오쩌둥이 세계사의 운명은 이미 소련을 우두머리로 하는 사회주의 진영과 무관하게 아시아·아프리카·라틴 아메리카에서 결정된다고 볼 만큼 중간지대를 중시하고 있었음을 알 수 있다. '주요모순'을 제외한 모순들 중에서 '각국 인민들과 수정주의 사이의 모순'을 맨 먼저 열거하는 데서도 소련을 우두머리로 하는 사회주의 진영에 대한 기대가 크게 약화되었음을 발견할 수 있기 때문이다.[150]

마오쩌둥의 이런 모순관이 소련에 대한 저항만을 위한 것이거나 대외용인 것만은 아니고 당내의 사정과도 유관한 것이라고 보아야 하겠지만, 이런 모순관과 중간지대론을 통해 중국은 비로소 자신이 아시아·아프리카·라틴 아메리카 등 중간지대에 속하는 사회주의국가임을 자임하고 나선 것이며, 나아가서는 전 세계에 걸쳐 순수한 마르크스-레닌주의의 유일한 원천으로까지 자임하고 나섰다고 볼 수 있다. 그렇다면 반(反)제국주의 투쟁을 지도하는 책임은 사회주의 중국의 책임이라는 결론에 이르게 된다. 다시 말해, 중국의 역할이 전 지구적인 차원에서 부여되는 것이다. 이리하여 중국은 '평화공존'·'평화적 이행' 대신 '반제(反帝) 인민전쟁'을 소리 높여 외치게 된 것이다.

1963년 7월 25일 체결된 미·영·소의 「핵실험 금지조약」이 중·소 관계에 미친 영향이 크다는 것은 통설이지만, 1963년 7월 이후 중국의 중간지대론도 새로운 국면에서 전개되기 시작했다. 중국은 「핵실험 금지조약」을 당시 핵보유국들이 중국이 핵국가가 되는 것을 저지하려는 음모라고 했으며, 이를 계기로 흐루시초프의 수정주의에 대한 공격 내용에 '미 제국주의와의 야합'[151]이라는 내용이 추가되게 되었다. 중국은 소련에 대한 비난을 강화하는 한편 미국에 대해서는 "「핵실험 금지조약」으로 미국은 중간지대를 훨씬 쉽게 침범할 수 있을 것이며 경우에 따라서는 민족해방운동을 저지하기 위한 지역전쟁에서 '전술핵'을 사용할 가능성을 배제할 수 없다"고[152] 주장함으로써 미국과 중간지대의 모순을 극대화하려 했다. 핵 시대에 미·소라는 초강대국에 둘러싸여 있다고 생각한 중국은 반미(反美)·항소(抗蘇)를 위해서는 미·소를 제외한 자본주의 국가들과의 연합을 고려해야 했을 것이다. 1964년 1월 일본사람들과의 담화에서 마오쩌둥은 다음과 같이 말했다.

일본은 … 많은 점에서 우리를 도울 수 있을 것이다. … 정치적 측면에서 우리는 상호지원해야 한다. … 일본의 독점자본은 제2중간지대에 속한다. 이 자본까지도 미국에 대해서는 불만이 있으며 그중 어떤 자본가들은 공개적으로 미국에 저항하고 있다. 일본의 독점자본이 지금은 미국에 종속되어 있지만, 시간이 지나면 미국의 예속을 벗어 던져버릴 것이다.[153]

독점자본끼리의 불가피한 충돌이라는 맥락에서 일본과 미국의 모순을 지적함으로써 반미(反美)를 매개로 한 중·일(中·日) 연합을 제의하는 것이다. 마오쩌둥의 이런 논의는 1964년 2월 13일자 당·정 간부회의 발언에서 좀 더 넓은 범위에 걸쳐 전개되었다. 그의 논의를 보자.

주구(走狗)가 되는 것은 재미있는 일은 아니다. 네루(Nehru, 인도 총리)는 곤경에 처하게 되었다. 제국주의와 수정주의가 그를 눈멀게 했다. 수정주의는 도처에서 거절당하고 있다. 그것은 루마니아에서 거절되었다. 폴란드에서는 먹히지 않고 있다. 쿠바에서는 반쯤 듣고 반쯤 거절하고 있다. 그들이 반쯤 듣는 것은 도리가 없기 때문이다. 왜냐하면 그들은 석유와 무기를 생산하지 못하는 것이다. 제국주의도 어려운 상황에 있다. 일본이 미국에 대항하고 있는데 일본공산당뿐 아니라 일본인민들까지도 미국에 반대한다. 일본의 대자본가들도 미국에 반대한다. 얼마 전 '후키다' 제철소가 미국의 검사를 거절했다. 드골이 미국에 반대하는 것은 프랑스 자본가들의 요구에 응하기 위해서다. … 중국은 미국을 반대한다. … 흐루시초프 수정주의자들은 우리를 교조주의자라고, 가짜 혁명가라고 욕하고 있다. 그들은 진실로 우리를 저주한다. … 우리는 소련과 가벼운 거래는 할 수 있지만 많이는 못 한다. 왜냐하면 소련의 생산품들은 무겁고 조잡하고 비쌀 뿐만 아니라 항상 뒤에 감추고 다 내놓지도 않는다. … 소련 물건들은 조잡하고, 비싸고, 열등하고, 숨기기 때문에 프랑스 부르주아와 거래하는 것만 못하다. 프랑스 부르주아들은 아직까지는 거래상의 윤리라는 관념이 있기 때문이다.[154]

여기서 우리는 마오쩌둥이 미·소를 '2개의 초(超)대국[155]으로 규정한 것을 알 수 있다. 2개의 초강대국인 미·소가 각각 자기 세력권의 작은 나라들을 통제하려는 데 반해, 바로 그런 이유로 작은 나라들의 반미·반소운동이 일어나고 있다고 본 것이다. 1964년 7월 10일 일본 사회당 인사들과의 담화에서 마오쩌둥은 이 문제에 대해 다음과 같이 좀 더 명확하게 설명했다.

> 문제는 하나의 대국이 많은 소국을 통제하려는 데 있다. 하나는 통제하려 하고 하나는 거기에 반대한다. 미국이 일본과 동방 각국을 통제하려고 하면 일본과 동방 각국 세력들이 꼭 같이 반대할 것이다. 세계에 두 대국이 친구가 되어 전 세계를 지배하려 한다. 나는 거기에 반대한다. 당신들은 찬성할지도 모른다. 그들한테 통제해보라고 하지.[156]

여기서 말하는 '하나의 대국'은 소련을, '많은 소국'은 사회주의제국을 가리킨다고 할 수 있다. 소련의 '형제국'에 대한 대국배타주의에 대해서는 「중국공산당의 소련공산당비판 제7평」(1964.2.4)에도 나타난바, 거기서는 소련의 '형제국'에 대한 내정간섭·전복 활동·경제적 종속화·정치적 경제적 군사적 압력을 규탄하고 있었다. 마오쩌둥의 이런 발언은 「제7평」의 재판이지만, 소련의 대국(大國) 배타주의는 사회주의 진영에 한정되지 않는 것으로 본 듯하다. 즉 「제4평」(1963.10.22)에서 "소련이 미국과 세계의 세력범위 확정을 위해 열을 올리고 있다"고 했는데, 아시아·아프리카·라틴 아메리카를 노리는 것은 미국뿐 아니라 소련까지도 포함된다고 보았다고 할 수 있다는 것이다.[157]

이리하여 마오쩌둥은 중간지대에 아시아·아프리카·라틴 아메리카 외에도 일본·서유럽·캐나다·오세아니아 등 미국을 제외한 자본주의 국가들까지 포함시키게 되었고, 앞의 나라들을 제1중간지대, 뒤의 나라들을 제2중간지대로 명명하기에 이르렀다.[158]

'두 개의 중간지대론'은 세계제패를 기도하는 '미 제국주의'에 대해 구조적으로 가장 광범한 반미통일전선을 제창하기 위한 것이었다. 그러나 이를 좀더 자세히 보면 '반미'는 외형상의 특징일 뿐, 내면적으로는 '항소(抗蘇)'적 성격도 포함되어 있음을 알 수 있다. 소위 항소 '형제국'들과 소련의 대립 관계도 거론했기 때문이다. 구체적으로 말해서 마오쩌둥은 '반미·항소'라는 명분 아래 사회주의 각국 인민의 연합, 아시아·아프리카·라틴 아메리카 및 세계 각국 인민의 연합, 미국 인민의 연합, 평화를 애호하는 전 국가와 인민의 연합, '미 제국주의'로부터 침략·지배·간섭을 받는 모든 국가의 연합 등 이른바 「상층부 통일전선」과 「하층부 통일전선」을 총망라한 국제통일전선을 형성하고 중국이 그 지도자가 되고자 했다는 것이다.[159]

중간지대론이 초기 형태건 후기 형태(두 개의 중간지대론)건 그것이 3분론적인 것이라는 점에서는 같은 것이고, 그런 점에서 마오쩌둥의 「모순론」과 「반제통일전선론」에 기초한 것이었다고 할 수 있다. 동시에 바로 이런 뿌리 때문에 소련의 국제정치사상과는 서로 용납할 수 없는 성질의 것이 되지 않을 수 없었다. 소련의 국제정세 분석의 틀은 야후다도 지적하듯이[160] 2분론적인 성격의 것이라 할 수 있기 때문이다. 즉 소련은 세계혁명의 장래를 결정하는 중요한 투쟁에서 진영론적 사고유형에 입각한 우·적 구분을 중시해온 것이다. 이에 반해 마오쩌둥은 역사적 과정의 일정 단계에서 나타나는 '주요모순'에 따라 누가 누구에게 저항하게 하고 누구로부터 지원을 얻어낼 것인가라는 통일전선적 사고유형에 입각한 우·적 구분을 중시해온 것이다. 바꾸어 말해서 마오쩌둥은 진영론적 사고방식을 처음부터 갖지 않았을 뿐만 아니라 계급적인 적대세력과도 동맹관계를 형성하는 데 주저하지 않았다고 할 수 있다.

대외환경과 대내 상황

중·소분쟁의 시발점을 언제로 보느냐에 대해서는 견해 차이가 있지만,[161] 중·소분쟁으로 중국의 대외정책이 크게 변하게 된 데 대해서만은 수긍하는 것이 일반적인 경향이다. 왜냐하면 중·소분쟁 이전 중국은 소련과의 사이에 약간의 불화는 있었다 하더라도 여전히 사회주의 진영의 일원으로 자처하고 있었기 때문이다. 그뿐만 아니라 소련의 동맹국으로 남아 있었고 경제건설과 안보에서 소련에 의존해 온 데 반해, 중·소분쟁 이후는 사회주의 진영보다 중간지대를 중시했고, 소련을 동맹국 아닌 대항세력으로 간주하기 시작했으며, 경제·안보에서도 '자력갱생'을 모색해 왔기 때문이다.

1956년 2월 흐루시초프의 「평화공존론」이 제기된 이후 국제정세는, 적어도 마오쩌둥 등 중국의 지도자들이 보기에는 '평화공존'적이 아니었다고 할 수 있다. 미국의 미사일이 대만과 한국에 배치되고 일본 총리 기시 노부스케(岸信介)가 대만을 방문하여 장제스 정부의 대륙 수복을 공개적으로 지지하는가 하면, 서독이 나토(NATO)에 가입하고 동남아 국가들은 미국 주도하의 시토(SEATO)에 가입함으로써, 중국의 대미 유화적(宥和的) 입장에도 불구하고 미국을 중심으로 하는 진영의 중국에 대한 봉쇄정책은 더욱 강력해져 갔다.[162] 이에 반해 소련은 대륙간탄도탄(ICBM) 실험 성공 이후 야기된 동·서 세력균형의 불안정이라는 전환점을 활용하여 대미공격을 강화하기는커녕, 미국의 적극적 공세를 좌시하면서 타협만을 모색, 결과적

으로 '제국주의의 압력'에 시달리는 국가들의 이익과 기대를 저버리고 있다고 본 것이다.[163]

국제공산주의운동의 방향을 둘러싸고 중국과 소련 사이에 견해 차이가 심각해질 가능성이 농후해진 상황에서, 소련은 중국에 경제·군사원조를 함으로써 중국의 소련에 대한 우호 및 지지를 굳히는 한편 중국 경제에 깊이 침투하여 마오쩌둥과 좌파분자를 제거함으로써 중국을 소련의 지배하에 두려 했다고 한다.[164] 소련의 이런 노력은 결국 실패했지만, 이런 사건으로 말미암아 소련에 대한 독자성을 추구하는 중국이 대내적으로는 반소(反蘇)·반수정주의(反修正主義) 노선을 강화하게 되었다고 할 수 있다.

1957년 11월 러시아 10월혁명 40주년 기념행사에 참석차 모스크바를 방문하고 귀국한 마오쩌둥은 1958년부터 시작되는 중국의 제2차 5개년계획 실행에 필요한 지원을 소련으로부터 얻어내는 일이 쉽지 않다고 생각했을 것이다. 소련은 동유럽을 지원하기에도 벅찬 실정이었기 때문이다.[165] 그러나 생전에 중국을 강력한 현대국가로 만들겠다는 집념이 있던 마오쩌둥은 1957년 11월 귀국하자마자 당중앙위원회를 열고 몇 주 후로 다가온 1958년부터 시작하기로 한 제2차 5개년계획에서의 성장 속도를 높이도록 지시했다. 원래 계획은 1년 이상 숙의 끝에 중국의 지속적 발전, 경공업의 상대적인 고도성장, 계획 기간 동안 임금 및 수입의 25% 인상 등을 내용으로 짜여 있었다. 그러나 마오쩌둥은 단기간 내에 '대약진(大躍進)'을 이루지 못하고는 중국을 현대국가로 발전시킬 수 없다는 조바심에서 공업 성장률을 연 20%로 올릴 것을 요구했다. 당초 류사오치·천윈(陳雲) 등에 의해 14~15%의 성장률을 목표로 짠 계획이지만 마오쩌둥의 강력한 요구에 류사오치도 굴복하여 1958년 2월 '대약진'을 위한 경제계획이 일단 다시 작성되었다.[166]

확정된 계획을 집행하기에 앞서 중국은 1958년 5월 5일부터 23일까지 중국공산당 제8기 2차 중앙위원회전원회의를 열고 '삼면홍기(三面紅旗)' 노선을 채택했다. '삼면홍기'란 '사회주의건설의 총노선', '공업·농업 생산에서의 대약진', '인민공사(人民公社)'를 말하는데, 중국의 급속한 성장에 필수적인 조치로 채택된 것이다.[167] 한편 1958년 5월 『해방군보(解放軍報)』에는 마오쩌둥 군사노선으로 전환을 주장하는 논문 「마오쩌둥 군사사상을 깡그리 학습하자」가 실린 뒤 5월 27일부터 7월 22일에 걸쳐 열린 중국공산당 중앙군사위원회 확대회의에서는 한국전쟁 이후 소련을 모델로 했던 '정규화', '현대화'의 군사방침을 비판하고 마오쩌둥 노선에 따른 새로운 군사노선을 '대약진운동'과 함께 전개하기로 했다.[168]

이와 같이 이데올로기적·정치적 차이가 표면화되어감에 따라 중·소 양국 간 정책성향 차이는 이들 관계에 새로운 긴장을 조성하게 되었다. 1958년 5~7월 사이에 마오쩌둥은 경제·군사적인 면에서 소련의 모델을 완전히 포기한 셈이다. 8월에는 '인민공사'가 전국에 설립되기 시작했고 민병(民兵) 조직이 부활했다. 중국이 대내적으로 급진정책을 채택하면서 대외적으로도 투쟁성이 크게 부각되기 시작했다. 중앙군사위원회 확대회의가 끝난 직후부터 '대만해방'이 강조되기 시작했다. 진먼따오(金門島), 마주따오(馬祖島) 두 도서에 대한 포격 방침이 결정되었지만, 1958년 7월 말 흐루시초프가 베이징을 방문했을 때 마오쩌둥은 이 문제를 거론조차 하지 않았다고 한다. 마오쩌둥에 따르면[169] 흐루시초프의 베이징 방문 목적 자체가 중·소 연합극동함대라는 것을 만들어 사실상 중국공산당을 군사적으로 지배하려는 것이었기 때문이었다는 것이다.

흐루시초프가 떠난 뒤 중국공산당은 진먼·마주 두 섬에 집중포격을 개시했다. 어떤 의미에서 이 포격은 중국공산당과 소련 사이에 체결된 동맹

조약의 기본가치를 시험해보자는 것이라 할 수 있다. 바꾸어 말하면 중국 공산당은 소련이 중국공산당에 더 많은 지원을 하지 않을 수 없는 상황을 스스로 조성해보려 한 것이다.[170] 그러나 미 함대가 대만해협에 출동하는 등 국제적인 위기만 조성하고 말았으며 소련으로부터는 냉담한 반응만이 돌아왔다. 즉 흐루시초프는 위기가 고조되었을 때 미국이 중국본토를 공격한다면 소련은 중·소동맹에 입각하여 미국에 보복조치를 할 것이지만, 해안도서나 대만을 침공하기 위한 중국의 어떠한 공격행위도 지원하지 않겠다는 점을 명백히 한 것이다.[171]

중국 입장에서 보면 이 위기로 중국이 원하는 지원, 심지어 중국의 국익에 근본적인 문제라고 간주되는 '대만해방' 문제에 대해서까지도 소련이 지원하지 않을 것이라는 사실이 확인된 셈이다. 소련 입장에서 보면 소련이 피하려는 미국과의 분쟁을 중국이 의도적으로 도발하려 했던 것으로 평가되었을 것이다. 따라서 소련으로서는 1957년 10월 15일 「신국방과학기술협정」에 의해 중국에 지원키로 한 핵무기 기술 제공을 재고해야 했을 것이다. 실제로 소련은 1959년 6월에는 1957년의 핵협정을 파기함으로써 중국의 기대를 완전히 무너뜨리고 말았다.

대만 문제와 중국에 대한 핵기술 제공문제에서 중국의 기대가 어긋난 외에 '3면홍기' 정책에 대해서도 소련은 중국의 불만을 자극했다. 중국으로서는 "3면홍기 정책의 기수로서 혁명적이고 비판적이며 이론과 실제를 연결하는 잡지"를 당중앙이 1958년 6월 1일부터 발간하기로 하고 그 이름까지 『홍기(紅旗)』라고 불렀다. 중국에서는 '인민공사' 제도를 통해 공산주의의 승리가 머지않아 가능하게 되었으며 이것은 유례없는 성공기이기 때문에 다른 사회주의 나라들에서도 유용한 모델이 될 거라고 선전해왔다. 이에 대해 흐루시초프는 1958년 7월 마오쩌둥을 만나 '대약진'은 위험한 실험의 길이며 경제법칙과 다른 사회주의국가의 경험을 무시하는 길이라고 했다고 한다. 아울러 흐루시초프는 '인민공사'도 이미 소련에서 실험한 사례가 있고 그 결과 '인민공사'가 아닌 레닌적 협동조합 계획을 통해 농업의 사회주의적 건설이라는 문제를 해결한 경험이 있음을 강조하면서, 중국이 소련의 견해를 들으려 하지 않고 소련의 경험을 무시하거나 소련을 보수주의라고 비난하는 것은 잘못이라고 지적했다고 한다.[172]

마오쩌둥의 국제정치사상 속에서 진영론적 성향이 희박해지는 대신 중간지대에 대한 언급이 잦아지고, 중국을 중간지대의 일원으로까지 지칭하게 된 것은 미국과 친미국가들의 중국에 대한 적대정책이 강화되는 반면 소련의 중국에 대한 지원 자세는 오히려 약화해가고 있었기 때문이라 할 수 있다. 바꾸어 말해서 소련에 의존하기 어려운 상황에서 중국은 의지할 수 있는 세력으로서 중간지대를 설정하고 이들에 대한 접근을 통해 반미통일전선을 형성함으로써 미국의 중국에 대한 포위망을 약화시키려 했다고 할 수 있다. 그러나 1958년 9월 최고국무회의에서의 마오쩌둥 발언에서 나타난 "미국이 진정으로 반공한다면 군대를 몰아 우리를 치고 소련을 쳐야 할 것이다."[173] 라고 한 표현에서도 볼 수 있듯이 1958년 9월까지는 중간지대를 거론하면서도 소련에 대한 기대를 완전히 버린 것은 아니었다고 할 수 있다.

소련에 대한 기대가 줄어 가지만 완전히 버리지는 않은 상태에서 평화공존의 허구를 지적, "절벽에 매달려 있는 말을 끌어 올리듯이 소련을 수정주의로부터 끌어내 보려는 중국에게 1959년의 미·소 접근과 중국·인도 국경분쟁에서 소련의 입장은 중국에게 큰 타격을 준 것 같다.

중국 측 주장에 의하면, 1959년 6월 20일, "핵실험금지조약이 그림자도 보이지 않는 시기에 소련 정부가 일방적으로 「신국방과학기술협정」을 파기하고 중국에 원자탄 견본과 원자탄 기술자료제공을 거부함으로써 아이젠하워와의 회담에 선물을 바쳤다." 뒤이어 6월 26일에는 소련 유학 중국 학생 1천여 명이 귀국했다. 6월 30일에는 소련의 제1부수상 코즐로프(Kozlov)가 미국을 방문하고 그 답례로 7월 23일 미국 부통령 닉슨이 소련을 방문함으로써 미·소간 '평화공존'은 중국의 기대에 어긋나게도 심화해 가고 있었다. 8월 3일에는 미·소 정상회담이 9월에 열린다고 발표되었다. 그리하여 유엔 총회 참석을 겸하여 미국을 방문한 흐루시초프는 9월 25일 아이젠하워 대통령과 회담을 갖고 '캠프 데이비드(Camp David) 정신'을 자랑했다. 사회주의 진영의 단결된 힘과 중간지대의 지원역량으로 미국에 압력을 가하여 아시아로부터 미국 세력을 후퇴시키고 이를 통해 '대만 해방'의 기회를 포착하려던 중국의 대미정책 목표에 비추어 볼 때 흐루시초프의 단독적인 대미 접근은 큰 타격이었을 것이다.[174]

또한 이와 때를 같이하여 발생한 중국·인도 국경분쟁에서 소련은 같은 사회주의국가인 중국 편에 서지 않고 중국 측의 간곡한 요청에도 불구하고 공개적으로 중립적인 입장을 밝히고 말았다. 즉 1959년 9월 9일 「타스통신」은[175] "중국·인도 국경분쟁은 유감스러운 일이다. 중국과 소련 인민은 사회주의적 국제주의에 입각한 형제적 유대로 연결되어 있다. 인도와 소련의 우호적 협력은 평화공존 이념에 따라 성공적으로 발전하고 있다. … 소련 지도층은 양국 정부가 중국·인도 인민 간 전통적인 우호정신으로 상호 이익을 고려하여 이미 빚어진 오해를 상호 조정할 것으로 믿는다"고 함으로써 중국의 기대를 다시 저버린 것이다.

국제적으로 이와 같이 불리한 상황이 연속되는 가운데 중국은 대내적으로도 긴장이 고조되고 있었다. 소련만 기대할 수 없다는 판단에서 '3면홍기' 정책 노선에 의해 자력갱생을 꾀했으나 그 자체 무리한 계획이었기에 1959년 4월에는 마오쩌둥이 책임을 지고 국가주석직을 류사오치에게 물려주어야 하는 등, 대내적인 긴장이 조성된 것이다. 바꾸어 말해서 '3면홍기'의 퇴조와 마오쩌둥의 국가주석직 사퇴 등 일련의 사건이 중국 내부에 '홍(紅)'·'전(專)' 대립을 조성하기 시작한 것이다. 그 대표적인 사건이 펑더화이(彭德懷) 사건이다. 1959년 8월 16일 중국공산당 제8기 8차 중앙위원회 전원회의는 펑더화이와 황커청(黃克誠)이 '대약진' '인민공사'에 반대하며 '무기만능론'을 주장하는 등 대내 정책을 비판한 내용의 편지를 흐루시초프에게 전달했다고 비난하면서 이들을 우경 기회주의로 낙인찍어 숙청을 결의한 것이다.[176]

'반(反)우경 기회주의' 투쟁을 소련에 결부시켰다는 것은 중국의 소련에 대한 감정이 악화했음을 뜻한다. 실제로 마오쩌둥은 1960년 4월호 『홍기』에 실린 위자오리 명의의 논문 「제국주의—근대전쟁의 기원—와 평화를 위한 인민투쟁노선」과[177] 1960년 4월 20일자 『인민일보』에 실린 『홍기』편집부 명의의 「레닌주의 만세」를[178] 통해 소련에 대해 정면으로 이데올로기상의 공격을 하기 시작했다. 두 편의 논문을 통해 마오쩌둥은 소련의 평화공존노선이 전 세계의 혁명역량을 감소시키는 것이라고 비난하고 핵전쟁·세계전쟁은 피하더라도 지역적인 반(反)식민주의 투쟁이나 반(反)제국주의 민족해방투쟁은 피할 수 없으며, 지역전쟁이 결코 세계전쟁으로 발전하지 않을 거라고 주장했다.

이에 대해 소련은 1960년 4월 22일 쿠시넨(Kuusinen, 폴란드 출신 소련공산당 간부)의 레닌 탄생 기념 연설을 통해 "신무기가 평화를 위해 압력작용을 하는 것은 군사기술 발전의 변증법적 결과다. 이 문제에 관해 마르크스주의자들이 혼란에 빠질 이유는 없다. … 레닌도 전쟁이 너무나 파괴적이기 때문에 불가능해지는 때가 온다고 예견한 바 있다"[179]고 응수했다.

중·소 간 이론적 차이는 자고리아(Zagoria)도 지적하듯이[180] '시대의 성격'에 관한 중·소 간 견해 차이였다고 할 수 있다. 즉 소련은 현대의 역사적 특징을 세계적인 사회주의 체제가 두드러진 경제적 힘과 번영을 통해 세계사회의 발전에 이미 영향을 미치고 있거나 곧 미칠 능력이 있다고 본 데 반해, 중국은 현대를 아직 제국주의시대 프롤레타리아혁명의 시대라고 본 것이다. 즉 중국은 현대 상황이 40년 전 레닌이 혁명을 추진하던 당시와 별 차이가 없을 뿐 아니라 제국주의는 본질상 전쟁을 유발하기 때문에 폭력적인 혁명이 불가피하다는 것이었다.

이론적인 공격과 반박을 거듭하는 동안 '시대의 성격'에 관한 중·소간의 견해 차이가 심화해 가는 것과 병행하여 소련의 '평화공존론'은 더욱 박차를 가한 것이다. 1962년 8월 소련이 중국에게 미국과 「핵확산금지조약」(Nuclear Nonproliferation Treaty, 약칭 NPT)을 체결하려 한다는 것을 공식적으로 통보해왔고, 1963년 7월 25일에는 결국 「핵확산금지조약」이 체결되기에 이른 것이다. 이제 중국은 자신을 '핵시대의 고아'로 보지 않을 수 없게 된 것이다. 비록 소련의 도움 없이 핵 개발을 서두르겠다고 공언했지만[181] 제국주의 초강대국을 상대로 한 투쟁을 혼자서 끌어야 하는 상황에 처한 것이다. 사회주의 진영이 단결하고 중간지대의 지원역량을 활용하여 미국에 대항하자는 취지의 중간지대론은 수정을 면치 못하게 되었다고 할 수 있다. 미국을 제외한 서방국가들과 미국의 모순 관계를 지적하면서 서방국가를 제2중간지대로, 아시아·아프리카·라틴 아메리카를 제1중간지대로 명명하고 '반미·항소'를 위한 광범한 국제통일전선 결성을 시도하게 된 데는 1960년대 전반 중·소 간 이런 상황 전개가 주요인으로 작용했다고 할 수 있다.

제2중간지대라는 개념의 등장은 중국의 대외정책이 완전히 독립적인 바탕에서 전개되기 시작했음을 알리는 신호였다. 그러나 제2중간지대라는 개념은 1964년 말을 기해 시들해지기 시작했다. 우선 마오쩌둥의 예상만큼 제2중간지대 국가들의 반응이 신통치 않았고,[182] 중국공산당 내부의 다른 지도자들이 이에 대해 회의적인 입장이었기 때문이다.[183] 1965년 중국에서는 월남전쟁 개입 문제로 격론이 벌어졌는데,[184] '반미 아시아·아프리카 공동전선' 결성이 중·미전쟁을 유발할지도 모른다는 우려가 지배적이었기 때문에 월남전쟁에 대한 중국의 자세가 미온적으로 바뀌게 되었다. 개입을 주장하는 뤄루이칭(羅瑞卿)에 대해 "적을 깊이 끌어들여 쳐부순다"는 입장에 선 린뱌오(林彪)가 승리함으로써 중국은 '인민전쟁'에 대한 지지 자세에서 소극성을 띠게 된 것이다. 바꾸어 말해서 중간지대론을 주장할 수 없는 대내 정치권력 구조가 형성된 것이다.

문화대혁명기 이후 국제정치사상

양 초대국론에서 3세계론으로의 변화와 우·적 개념

문화대혁명은 기본적으로 권력투쟁적 성격을 띠는 사건이긴 하지만, 국제정치적 차원에서도 상당한 의미가 있었다고 할 수 있다. 사회주의 건설기에 생겨났다는 자본주의적 성향에 대한 대내적 투쟁을 전개하는 동안, 중국은 중국만이 유일한 '사회주의의 보루'임을 강조하면서 '조반(造反)외교'라 불리는 혁명수출 활동을 적극화했기 때문이다. 소련이 '수정주의'화한 뒤 유일한 '사회주의의 보루'로 자처하게 된 중국으로서는 '사회주의의 보루'를 지키는 전쟁이야말로 중국혁명의 운명은 물론 러시아 10월혁명 이후 마르크스-레닌주의 자체의 운명까지 좌우하는 문제라고 생각한 데 문화대혁명의 국제정치적 의미가 있다.[185]

'사회주의의 보루'라는 자의식에서 중국은, 월남전쟁을 지원하는 데 중·소가 연합하자는 소련의 제의를 접수했으나 1965년 11월 11일, 중국 문화대혁명의 신호탄 역할을 한 야오원위안(姚文元)의 「신편 사극 해서파관을 평한다(評新編歷史劇海瑞罷官)」가 상해문회보에 실린 다음 날 마오쩌둥을 비롯한 중국 지도부는 소련의 제의를 반박하며 다음과 같이 국제정세를 논했다.

오늘날 세계정세의 특징은 국제계급투쟁이 날로 심화하는 상황에
서 바야흐로 대혼란·대분화·대개편이 일어나고 있다는 점이다. …
즉 세계 각종 정치역량들이 극렬하게 분화되고 다시 새롭게 모이는
것이다. … 제국주의 및 각국 반동파와 현대수정주의는 멸망의 길
을 걷고 있다. 그러나 제국주의와 반동파는 타격을 가하지 않으면
쓰러지지 않고, 현대수정주의도 투쟁하지 않으면 몰아낼 수 없다.
… 국제정세의 발전으로 어쩔 수 없이 모순과 충돌이 충만해졌으며
곡절과 반복이 되풀이되고 있다. 세계 각국 인민들의 혁명투쟁은
부득이 물결이 퍼져나가는 식으로 발전할 수밖에 없게 되었다.[186]

중국공산당 주도의 아시아·아프리카·라틴 아메리카 통일전선에 소련이
침투하여 제2차 '아시아·아프리카회의'에까지 소련이 참가할 수 있도록 결
정됨으로써 중국의 중간지대론이 실패로 돌아간 뒤였기 때문에[187] '대혼
란·대분화·대개편'을 거론했다고 할 수 있다. 어쨌든 이를 통해 보면 중국
은 국제질서가 양극화되는 것을 바라고 있었다고 본다. 즉 공산권은 중국
공산당을 중심으로 한 '진정한 마르크스-레닌주의 세력'과 '수정주의 세력'
으로 나뉘고 아시아·아프리카·라틴 아메리카는 린뱌오의 「인민전쟁승리만
세」(1965.9.3.)라는 글에서 제시된 대로 '자력갱생'에 의한 무장투쟁을 하려는
세력과 '제국주의 및 반동파의 앞잡이' 노릇을 하는 세력으로 나뉘며, 자
본주의 진영은 독점자본주의와 인민세력 사이의 모순으로 골머리를 앓을
수밖에 없는 것으로 본 것이다. 종합적으로 말한다면, 중국은 국제질서가
혁명적 세력과 반혁명적 세력의 두 가지로 양극화되어가고 있다고 본 것

같다.[188]

　이런 입장은 결과적으로 세계의 혁명세력들이 중국을 중심으로 단합해야 한다는 '중국 중심의 세계혁명관'을 반영하는 것이다.[189] 물론 각국의 반(反)혁명세력은 모두 먼저 자국 혁명세력을 공격하고 결국에는 중국에 대해서까지 반대하는 것으로 규정했다. 예컨대 중국은 1966년 8월에 열린 중국공산당 제8기 11차 중앙위원회전원회의 「공보」를 통해 "소련이 미국 주도 하의 제국주의 및 각국 반동파 등과 결탁하여 새로운 '신성동맹'을 체결하고 공산주의·인민·혁명·중국에 반대하고 있다"고 비난한 것이다.

　마오쩌둥도 1966년 11월 1일 알바니아의 5차 당대회에 보내는 전보에 다음과 같이 썼다.

　　마르크스-레닌주의의 진실은 우리 편에 있다. 국제무산계급과 피압박국가 및 피압박인민들도 우리 편에 있다. 따라서 전 세계 인구의 90%이상을 차지하는 인민대중이 우리 편인 것이다. 우리는 전 세계에 걸쳐친구들이 있다. 우리는 고립되는 것을 두려워하지 않으며 고립되지도않을 것이다. 우리는 필승불패로 나아갈 것이다. 중국과 알바니아를 적대하는 한 줌의 불쌍한 자들은 멸망하고 말 것이다. … 중국과 알바니아의 당과 인민은 서로 단결하자. 그리하여 제국주의와 현대수정주의그리고 모든 나라의 반동파들을 타도하자. 제국주의·자본주의 그리고착취제도가 없는 새로운 세계가 반드시 세워지고 말 것이다.[190]

　마오쩌둥은 국제적 외교공동체나 국가 차원의 외교 관계 수립 등을 버림으로써 정부 차원에서 고립되는 한이 있더라도 차라리 전 세계의 90%인민들과 혁명적 단합을 하겠다고 밝힌 것이다. 따라서 불과 1~2년 전까지 주장해오던 중간지대 국가들과의 국제적 통일전선은 혁명적 동지들과 심도 있는 단합을 위해 과감하게 버릴 것을 시사한 것이라고 할 수 있다.

마오쩌둥의 이런 입장은 문화대혁명이 고조되면서 더욱 강화되어갔다. 문화대혁명이 격렬해지자 "중국이 세계혁명의 병기창이 되어야 한다"고 극좌적 발언을 한 것이다. 1967년 7월 7일 마오쩌둥은 한 회의 석상에서 중국 핵기술이 빨리 발전해가고 있음을 과시한 뒤 다음과 같이 말했다.

현재 정세는 매우 좋다. 인도의 라쟈족이 국민대회당을 반대해 무장투쟁을 벌이고 있다. 인도공산당은 수정주의를 청산하고 일어섰다. 버마유격대는 큰 발전을 하여 애국의 무장투쟁보다 기초가 든든해졌다. 과거 홍기당 백기당으로 나뉘어 단결을 못 하던 버마의 당도 이제 통일되어 일치단결하여 네윈(버마 대통령)에게 반대하고 있다. 버마에서 무장활동지구는 전 면적의 100분의 60을 차지하나 월남에 비해 지리조건은 안 좋은 편이다. 태국의 지리조건도 좋고 버마가 일어나고 이렇게 해서 미국을 동남아에서 조이고 있다. … 버마 정부가 우리를 반대하면 우리는 더 좋다. 차라리 단교를 바란다. 그리 되면 공개적으로 버마 공산당을 지지할 수 있게 될 것이다. 아시아주의 정세는 이렇다. 아프리카·라틴 아메리카주의 무장투쟁도 많이 발전했다. 미 제국주의는 더욱 고립되어가고 있다. 전 세계 인민이 모두 미 제국주의가 전쟁의 화근이자 우두머리라는 것을 안다. 전 세계 인민과 미국 인민들이 미 제국주의를 반대하고 있다. 소련 수정주의가 더욱 폭로되어가고 있다. 이번 중동 사건에서는 특별히 그것이 더욱 폭로된 셈이다. … 소련에 대해서는 아랍국가뿐 아니라 아시아·라틴 아메리카 모두가 반대하고 있다. … 제국주의·수정주의는 더욱 고립되고 월남전쟁은 계속된다. 지금 많은 곳에서 중국을 반대하고 있어 형식상 우리가 고립되어 있는 것처럼 보이나 실제로는 중국의 영향을 두려워하여 중국을 반대하는 것이다. 문화대혁명의 영향을 두려워하여 반대하는 것이고 자기 나라 국민이 통치에 불만을 갖게 될까 봐 국내 인민을 진압하는 것이다. 이리하여 중국을 반대하는 일은 미 제국주의와 소련수정주의가 함께 획책한 것이라 할 수 있기에 우리가 고립되었다고 할 수는 없다. 전 세계에 걸친 우리의 영향은 더욱 커가고 있고 반월남·반중화는 인민의 혁명을 촉진하고 있다. 이들 국가의 인민들은 중국의 길이 해방에의 유일한 길이라는 것을 알고 있다. 우리 중국은 세계혁명의 정치 중심일 뿐 아니라 군사상·기술상으로도 세계혁명의 중심이 되어야 한다. 그들에게 무기를 줄 때는, 특수지구를 빼고는, 중국 것이라는 표시를 해서 공개적으로 지지하여 세계혁명의 병기창이 되어야 한다.[191]

여기서는 '대국'·'초대국'이라는 말은 보이지 않지만 '미 제국주의'와 '소련수정주의'의 양 초대국에 대해 전 세계 인민의 투쟁이 벌어지고 있다고 보는 것이다. 1964년 2월 당·정간부회의를 통해 잠깐 보인 적이 있던 양(兩)초대국론에서는 소련이 미국과 거의 동격으로 여겨졌지만 여기서는 동격은 아닌 것 같다. 즉 주적은 '미 제국주의'이고 '소련수정주의'는 '미 제국주의'에 반대하는 전 세계 인민의 투쟁의 배신자로서 '부차적인 적'으로 규정된 것으로 보인다. 바꾸어 말해서 다 같이 적이긴 하지만 '미 제국주의'와 '소련수정주의'는 아직은 성질상 차이가 있는 적으로 규정되는 셈이다. 연합 대상도 '2개의 중간지대론' 때와는 차이를 보인다. '2개의 중간지대론' 때는 '전 세계 인민과 국가'를 미·소에 대한 연합의 대상으로 삼았다. 그러

나 1967년 7월의 발언에서는 '전 세계 인민'으로만 연합의 대상을 삼기 때문이다.[192]

위 마오쩌둥의 발언에서 발견되는 또 하나의 주목할 점은 '전 세계 인민'이 반미투쟁을 위해 채택해야 할 혁명의 보편적 전략전술로 '중국의 길'이 제시되고 있다는 점이다. '중국의 길'이란 '계속혁명'을 말하는 것이다. 즉 프롤레타리아의 지도하에서 민족민주혁명을 철저하게 추진하여 때를 놓치지 않고 민족·민주혁명을 사회주의혁명으로 전화시킨 성공 경험을 말하며, 사회주의사회에서도 문화대혁명을 해야 수정주의가 나타나지 않음으로써 공산주의로 갈 수 있다는 것이다.[193] 문화대혁명은 국내적인 의미만이 아니라 국제질서 차원에서 혁명의 의미까지 지닌다고 주장되고[194] 있었기 때문에, '중국의 길'을 강조하는 것은 문화대혁명을 수행하는 혁명운동체로서의 중국이 '미제'와 싸우는 아시아·아프리카·라틴 아메리카 인민의 혁명투쟁을 지지하는 데서 그치지 않고 혁명의 방향까지 제시하겠다는 것으로 해석해야 할 것이다. 간단히 말해서 '세계혁명의 병기창'이란 표현에서 마오쩌둥의 중국중심주의적 국제질서관이 엿보인다.

1968년 8월 20일 소련이 동유럽 4개국 군과 함께 체코에 진주하자 중국에서는 소련을 '사회제국주의'로 규정하고 '사회제국주의'와 '미 제국주의' 사이에 타협과 경쟁 관계가 생겼다고 비난하기 시작했다.[195] 결국 중국은 '수정주의'로부터 '사회제국주의'로 탈바꿈한 소련을 '미 제국주의'와 동렬의 제국주의라고 규정하기에 이르렀다. 이후 중국의 국제정치사상은 대전환을 하는 것처럼 보인다. 1969년 3월 중·소 국경 우수리강에 있는 전버오다오(珍寶島, 다만스키 섬)에서의 중·소간 국경충돌사건이 발발한 이래 중·소가 국경선에서 자주 충돌하는 반면 중국의 대미 접근 현상이 나타난 것이다.

이런 전환이 문화대혁명 직후의 이데올로기적 허탈 상태에서 탈이데올로기적인 현실판단에 의해 이루어졌다고만은 할 수 없을 것이다. 소련이 체코 침공을 정당화하기 위해 '제한주권론'을 공식 발표한 뒤 소련군대가 중·소 국경지대로 이동하고 있다는 정보를 입수함으로써 소련의 대중국 군사행동 가능성이 우려되기 시작했다고 한다.[196] 더구나 1969년 3월 전바오다오 사건이 발생하여 군사적 대결 상황을 대비하지 않으면 안 되게 되기도 했다. 소련의 체코 진주 이후 사태 발전을 지켜본 마오쩌둥은 1969년 4월 중국공산당 제9기 전국대표대회 정치보고[197]를 통해 다음과 같이 4대모순론을 전개했다.

> 오늘날 세계에는 4대 모순이 존재한다. 피압박민족과 제국주의·사회제국주의 사이의 모순, 자본주의·수정주의 집단 내부의 무산계급과 자산계급 사이의 모순, 제국주의 국가와 사회제국주의 및 제국주의 국가들 사이의 모순, 사회주의국가와 제국주의·사회제국주의 사이의 모순이다.[198]

제국주의와 사회제국주의, 자본주의와 수정주의를 동렬시하면서도 제국주의 국가와 사회제국주의 사이의 모순을 지적한 것은 미·소 간 타협과 경쟁 관계가 형성되었다고 보았기 때문이라 할 수 있다. 1965~1968년에 걸친 문화대혁명의 와중에서 사회주의 중국은 혁명운동체로서 아시아·아프리카·라틴 아메리카의 혁명운동 지원과 교화를 통해 아시아·아프리카·라틴 아메리카에 동화해 갔으며, 따라서 체제 간 모순은 거의 돌아보지 않았다. 그러나 내부에서 혁명·투쟁을 종결시키고 힘겹게 성립시킨 중국공산당 제9기 전국대표대회에서는 이미 "현대중국은 세계의 모순의 초점이며 세계혁명의 폭풍의 중심이다"[199]라는 식의 입장은 사라졌다고 할 수 있다. 즉 동적(動的)인 운동체로서의 중국에서 정적(靜的)인 국가로서의 중국으로 돌아왔다는 것이다. 이 때문에 중국은 아시아·아프리카·라틴 아메리카 입장에서 이탈하여 스스로의 국제정치적 입장을 '사회주의(진영)'에서 찾아야 했다. 그러나 소련과는 양립할 수 없게 되었고 중국으로서는 소련을 사회주의 진영에서 축출하지 않을 수 없게 된 것이다. 제국주의와 사회제국주의를 동렬시해야 했던 이론적인 근거가 여기 있었던 것이다.

소련 사회제국주의에 대한 증오심은 마오쩌둥의 국제정치사상의 내용을 크게 변화시킨 것 같다. 중국공산당 제9기 전국대표대회에서 보였던 소련에 대한 비난은 계속된다. 1970년 5월 미국이 캄보디아에 쳐들어가자 마오쩌둥은 "전 세계 인민은 단결하여 미 침략자와 그 모든 주구를 때려 부수자"라는 성명을 통해 소련을 언급하지 않으면서도 다음과 같이 말함으로써 결국 미·소를 동렬의 적으로 규정했다. 먼저 마오쩌둥이 말한 내용을 보자.

> 무수한 사실들은 다음과 같은 것을 증명한다. 즉 도(道)를 잃으면 도움이 적다. 또한 약국(弱國)은 능히 강국(強國)을 이길 수 있으며 소국은 능히 대국을 이길 수 있다. 따라서 소국 인민들이 감히 투쟁에 일어서서 용감하게 무기를 틀어쥐고 자국의 운명을 틀어쥐기만 하면 반드시 대국의 침략을 물리칠 수 있는 것이다. 이것은 하나의 역사적 법칙이다.[200]

이 성명에서 '대국'은 분명히 미국을 지칭한다. 그러나 '역사의 법칙' 내용이 너무 추상적이어서 특수한 구체적 상황에서는 '미 제국주의'뿐 아니라 '소련 사회제국주의'까지 지칭할 수 있는 여지가 있다. 당초 '대국'이란 말은 소련의 '대국주의'·'대국배타주의'에 대한 비난에 뿌리를 둔다.[201] 1969년 중국공산당 제9기 전국대표대회 정치보고에서도 소수의 대국배타주의를 단죄하며 대국-소국(형제국), 대당-소당(형제당) 간 상호불간섭을 호소한 바 있다. 또한 소련의 체코 침공사건(1968.8.) 이후 마오쩌둥은 '알바니아 동지'에게 보내는 전보를 통해 "각국 인민은 계속 일어서고 있다. 미 제국주의·소련 수정주의에 반대하는 역사의 새로운 시기가 시작하고 있다"고[202] 하여 '미 제국주의'·'소련 수정주의'의 두 초대국(超大國)을 동렬로 간주한 바 있다. 위에서 인용한 전보에서의 '대국'은 '미 제국주의'뿐 아니라 '소련 사회제국주의'까지 포함한다고 할 수 있다. 이후 '대국'은 일관하여 실제로도 '미 제국주의'·'소련 사회제국주의'라는 두 초대국을 지칭했다. 1970년 8월 1일 건군절(建軍節)에 『인민일보』·『홍기』·『해방군보』 공동사설은 위에서 본 '역사의 법칙'을 인용하고 "당면하여 세계 각국 인민들이 미 제국주의와 소련 사회제국주의에 반대하는 투쟁은 이 진리(역사의 법칙)를 더한층 입증하고 있다. … 이 두 초대국은 지금 서로 타협·경쟁하고 있다"라고[203] 한 것이다.

그러면 '미 제국주의'와 '소련 사회제국주의'라는 두 초대국의 중국 관련 위치는 어떤 것인가? 1970년 5월의 마오쩌둥 성명에서는 "미제가 인도차이나에서 빈사 상태에 허덕이고 있다"고 함으로써 중·미 간 완충지대의 존재를 인정한 것 같다. 그러나 중·소 간에는 완충지대도 없이 1969년 3월 전바오다오 사건 이래 군사적 대치상황이 계속되었다. 따라서 중국이 침략당할 위협을 느낀 것은 '미 제국주의'가 아니라 '소련 사회제국주의'라고 인식하고 있었다고 보아야 할 것이다. 즉 '미제'는 단순한 외적일 뿐 아니라 쇠잔해가는 세력이지만, '소련 사회제국주의'는 패권주의를 추구하는 외적(外敵)임과 동시에 내적(內敵)이라는 점에서 한층 더 위험한 적으로 인식되고 있었다. 이런 우·적 개념은 실제로 당내 지시를 통해 표현된 바 있다.

닉슨 미국 대통령의 중국 방문을 수락한 마오쩌둥은 1971년 7월 20일 당 간부들에게 다음과 같이 닉슨 대통령의 방중 수락 이유를 설명했다.

> 닉슨 초청은 소련수정주의를 고립시키는 중요한 전략배치다. 현 단계의 중·소 모순은 적대모순으로서 우리나라의 국제관계에서 가장 중요한 모순이다. 소련수정주의는 항상 우리나라에 대한 핵공격을 준비하고 있으며, 미제가 소련수정주의와 같은 편에 선다면 소련수정주의는 한층 더 미친 듯이 날뛸 것이다. 미·소의 결탁을 깨는 것은 소련수정주의의 침략적 야심에 대한 중대한 타격이다. … 닉슨 초청은 제국주의 집단의 근간을 동요시켜 제국주의 진영의 대혼란·대분열을 가져올 것이다. 미 제국주의와 종속국가 및 주구(走狗) 집단 사이의 모순을 심화시켜 공산주의가 전 지구상에서 전 인류적 승리를 거두는 위대한 사업에 매우 유리할 것이다.[204]

중·소 모순을 적대모순이라고 함으로써 '소련 사회제국주의'가 주적으로 뒤바뀐 것은 분명해졌으나, 마오쩌둥의 발언이나 다른 자료에서 왜 '미제'보다 '소련 사회제국주의'가 더 위험한 적인가 하는 문제에 대한 설명을 찾아보기 어렵다. 바꾸어 말해서 사회주의를 자처하는 중국의 국가 에고이즘(Egoism)을 이론으로 합리화하는 데 중국은 아직 성공하지 못한 것이다. 중국은 "국제프롤레타리아계급·각국 인민에게 '미 제국주의'만이 아닌 '소련 사회제국주의'도 위험한 적(敵)이다"라고 말할 뿐인 것이다.[205]

이론적으로 합리화시키지 못했기에 외형상 마오쩌둥의 우·적 개념은 소련 사회제국주의=주적(主敵), 미 제국주의=부적(副敵), 세계국가·민족·인민과의 연합으로 규정될 수 있지만, 실제로는 국가 에고이즘에 입각하여 소련을 주적으로 삼고 미국까지도 연합할 수 있는 동지로 보면서 국제징치를 운영해온 것이다. 여기서 양(兩) 초대국론은 더 이상 지탱하기 어려운 실정에 놓이게 되었다. 바꾸어 말해서 "제1중간지대뿐 아니라 제2중간지대에서도 더욱 많은 나라가 다른 형태, 다른 범위로 연합하여 제1, 제2의 초대국에 반대하는 투쟁을 추진하고 있다"라고[206] 하면서도 중·소 대결, 중·미 접근이 이루어지고 있었기 때문에 사실상 3극으로 구성되는 신국제질서가 형성되고 있었던 것이다.

3세계론이 제창되게 된 배경에는 이와 같이 '미 제국주의'·'소련사회제국주의'를 공동의 적으로만 볼 수 없고 '소련 사회제국주의'를 주적으로 삼아 사실상 중·미 접근을 해야만 하는 중국의 국가 에고이즘의 발전이 있었다고 보아야 할 것이다.

3세계론은 1974년 2월 22일 잠비아 대통령 카운다(Kaunda)와의 회견에서 마오쩌둥이 최초로 제기한 것이다.[207] 1977년 11월 1일 『인민일보』에 실린 「세계를 3개로 나누는 문제와 관련된 마오(毛) 주석의 이론은 마르크스-레닌주의에 대한 중대한 공헌이다」라는 논문에 인용된 내용은 다음과 같다.

> 내가 보기에 미국과 소련은 제1세계다. 중간파와 일본·유럽·캐나다는 제2세계다. 우리는 제3세계다. 제3세계 인구가 매우 많다. 아시아는 일본을 제외하고 모두 제3세계다. 아프리카도 제3세계다. … 중국은 제3세계에 속한다. 정치·경제 각 방면에서 중국이 부국이나 대국에 비할 수 없는 반면 비교적 가난한 나라들과 비슷하기 때문이다.[208]

이런 발언을 통해 우리는 마오쩌둥이 제3세계라는 말을 제1세계, 제2

세계와 연관지어 사용하고 있음을 알 수 있다. 과거 '초대국'은 '제1세계'로, '제2중간지대'는 '제2세계'로, '제1중간지대'를 '제3세계'로 규정한 것이다. 마오쩌둥의 이런 착상은 단순한 명사의 문제에 그치지 않고 새로운 대전략론으로서 의미가 있는 것이다. '양(兩)초대국론'으로는 설명할 수 없는 우·적 관계의 변화를 설명하기 위해 기존 '중간지대론'과 절충시킴으로써 나온 것이 '제3세계론'이라 할 수 있다.

대외환경과 대내 상황

중국은 중간지대론적 국제정치사상에 입각하여 "세계의 농촌을 돌아 세계의 도시를 포위한다"는 전략하에 아시아·아프리카지역의 반제·반(半)식민 민족해방운동을 지원하는 식으로 중국의 영향력을 확대하려 했다. 그러나 중국의 지원은 물질적인 것이라기보다는 일종의 정신적인 것에 불과했음을 지적할 수 있다.[209] 이에 반해 소련은 방문외교와 경제 공세를 적극적으로 전개함으로써 결국 아시아·아프리카의 정세는 중국에 불리해지게 되었다. 그뿐만 아니라 중국이 지지하던 인도네시아의 정변이 실패(1965.9.30)로 돌아가 인도네시아 공산당 붕괴까지 초래하는 등, 「인민전쟁승리만세」(린뱌오林彪의 논문)에서 제시된 혁명외교노선이 차질을 빚기 시작했다.[210]

아시아·아프리카 등지에서의 실패와 더불어 그 지역에서 소련의 대중국 경쟁적 외교활동이 적극화하는가 하면, 미국의 월남전 개입이 강화됨으로써 중국 남부의 긴장을 기화로 한 중·소전쟁 가능성마저 우려되었다. 즉 중국은 미국의 월남전 개입을 미국이 세계전략의 중점을 유럽에서 아시아로 돌렸다는 징표로 해석하고 미국의 중국에 대한 공격을 대비하기도 했다고 한다.[211] 동시에 중국은 소련이 미·소 화해 정신에 입각하여 월남의 혁명전쟁을 거세하려 하다고 비난했고, 미군 병력이 1966년 초 20만에 이르자 미국의 병력에 여유가 생긴 것은 소련의 대미 유화정책에서 기인한 것이라고 공격했다. 이 기간 일·소 관계마저 호전됨으로써 중국은 국제적으로 완전히 고립된 것이다.[212]

이런 상황에서 마오쩌둥은 급하다 해서 소련과 타협하는 것이 대내적으로도 분열을 초래하리라고 본 것 같다. 기왕에 소련이 수정주의를 지나 반혁명으로 전환했다고 비난해 왔기 때문에 소련의 지원을 요청하는 것은 명분상 어긋나는 일이기 때문이다. 오히려 마오쩌둥은 중·미 간 전쟁이 벌어지면 중·소동맹 조약을 빙자하여 소련은 중국의 양자강 이북 지역을 장악하려 들 것으로 전망함으로써,[213] 중·소 우호 회복 가능성에 극히 회의적인 입장을 드러냈다. 마오쩌둥의 이런 입장은 1966년 3월 소련공산당 23차대회에 대표 파견을 취소하는 결정으로 구현되었고, 이후 중국은 미·소 양(兩) 초대국에 결연히 반대하는 입장을 견지하게 된 것이다.[214]

불과 1~2년 전까지 주장해 오던 중간지대 국가들과의 국제적 통일전선을 버리더라도 혁명적 동지들과의 단합을 추구하겠다는 마오쩌둥의 주장이 나오게 된 데는 이런 중간지대 외교의 실패가 있었으며, 양(兩) 초대국을 공동적(敵)으로 규정하고 '전 세계 인민'의 반미·반소 투쟁을 고창하게 된 데는 월남전쟁을 계기로 나타난 중국의 안보상 위기의식이 저변에 흐르고 있었던 것이다.

이런 대외환경 외에도 대내적으로 중국은 양극화 논리에 입각한 대외 자세를 취해야 했다. 옥센버그(Michel Oksenburg)도 지적하듯,[215] 마오쩌둥은 대외관계는 자신이 최종결정을 해야 한다고 믿고 있었으나, 외교부가 '류샤오치를 우두머리로 하는 당권파(黨權派)'의 수중에 넘어가 있다는 사실은 마오쩌둥으로 하여금 어떤 방법을 써서라도, 어떤 희생을 치르더라도 당권(黨權)을 탈환하려는 욕구를 불러일으킬 만한 원인이 될 수 있었다. 마오쩌둥의 권력 욕구가 이러했던 한편 문화대혁명을 지도하는 세력들의 입장도 외교부 실무자들과 달랐다. 좌파들은 '순수한 외교정책 노선'을 주장하고 있었다. 즉 중국은 모든 혁명운동을 지원해야 하며 자산계급 정부는 아시아·아프리카·라틴 아메리카 지역의 정부라 할지라도 배척하고, 중국에는 어떠한 외국의 영향도 미칠 수 없도록 그 잔재까지 뿌리를 뽑아야 하며, 무역을 포기하더라도 중국 내의 혁명을 지속해야 한다는 것이 좌파들의 입장이었다.[216]

마오쩌둥이 당권파들로부터 권력을 찾아오려면 좌파들의 지원을 받아야 했을 것이다. 이에 마오쩌둥의 지원을 받아 사기가 비등한 홍위병과 좌파들이 '류사오치를 우두머리로 하는 외교부 내 특권층'을 비판하기 시작했다. 예컨대 1967년 6월 14일자 『외사홍기(外事紅旗)』에서는 "이미 자본주의적 생활방식에 물든 대사나 상무관들은 당의 원칙을 무시하고 … 당회의에 출석하는 일과 조직생활을 하는 일을 면제받으려 한다"고[217] 비판하면서 관료적 생활양식 전반을 공격한 것이다.

그러나 해외의 혁명운동을 지원하는 문제는 중국의 국력으로 보나 외교상 문제로 보나 쉬운 일은 아니었고, 해외에 있는 외교관들이 국내에서 진행되는 혁명에 보조를 맞추어가면서 '혁명중국'의 외교관으로 처신하는 문제도 쉬운 일이 아니었을 것이다.

'조반유리(造反有理)·혁명무죄'[218] 논리에 입각한 국내정치가 국제정치에 확산한 결과로 나타난 최초의 사건은 1966년 8월 22일 홍위병들이 소련대사관을 포위한 일이다. 이후 1966년 12월에는 해외 주재 외교관들이 모두 소환되어 문화대혁명에 참여하도록 강요되었고, 1967년 초부터는 외교부장 첸이(陳毅) 교무(僑務)위원장 랴오청즈(廖承志)에 대한 비판이 시작되었다.

외교부에 대한 공격은 외교부 내의 분열을 가져왔고 이로 말미암아 국제 관례를 무시하는 일들이 벌어져 공산국가들과의 관계도 악화되었다. 예컨대 알바니아·루마니아·월맹을 제외한 공산국가들과 중국 사이에는 상대방의 학생·기자·외교관을 추방하는 사례가 빈번히 일어났고, 북한과도 1966년 10월 10일 노동당창건기념일에 중국공산당 대표단을 파견하지 않을 만큼 관계가 악화되었다. 1966년 8월부터 1967년까지 중국과 다른 공산국가 사이에 47건의 항의가 오갈 정도였다.[219]

비공산국가와 관계에서도 '조반(造反)외교'는 부정적인 결과들을 초래했다. 1966년 8월부터 도쿄에서 마오쩌둥 사상을 선전하면서 '반미·반정부'를 고취한 결과 좌익단체의 '9월 도쿄사건'이 발생하여 일본과의 관계가 악화되었다. 중국 내에서는 외국인 기자·선장·외교관들이 홍위병들로부터 구타당하거나 연금됨으로써 외교 문제로 발전했다. 동남아시아 및 남아시아에 대한 무장폭동 지원은 이들 지역 국가들로 하여금 중국의 활동을 규제하도록 자초했고, 스웨덴·스위스·알제리에서는 중국 외교관들이 마오쩌둥 선집·어록을 배포하다 문제를 일으켰다.[220]

이런 사건들은 극좌노선의 산물이고 그것이 목표로 하는 것은 국내의 수정주의자로 낙인찍힌 '당권파' 또는 '주자파(走資派, 자본주의의 길을 걷는 사람들)'들로부터의 탈권이다. 바꾸어 말해서 1959년 "대약진운동의 실패에 책임을 지고 류사오치에게 국가주석 직을 물려준 후 당에서마저 권한을 제약당하고 있던 마오쩌둥이 조작해낸 혁명 분위기에서 이루어진 사건들"이었던 것이다. 탈권 과정이 진행됨에 따라 국내적으로도 극단적인 양극화가 일어날 수밖에 없었다. 국내 '당권파'·'주자파'들에 대한 비판과 공격은 곧 국제적으로 소련에 대한 비판과 공격의 의미가 있었다.[221]

문화대혁명기에 '전 세계 인민'이 반미투쟁을 위해 채택해야 할 혁명의 보편적 전략·전술로서 '중국의 길'이 제시되고 있던 것은 문화대혁명기 중국 내부에 팽배한 국수주의적 경향을 띤 중국 중심 사상과 관련이 있다. 중국의 문화대혁명 지도자나 좌파들은 중국만이 진정한 마르크스-레닌주의(마오쩌둥 사상으로 구현된)의 중심이며, 중국만이 자본주의 부활로 사회주의국가가 전복되는 것을 막기 위해 적극적으로 노력하는 국가이며, 중국만이 무산계급독재 하에서 혁명을 계속하고 있으며, 중국만이 순수하게 사회주의 문화와 정치 질서를 발전시켜 가고 있다고 주장했다. 따라서 중국이 외국에서 배울 것은 아무것도 없으며, 중국인들의 사회생활에 침투한 외국의 영향은 구습과 함께 적출해 내는 것이 지극히 바람직하다는 입장으로 발전했다.[222] 문화대혁명 지도자들의 '중국'에 대한 우월의식을 살펴보기 위해 린뱌오가 1967년 11월에 행한 「정치를 앞세우자」라는 연설의 일부를 인용해 보자.

> 마오쩌둥은 외국의 진보적 이데올로기—예컨대 마르크스·레닌·스탈린—와 고대 중국의 진보적 이데올로기를 결합시켰다. 그가 그것을 현명하게 결합시켰기 때문에 결과적으로 그것은 인류의 가장 진보적인 이데올로기들이 집중된 대표적인 이데올로기가 되었다. 오늘날 군대와 국가가 해야 할 주요한 과제는 마오쩌둥 사상에 의거하여 중국과 세계의 모습을 바꾸고 계속해서 그것들의 모습을 바꾸어 나가는 일이다.[223]

마오쩌둥 사상이 중국과 세계의 모습을 바꾸는 사상적 지침이라고 주장한 것은 1970년 말 마오쩌둥 자신이 에드가 스노우(Edgar Snow)에게 토로했듯이,[224] 중국 대중이 수정주의와 싸우는 데 힘을 보태기 위해서는 마오쩌둥의 초월적인 권위가 필요했기 때문이기도 했지만, 문화대혁명 지도자들의 '중국'에 대한 우월의식의 표현으로서의 의미도 못지않게 강했던 것을 지적해둘 필요가 있다. 예컨대 린뱌오는 1966년 5월 18일 정치국회의에서 즉석연설을[225] 했는데, 그 내용은 '쿠데타'와 마오쩌둥 찬양에 관한 것이었다. 그중 '쿠데타' 관련 내용을 보면 1960년 이래 1966년까지 아시아·아프리카·라틴 아메리카에서 일어난 61건의 '쿠데타'를 열거하면서 그 책략과 암살 유형을 중국의 역사 사실에 비유하여 분류하고 설명했다. 쟝칭(江青)도 중국 예술에 스며든 소련의 영향을 제거하고 동시에 경극(京劇)을 대체할 수 있는 혁명극을 발전시키기 위해 열성적으로 활동했다고 한다. 문화대혁명기 극좌파들의 문장에서는 혁명 모델을 논의하는 데 마르크스·엥겔스·레닌 등 공산주의 이론가들은 물론 외국 사례도 인용하지 않았음이 발견된다. 외국의 혁명사례를 찬양하는 경우, 그것은 어디까지나 마오쩌둥 사상을 추종했다는 이유에서다.[226]

이런 점에서 볼 때 문화대혁명기 '중국의 길'이 강조된 것은 "사회주의를 배신"한 소련 대신 사회주의혁명을 지도하겠다는 의지 외에도, 전 세계적 차원에서 '중국'이 존중되어야 한다는 '중화사상'이 작용한 결과라고 보아야 할 것이다.

문화대혁명기 마오쩌둥의 국제정치사상과 우·적 개념은 어떤 점에서는 대외 요인보다 대내 요인에 의해 형성된 면이 크다. 그러나 1968년 8월 이후 마오쩌둥의 국제정치사상과 우·적 개념은 소련으로부터 있을지 모르는 대중국 군사적 행동 가능성에 대한 우려와 이를 극복하기 위한 국가에고이즘에 영향을 받게 되었고, 그리하여 소련에 대한 적대적 입장 표현은 훨씬 강력해졌다고 할 수 있다.

소련군의 체코 침공과 이를 정당화하기 위한 「제한주권론」이 공식적으로 표명되고 소련 군대가 중·소국경지대로 이동 중이라는 정보를 입수하자 중국은 1968년 10월 4일 알바니아 대표단의 중국 방문을 환영하는 군중집회를 통해 중국이 소련의 군사적 위협을 받고 있음을 강조하면서 알바니와의 결속을 강조했고,[227] 유고슬라비아와도 무역 관계를 개설하는[228] 등, 소련 이탈 공산국가들에 대한 적극적인 접근을 시작했다. 한편 중국은 미국에 대해서도 평화공세를 전개하기 시작했다. 월맹에 대한 폭격의 전면중지를 선언한 1968년 10월 30일자 존슨(Johnson) 미국 대통령의 성명과 이에 대한 월맹의 11월 2일자 성명을 11월 3일자 『인민일보』에 논평 없이 동시에 게재했다. 1968년 11월 26일에는 외교부 대변인 성명을 통해 닉슨 대통령 취임 이후인 1969년 2월 20일 바르샤바에서 제135차 중·미 대사급 회담을 재개하자고 제의한 것이다.

중·미 대사급 회담이 1955년부터 열리고 있었던 것은 알려진 비밀이지만, 1960년대를 일관하여 중국 측에 의해 그것이 공개적으로 언급된 적이 없었던 데 비해 이를 공개적으로 거론했다는 점이 주목된다. 대체로 3개월 간격으로 개최되어 오던 중·미 대사급 회담이 131차 회의(1966.9.7)까지 정상적으로 개최되어 오다가 문화대혁명기에 불규칙적으로 개최되었다. 그러나 134차 회의가 1968년 1월 8일 개최된 바 있던 점을 감안하면 1969년 2월 20일에 135차 회담을 열자고 굳이 공개적으로 요구할 특별한 이유가 없었다. 더구나 중국 외교부 대변인 성명에서는 대만 문제를 '평화공존 5원칙'에 입각하여 해결하자고 했다. 이는 대미용일 뿐 아니라 전 외국을 상대로 한 것으로, 중국 외교 역사상 중대 변화라 할 수 있다.

이런 변화의 원인은 무엇인가? 월남전에서 중·소가 연합행동을 하자고 제의한 소련을 반박하고 나선 1965년 11월 11일자 중국의 반박문이 발표되자 서방에서는 중·소 분열을 기정사실로 인정했고, 특히 미국에서는 중·

소 분열을 이용해 보려 한 것 같다. 1966년 3월 미 하원 외교위원회의 극동·태평양소위원회가 개최한 아시아 정책 청문회에서는 대중국 화해론과 대중국 접촉론이 나오는 등, 대중국 유연 정책이 논의된 바 있다.[229] 그뿐만 아니라 1967년 10월 닉슨은 《포린 어페어즈(Foreign Affairs)》에 기고한 논문에서 중국의 현실을 인정해야 한다고 주장한 것이다. 미국 측 정책이 변해가고 있음을 본 중국은 미국이 월남전쟁에 50만의 병력을 투입하고도 '인민전쟁'에 시달리는 한편 국내 반전여론 때문에 월남으로부터 명예로운 철수 명분을 찾고 있다고 평가한 것이다.[230]

이렇게 볼 때 중국의 대미 평화공세는 미국의 아시아 정책 변화 가능성을 전제로 미국의 힘을 빌려 소련을 견제하려는 '이이제이(以夷制夷, 오랑캐의 힘을 빌려 다른 오랑캐를 제압)'적 발상에서 나온 것이며, 중국의 대외정책상 커다란 변화였다. 이것은 곧 주적(主敵)이 미국 아닌 소련으로 바뀌어 가고 있음을 뜻했기 때문이다.

중국에 대한 미국의 자세가 바뀌고 소련의 압력이 오히려 강화되는 상황에서 마오쩌둥은 대미 접근으로 중국의 안보위기를 극복해보려 했다. 1968년 11월 26일자 외교부 대변인 성명(중·미 대사급 회담 재개 요청)이 나올 수 있었던 것은 마오쩌둥의 이런 정책적 입장 때문이었을 것이다. 1970년 12월 에드가 스노우를 만난 자리에서 마오쩌둥은 "미국의 좌파는 물론 닉슨 대통령까지도 그가 중국에 온다면 환영하겠다"고[231] 할 만큼 이미 '연미항소(聯美抗蘇, 미국과 손잡고 소련에 대항)' 방침을 세워놓고 있었다.

그러나 이런 마오쩌둥의 변화된 우·적 개념은 공식적으로 표명되거나 정책 노선으로 구현되기가 쉽지 않았다. 그것은 린뱌오 때문이다. 1966년부터 1971년까지 린뱌오의 정치적 영향력은 대단했다. 특히 문화대혁명기에 신장된 세력을 배경으로 중국공산당 제9기 전국대표대회(1969.4)에서 당

부주석이 된 린뱌오는 숙청될 때까지 소위 마오-린 체제에서 대내 정책은 물론 대외정책 면에서도 마오쩌둥과 대립적인 입장에 자주 섰다. 린뱌오는 대미 접근을 구상하는 마오쩌둥과 달리 문화대혁명기의 '조반외교(造反外交)' 노선을 주장했다. 즉 미국이야말로 모든 국제통일전선의 공격대상이므로 '반미'는 '반소'에 우선한다고 주장한 것이다.[232]

린뱌오가 중국의 대외관계와 관련하여 극좌 노선을 주장하는 이유는 사실 간단했다. 즉 문화대혁명의 결실인 중국공산당 제9기 전국대표대회 이후 체제에서 자신의 권한을 더욱 강화해가려면 극좌 노선을 강력하게 밀고 나가야 했기 때문이다. '평화공존 5원칙'에 의한 대미 접근을 허용하면 그것이 결국 국내 체제에도 영향을 미칠 것이며, 그것은 바로 린뱌오 자신의 실각으로 귀결될 것이기 때문이다. 실제로 린뱌오는 중국공산당 제9기 전국대표대회 이후 당료(黨僚) 출신들이 차지하던 직책에 군 출신들을 앉히고, 과거 마오쩌둥을 위해 일하던 당 이론가 챈버다(陳伯達)를 자기 측으로 끌어들임으로써 마오쩌둥의 권위에 도전해가고 있었다.[233]

국제정치사상 또는 우·적 개념에서 마오쩌둥과 린뱌오의 차이는 대내 권력투쟁의 의미가 있었다. 중국공산당 내에서 마오쩌둥과 린뱌오의 권력투쟁이 벌어지는 동안 미국에서는 1967년 가을에 중국의 현실을 인정해야 한다고 주장한 바 있는 닉슨이 1969년 1월 미국 대통령에 취임하여 적극적인 중국 정책을 전개하고 있었다. 1969년 7월 25일 '괌 독트린(Guam Doctrine)'을 발표함으로써 월남에서 미군을 철수시킬 의사를 표시한 뒤 중국에 대해서도 우호적인 조치들을 취했다. 예컨대 중국 여행 제한 완화 및 100달러 미만의 중국산 선물 미국 반입 허용(1969.9.21), 제7함대의 대만 해협 순찰 완화(1969.12.24)에 이어 1971년 2월 25일 의회 연설에서 닉슨 대통령은 중국을 '중화인민공화국'이라는 정식 국호로 호칭하기에 이르렀다.

주변 정세 변화는 마오쩌둥이 대내적으로 벌여야 할 권력투쟁에서 린 퍄오의 노선과 다른 노선을 채택해도 무방하게 전개되고 있었다. 바꾸어 말해서 당시 정세는 린퍄오의 극좌노선이 환영받기 어렵게 조성된 것이 다. 군부를 배경으로 한 린퍄오의 강력한 반대에 부딪힌 마오쩌둥이 대미 접근을 정책 차원에서 실천할 수 있었던 것은 반(反) 린퍄오 쿠데타 계획이 확정되어 그 첫 케이스로 린퍄오의 이론가 역할을 하던 첸버다에 대한 숙 청을 끝낸 1971년 봄 이후 일이다. 마오쩌둥이 완전히 자유로운 분위기에 서 저우언라이와 손잡고 대미 접근을 적극 추진할 수 있었던 것은 1971년 9월 린퍄오 숙청 이후 일이다.[234]

중·미 접근은 아시아 문제에 이해관계가 있는 크고 작은 국가들로 하여 금 대(對)중국 정책과 자세 재정립을 강요했다. 중·일 관계 개선 징후마저 보이자 소련은 대미·대일외교를 강화하여 중국의 영향력 신장을 저지하려 는 데 반해 중소국가들은 1970년 10월 13일 중·캐나다 외교 관계 수립 이 후 각국이 '캐나다 방식'[235]으로 중국을 승인할 것을 결정함으로써 중국은 UN에 가입하게 된 1971년까지 약 60개국과 외교 관계를 맺게 되었다.[236]

중·미 접근이 1972년 2월 닉슨 미국 대통령의 베이징 방문으로 열매 맺 기를 전후하여 중국은 국제정세를 논할 때 "대혼란·대분화·대개조"라는 표현들을 자주 사용했다. 확실히 그것은 당시 국제정세의 흐름을 정확하 게 묘사한 표현이다. 월남전쟁 종결을 계기로 미국의 국제적 개입 정도가 줄어드는 반면 소련의 팽창주의가 강하게 부각되기 시작했고, 제3세계의 발언권이 강화되어갔기 때문이다. 1972~1973년의 몇 가지 경향과 사건들 은 마오쩌둥을 비롯한 중국 지도자들이 새로운 질서가 수립되어가고 있 다고 느끼기에 충분한 것이었다.

첫째, '유럽공동시장(EEC)'에 영국·덴마크·아일랜드가 가입하여 회원국이

9개국으로 늘어났다. 이에 대해 중국은 "최근 수년간 미·소가 유럽에서 벌여온 '타협과 경쟁'은 서유럽 국가들의 절대적인 이익을 위협해왔다. 그것이 서유럽 국가들로 하여금 두 초대국(超大國)에 저항하도록 자극했다"고[237] 평가했다.

둘째, 1973년 1월 27일 미국과 북부월남 사이에 파리평화협정이 체결되었다. 중국이 평가하는 파리협정의 효능은, 이 협정으로 미국이 국제문제에서 막강한 힘을 발휘하기 어렵게 되었다는 데 있었다. 즉 이미 소련이 팽창세를 타고 있고, 유럽과 중동에서는 반미 성향이 강해지고 있을 뿐 아니라 미국 내 여론이 더 이상의 대외개입을 허용하지 않으리라 보았기 때문이다.[238]

셋째, 1972년 이집트에서 소련 군사고문단이 추방되고 1973년 10월에는 아랍-이스라엘 전쟁이 발발했다. 이에 중국은 제3세계 국가들이 그들을 지배하려고 하는 소련에 저항하기 시작했으며 자국의 운명을 스스로 결정하겠다는 의지가 형성되어 간다고 평가한 것이다. 제3세계의 위치에 대한 중국의 이런 평가는 1973년 석유파동으로 더욱 강한 확신으로 변모했다.[239]

1974년 2월 카운다 잠비아 대통령과의 담화에서 세계가 3분되어 있다고 전제하고 중국이 제3세계에 속한다고 한 마오쩌둥의 발언이 있기까지에는 이런 국제정치상의 변화와 이에 대한 마오쩌둥의 해석과 평가가 있었던 것이다.

1 국제문제에 대한 마오쩌둥의 관심 영역과 지식 정도에 대한 논의는 Edgar Snow, *Red Star over China*, pp.76~77; Edgar Snow, *Red China Today* (New York: Vintage Books, 1971), p.177; Anna Louise Strong, "A World's Eye View from a Yenan Cave", *Amerasia*, 11(April, 1947), p.298: Jerome Ch'en(ed), *Mao: Great Lives Observed*(Englewood Cliffs; Prentice Hall, 1969), p.128; John Gittings, *The World and China*, pp.64~65; John Gittings,, "New Light on Mao: His View of the World," *China Quarterly*, 60(December, 1974), p.751 참조.

2 마오쩌둥, 「關于國際新形勢對新華日報記者的談話」, 『선집』 II, p.543.

3 Lowenthal, 같은 책, p.377

4 Gittings, *The World and China*, p.71.

5 마오쩌둥, 「關于國際新形勢對新華日報記者的談話」, 『선집』 II, pp.544~545.

6 코민테른을 통한 모스크바의 조치는 Gittings, *The World and China*, pp.72~73.

7 마오쩌둥, 「關于國際新形勢對新華日報記者的談話」, 『선집』 II p.546.

8 미국에 대해서는 "이 집단은 자기 이익을 위해 한동안 아직은 전쟁에 개입하지 않고 있다. 미 제국주의는 중립이라는 명의로 한동안 어느 쪽에도 참전하지 않으나 장차 활동을 개시하여 자본주의 세계의 영도적 지위를 쟁취하려 하고 있다. 미국 자산계급이 아직은 국내의 민주정치와 평시의 경제생활을 취소할 준비를 하지 않고 있는데, 이 점이 세계 평화운동에 유익한 점이다"라고 함으로써 미국이 본질적으로는 제국주의 세력임을 지적한다. 소련에 대해서는 "자본주의 세계 외에 하나의 광명세계가 있는데 그것은 곧 사회주의 소련이다. 독·소협정은 소련이 세계평화운동을 도울 가능성과 중국의 항일(抗日)운동을 원조할 가능성을 증대시켰다"라고만 했을 뿐, 소련과의 반파시스트 통일전선이나 반제(反帝) 통일전선을 결성해야 한다는 주장이 보이지 않는다. 위의 책 pp.546~547.

9 Schram, *PTMTT*, p.395.

10 위의 책, pp.399~400.

11 위의 책, p.400.

12 마오쩌둥, 「蘇聯的利益和人類的利益的一致」, 『선집』 II, pp.562~563.

13 마오쩌둥은 1939년 12월 21일 스탈린의 회갑을 맞이하여 스탈린이 인류의 구원자라고 찬양하고 스탈린은 중국 인민의 친구라고 역설했다. 마오쩌둥, 「斯大林是中國人民的朋友」, 『선집』 II, pp.618~619.

14 마오쩌둥, 「新民主主義論」, 『선집』 II, p.628.

15 당시 소련에 대한 의구심은 다음과 같은 구절들에서 엿보인다. "우리는 전쟁과 혁명의 시대에 살고 있다. 제국주의 전쟁 와중에 말려들지 않은 소련은 전 세계 피압박인민과 피압박민족의 구원자다.", 마오쩌둥, 「團結到底」, 『선집』 II, p.719. 제국주의 전쟁과 무관하던 소련은 발틱(Baltic)-발칸(Balkan)-근동(Near East)에서 자기 나라의 안전을 강화하기 위해 조치를 강화하고 있다." 1940년 7월 결정, Gittings, *The World and China*, p.80에서 재인용.

16 마오쩌둥, 「論政策」, 『선집』 III, pp.722~723.

17 일·소 불가침협정 이후 소련은 중국공산당에게 일본의 대소 공격을 약화시키기 위해 중국공산당 홍군의 항일전쟁을 강화할 것을 요구했다. 그러나 마오쩌둥은 이 요구를 거절했다. 1942년 옌안에 도착한 코민테른의 연락관 Pavel Vladimirov에 의하면 마오쩌둥은 스탈린을 노골적으로 비판했다. 예컨대 "스탈린은 중국을 모르고, 알 수도 없을 것이다. 그러면서도 모든 것을 아는 것처럼 판단을 내린다. 그가 지껄이는 중국혁명에 대한 이론이라는 것들은 바보의 수다에 불과하다. 코민테른도 마찬가지로 수다를 떤다"라면서 전쟁기 소련의 중국 정책을 크게 비판했다고 한다. Gittings, *The World and China*, p.83.(주)

18 위의 책, p.267.

19 위의 책, p.67 참조.

20 위의 책, pp.67~68 참조.

21 위의 책, p.68 참조.

22 위의 책, p.70 참조.

23 위의 책, p.141. 양대(兩大)진영론이 공식적으로 천명된 것은 1947년 9월 22일 코민포름 창립총회에서 있었던 Andrei Zhdanov의 연설이다. 그는 세계가 제국주의적이고 반(反)민주적인 진영과 반(反)제국주의적이고 민주적인 진영의 양(兩)진영으로 나뉘어 있다고 했다. Alvin Z. Rubinstein (ed.), *The Foreign Policy of the Soviet Union*(New York: Random House, 1972), p.193.

24 마오쩌둥은 1962년 9월 중국공산당 제8기10중전회에서 "1945년 스탈린은 중국혁명을 저지하려 했다. 스탈린은 말하기를 내전을 할 수 없는 상황이기 때문에 장제스와 합작해야 하며 그렇지 않은 경우 중화민족은 멸망할 것이라고 했다"고 하면서 소련의 중국 정책을 비난한 바 있다. 마오쩌둥, 「在八屆十中全會上的講話」, 『毛澤東思想萬歲』, 제1집(台北: 國際關係研究所, 1974), p.432(이하 「만세」I로 약기).

25 마오쩌둥, 「關于目前國際形勢的幾點價計」, 『선집』 IV, pp.1080~1081.

26 Gittings, *The World and China*, p.142.

27 주25 관련 문건을 수록한 『마오쩌둥선집』의 (주)에는 이 문건이 1946년 4월 당시에는 일부 간부들만 회람하고 발표되지 않고 있다가 1947년 12월 중앙회의 때 비로소 인쇄되었다고 설명한다. 또한 당 간부들이 이 문건 내용에 동의함으로써 1948년 1월 발간한 「關于一九四七年十二月中會議決議事項通知」라는 당 공식문건에 수록될 수 있었다고 한다.

28 마오쩌둥, 「和美國記者安娜·路易斯·斯特朗的談話」, 『선집』 IV, pp.1089~1090.

29 전후 탈(脫)식민지화 과정이 1946년 8월경에는 아직 배태기에 있었고 냉전이 아직 격렬해지지 않은 상황에서 더구나 내전에 몰두해 있던 마오쩌둥이 제3의 진영을 정치·지리적 개념으로까지 파악할 수 있었다고는 볼 수 없다는 견해도 있다. Kim, 같은 책, pp.74~75 참조.

30 中村公省, 「中國對外戰略の轉變」, 『アジアクオタリ』, 10권 4호(1978. 10-12), p.49.

31 박봉식, 「中共의 대외정책연구」(1975: 서울대학교 정치학박사 논문), p.37. 그러나 마오쩌둥의 진의는 중국공산당에 대한 소련의 간섭이 줄어들고 있다는 측면에서 스탈린의 국제정치적 조치를 관망하고 있었다는 설도 있다. 1935년 1월 준이(遵義)회의로부터 1945년 4월 중국공산당 7기 전국대표대회까지의 과정은 마오쩌둥의 소련에 대한 자주성 회복과정으로 보아야 한다는 입장에서 나온 것이다. Gittings, *The World and China*, pp.92~93.

32 Chen Po-ta, *Stalin and Chinese Revolution*(Peking: Foreign Language Press, 1953), p.1. 그러나 『毛澤東 選集』에 실린 스탈린 회갑 관련 글에서는 이와 같은 찬사 대신 스탈린은 수난자들에게 방향을 지시하고 원조를 주며, 그렇게 함으로써 인류가 재난으로부터 헤어날 수 있게 하기 때문에 스탈린을 존중해야 한다고 했다. 마오쩌둥, 「斯大林是中國人民的朋友」, 『선집』 II, pp.618~619. 첸버다(陳伯達)의 글이 1953년(스탈린 생전)에 나왔고 『마오쩌둥 선집』 제2권이 1968년에 나온 것으로 보아 『毛澤東 選集』에 실린 글의 내용이 원본을 수정한 것이 아닌가 생각한다.

33 마오쩌둥, 「論聯合政府」, 『선집』 III, p.986 참조.

34 L. P. van Slyke(ed.), *The Chinese Communist Movement*(Stanford: Stanford University Press, 1968), pp.221~225 참조.

35 박봉식, 같은 책, pp.16~18. p.38; Michael B. Yahuda, *China's Role in World Affairs*(Hew York: St. Martin's Press, 1978), pp. 43~44.

36 당시 극동에서의 소련의 정치적 의도에 대해서는 당시 소련 주재 미국대사 Harriman과 직원 Kennan의 보고서에서 상세히 지적된다. U. S. Department of State, *Foreign Relations of the United states: Conference at Malta and Yalta*(U.S.G.P.O, 1955), p.84; U.S. Department of State, *United States Relations*

with China: *Special Reference to the Period of 1944-1945*(U.S.G.P.O, 1949), p.97; "A. Harriman's Statement to Senate Committee on Armed Forces and Foreign Relations on 13 July, 1951", in *Congressional Record*, Vol. 97. Appt. pt 14, pp.5410~5416 참조.

37 신장(新疆)에서 소련의 권리를 5년간 연장하는 문제로 협상하기 위해 소련은 949년 4월 특사를 국민당 정부 (당시 광둥廣東 소재)에 파견하기도 했다. Yahuda, 같은 책, p.44.

38 옌안에 도착한 미국의 대외협력사절단에게 마오쩌둥은 자신과 저우언라이가 미국 대통령을 방문하겠다고 제의했으나 실현되지 않았다고 한다. Gittings, *The World and China*, p.90, p.106.

39 예컨대 중국은 원료공급지가 되고 미국은 중국에 중공업과 자본을 수출함으로써 경제적으로 협력 관계를 맺을 수 있을 거라고 했다. 위의 책, p.98.

40 같은 책, p.92 참조.

41 같은 책, pp.108~113. 마오쩌둥은 Hurley(주중 미 대사)가 중국내전 위기를 조성하고 있다고 비난하는 한편 미국 공산당 총서기 Foster에게 전보를 통해 중·미인민의 이익을 위해 협조할 것을 요청했다. 마오쩌둥, 「赫爾利和蔣介石的雙簧己經破産」, 『선집』 III, pp.1010~1013; 「評赫爾利政策的危險」, 위의 책, pp.1014~1015; 「給福斯特同志的電報」, 위의 책, pp. 1016~1017 참조.

42 Gittings, *The World and China*, p.113.

43 불간섭 명분하에 실제로 장제스에게 우호적인 입장을 취한 미국의 중국 정책에 대해서는 위의 책, pp.116~133 참조.

44 박봉식, 같은 책, p.22.

45 마오쩌둥, 「目前形勢和我們的任務」, 『선집』 IV, p.1141.

46 위의 책, p.1155.

47 Andrei Y. Vishinsky, "Soviet Interpretation of the Marshall Plan; Speech to the UN General Assembly"(1947.9.18), in Rubinstein, *The Foreign policy of the Soviet Union*, pp.202~203.

48 Andrei Zhdanov, "Soviet Policy and World Politics" Speech at the Founding Conference of the Cominform"(1947.9.22.), 위의 책, pp.204~205.

49 마오쩌둥, 「目前形勢和我們的任務」, 『선집』 IV, p.1154.

50 위의 책, p.1155. 그는 다음과 같이 말했다. "제2차 세계대전 중 증강된 미 제국주의의 경제역량은 전후(戰後) 불안정적이고 날로 위축되어 가는 국내시장과 국제시장을 상대하게 되었다. 시장이 감소될 것 같으면 경제위기가 폭발하고 말 것이다. 미국의 전쟁경기는 일시적 현상에 불과하다. 그의 강대한 세력도 표면적이고 일시적일 뿐이다.(국내외의 각종 조화를 이룰 수 없는 모순들이 화산처럼 버티고 있으면서) 미 제국주의를 위협하고 있다. 미 제국주의는 화산 위에 올라앉아 있는 셈이다." 시장을 찾아 제국주의적 침략을 시도한다는 Zhdanov적―더 정확히는 독점자본주의의 특성을 논한 레닌적 논리를 발견할 수 없다. 미국은 불안한 상황에 있다는 것까지만 설명하는 것이다. Schram의 지적에 따르면 ( ) 안 부분은 원본에서는 단순히 "위기가"로만 되어 있다고 한다. Schram, *PTMTT*, p.405.

51 마오쩌둥, 「全世界革命力量團結起來, 反對帝國主義的侵略」, 『선집』 IV, pp.1249~1250.

52 마오쩌둥, 「新民主主義論」, 『선집』 II, pp.628~642.

53 Gittings, *The World and China*, p.151; 中村公省, 같은 논문, p.51 참조.

54 마오쩌둥, 「論人民民主專政」, 『선집』 IV, p.1362.

55 위의 책, pp.1363~1364.

56 5편의 논문은 「去掉幻想, 準備關爭」(1949.8.14),「別了司徒雷登」(1949. 8.18), 「爲什麼討論白史書」(1949.8.28.), 「友誼還是侵略」(1949.8.30.), 「唯心歷史觀的破産」(1949.9.16) 등이다. 이상 『선집』 IV, pp.1372~1406에 수록.

57 中村公省, 같은 논문, p.49.

58 박봉식, 같은 책, pp.26~27 참조.

59 소련군의 만주 철수 과정에서 중국공산당군에 유리한 면이 없지는 않았던 것 같다. 소련군이 1946년 4월 16일 만주의 창춘(長春)에서 철수하자 4월 18일 중국공산당군이 이를 점령할 수 있었다. 1946년 2월 1일 저우언라이는 중국공산당군이 소련으로부터 받은 지원은 비행기 2대분의 약품밖에 없다고 했지만, 소련군의 철수방법-시간과 장소에서 중국공산당군이 현지에서의 편의를 제공한 것은 사실인 듯하다. 그러나 철수하는 소련군의 전리품 운반이 철저하여 중국공산당 측의 불만도 상당했던 것 같다. 위의 책, p.27; Gittings, The World and China, p.149.

60 박봉식, 같은 책, p.27.

61 위의 책, p.28.

62 이 기간 미국은 장제스에 대해 무기공급 외에도 14억 3천 2백만 달러의 원조를 했다고 한다. 제2차 세계대전 이후 1949까지 미국이 장제스에게 제공한 원조는 20억 7백만 달러에 이르렀다고 한다. 위의 책, p.29 참조.

63 마오쩌둥,「解放戰線第二年的戰略方針」,『선집』IV, p.1129.(주 1)

64 박봉식, 같은 책, p.30.

65 위와 같음.

66 中村公省, 같은 논문, p.51 참조.

67 박봉식, 같은 책, p.31.

68 Gittings, The World and China, p.150.

69 박봉식, 같은 책, pp.31~32.

70 위의 책, p.33.

71 위의 책, p.33.

72 마오쩌둥,「論十大關係」,『선집』V, p.286.

73 마오쩌둥,「抵莫斯科時在車站上的演說」,『만세』III, p.4.

74 John Gittings, "The Great Power Triangle and Chinese Policy", China Quartery, 39 (July/September, 1969), pp.41~45 참조.

75 마오쩌둥,「爲爭取國家財政經濟狀況的基本好轉而鬪爭」,『선집』V, pp.15~16.

76 박봉식, 같은 책, pp.6~7.

77 위의 책, p.7.

78 류샤오치(劉少奇)의 연설 내용은 Collected Works of Liu Shao-Chi 1945-1957(Honkong: Union Research Institute, 1969), pp. 175-182, 특히 pp.178~179 참조.

79 Schram, PTMTT, p.379.

80 Yahuda, 같은 책, p.50.

81 마오쩌둥,「三大運動的偉大勝利」,『선집』V, pp.51~52.

82 Yahuda, 같은 책, p.57.

83 박봉식, 같은 책, pp.59~60 참조.

84 John Gittings, Survey of the Sino-Soviet Dispute(London: Oxford University Press, 1968), p.19; Yahuda, 같은 책, p.61 참조.

85 마오쩌둥,「在中國共產黨全國代表會議上的講話」,『선집』V, pp.139~141.

86 마오쩌둥,「在八屆十中全會上的講話」,『만세』I, p.432.

87 중·소 간 통일전선논리 비교는 Gittings, *The World and China*, p.159.

88 중국이 1954년부터 표방한 '평화공존 5원칙'에서의 '평화공존'과 소련 공산당 제1서기 흐루시초프의 '평화공존론'에서의 '평화공존'은 동일개념이 아니다. 중국의 '평화공존'은 주변 국가와의 관계를 우호적으로 조정하려는 목적이 있다는 점에서 10월혁명 이후 레닌이 외교정책 노선으로 내건 평화공존에 가까운 것이라 할 수 있다. 이에 비해 흐루시초프는 소련공산당 20차 대회 연설을 통해 '전쟁은 피할 수 있다', '사회주의로의 평화적 이행', '사회주의 건설의 다양한 길' 등 3가지를 주(主)개념으로 하는 평화공존론을 제기함으로써 레닌적인 평화공존과는 다른 성격의 평화공존을 논했다. 그러나 흐루시초프의 평화공존론도, 자본주의사회의 계급투쟁이 만연함으로써 자본주의의 정치·경제 제도가 결국 붕괴하고 말 것이며 사회주의가 필연적으로 승리하리라는 전제에서 전개되었다는 점에서는 적대적인 체제 사이의 잠정적인 휴전·공존 이상의 의미를 내포하지 않았다. 따라서 레닌과 스탈린의 평화공존관에 크게 어긋나지 않았다고 할 수 있다. 소련 학자들도 평화공존이 단순한 평화만을 의미하지 않고 국제관계에서 더욱 긴밀한 상호협력을 내포한다고 주장하지만, 평화공존을 사회주의국가와 자본주의 국가라는 정반대되는 사회·경제제도를 지닌 국가들 간 관계로 파악하는 것 같다. 박봉식, 같은 책, pp.72~74; 김용구, 「소련국제법이론연구」(서울: 일지사, 1979), pp.81~89; C. D. Kernig(ed.), *Marxism, Conununism and Western Society*(New York; Herder and Herder, 1972) Vol. II, pp.21~23 참조.

89 중국공산당 정권 수립 직전 소련의 중국공산당에 대한 정책은 박봉식, 같은 책, p.38; Adam B. Ulam, *Stalin: The Man and His Era*(New York: The Viking Press, 1973), p.692; Gittings, *Survey of the Sino-Soviet Dispute*, p.14 참조.

90 중국공산당 정권 수립 직후 중국공산당에 대한 소련의 우호적 입장에 대해서는 Max Beloff, *Soviet Policy in the Far East*, 1944-1951(London: Oxford University Press, 1953), pp.68~69; 박봉식, 같은 책, pp.36~37.

91 Gittings, *Survey of the Sino-Soviet Dispute*, p.14.

92 이 조약문들은 Rubinstein, *The Foreign policy of the Soviet Union*, pp.236~242에 수록.

93 박봉식, 같은 책, p.40; Yahuda, 같은 책, p.52.

94 이 사실은 1964년 6월 4일에야 비로소 Izvestia 지에 의해 밝혀졌다고 한다. Gittings, *Survey of the Sino-Soviet Dispute*, pp.48~49.

95 중·소동맹 조약의 효과에 대해서는 Yahuda, 같은 책, p.52.

96 박봉식, 같은 책, p.39.

97 위의 책, p.40.

98 마오쩌둥, 「在成都會議上的講話」, 『萬歲』 I, pp.163~164.

99 마오쩌둥, 「在八屆十中全會上的講話」, 『萬歲』 I, p.432

100 Gittings, *Survey of the Sino-Soviet Dispute*, p.15.

101 중·미 수교 제의에 대한 미국 측 정책과 조치는 Gittings, *The World and China*, pp.163~164.

102 위의 책, pp.165~166.

103 위의 책, pp.170~171 참조.

104 U.S. Department of State, *The United States and the Korean Problem*(U.S.G.P.O, 1953), pp.36~37.

105 박봉식, 같은 책, pp.45~46. Barnett는 미국이 북한의 남침을 국제 공산주의 세력의 '자유권'에 대한 도전으로 간주하여 기타 후속 조치를 취한 것은 계산 착오였다고 한다. 또한 중국이 대만에 대한 미국의 조치를 일본의 과거 중국에 대한 위험과 같은 것으로 간주하여 한국전에 참전한 것도 계산 착오였다고 한다. A. Doak Barnett, *Uncertain Passage: China's Transition to the Post-Mao Era*(Washington: Brookings Institution, 1974), p.249.

106 한국전쟁 초기 중국공산당의 미온적 반응에 대해서는 박봉식, 같은 책, pp.49~54 참조.

107 Allen S. Whiting, *China Crosses the Yalu: The Decision to Enter the Korean War*(Stanford: Stanford

University Press, 1960), p.187.

108 民族問題研究會 編, 『朝鮮戰爭史』(東京: コリア評論社, 1967), p.120.

109 예컨대 1963년 7월 14일 소련은 "중국이 한국전쟁에서 미·소전쟁을 도발하려 했다"고 비난했고, 중국은 7월 18일 "중국은 미·소 정면충돌을 반대했으며, 한국전쟁과 대만해협에서 불가피하게 큰 짐을 짊어졌으며 사회주의진영 방위투쟁의 제1선에서 싸웠다. 그 덕택으로 소련은 안전한 제2선에 머물러 있었다"고 맞섰다. 박봉식, 같은 책, pp.55~56에서 재인용.

110 Yahuda, 같은 책, p.60; Barnett, Uncertain Passage, p.250.

111 마오쩌둥, 「團結起來, 劃淸歡我界線」, 『선집』 V, p.66.

112 Yahuda, 같은 책, p.51, 64.

113 「關於無産階級專政的歷史經驗」, 『人民日報』, 1956.4.5. 이 논문에는 중국공산당 정치국확대회의의 토론에 기초하여 『인민일보』 편집부가 작성했다는 설명이 첨부되어 있다. 이를 근거로 John Bryan Starr는 이 논문 작성에 마오쩌둥이 참여했다고 보아야 한다고 주장한다. Starr, "Mao's Theory of Continuous Revolution", Asian Survey, Vol. 11, No. 6(June, 1971), p.617; Schram, PTMTT, p.92, pp.303~304.

114 Joinnt Publications Research Service, The Miscellany of Mao Tseting Thought (Washington D. C.) Vol. I, pp.37~38; Yahuda, 같은 책, pp.82~83에서 재인용.

115 스탈린이 죽은 지 얼마 안 되어 소련과 유고슬라비아 사이에는 스탈린 시대의 불편한 관계를 청산하는 작업이 추진되었다. Molotov 외상(外相)은 유고슬라비아의 외교관과 접촉을 벌이고 있었으며, 1953년 6월 6일에는 소련과 유고슬라비아의 국교가 정상화되었다. 그 후 1955년 6월 흐루시초프 소련공산당 제1서기는 불가닌 수상(首相)과 함께 유고슬라비아의 수도 베오그라드를 방문, "스탈린의 티토 파문은 베리아(비밀경찰 두목) 등 스탈린 치하의 반인민적 분자의 소행이었으며 과거의 불편했던 관계를 유감으로 생각한다."고 한 것이다. 물론 핵심은 티토 노선을 승인하는 것이었다. David Floyd, Mao against Khruschchev: A Short History of the Sino-Soviet Conflict(New York: Praeger, 1963), p.222 참조.

116 마오쩌둥, 「論十大關係」, 『선집』 V, pp.267~288, 특히 pp.285~287.

117 마오쩌둥, 「在莫斯科會見我國留學生和實習生時的話談」, 『만세』 III, p.16.

118 예컨대 제1기 3차 전국인민대표대회(중국의 국회 격)에서 저우언라이는 "대만의 평화적 해방을 위한 구체적 조치와 조건에 관하여 대만 당국과 대화할 용의가 있으며, 쌍방이 대표를 파견하여 만나자"고 했던 것이다. 이때의 대만 관련 중국의 정책에 대해서는 박봉식, 같은 책, pp.66~67; Yahuda, 같은 책, p.79 참조.

119 마오쩌둥, 「在省市自治區黨委書記會議上的講話」, 『선집』 V, p.341

120 모스크바회의(1957.11.18)에서 마오쩌둥이 했다는 연설의 전문은 구할 수 없다. 중국공산당에서 나온 『人民手册』(天津: 大公報社, 1958)에 일부가 소개되어 있으나 내용의 진위(眞僞) 문제가 따르기 때문에 인용하기 곤란하다. 중소분쟁에서 마오쩌둥의 모스크바 연설내용이 쟁점이 되어, 중·소 모두 자신에 유리한 내용만 보도하는 경향이 있다. 마오쩌둥의 연설 요지는 Gittings, Survey of the Sino-Soviet Dispute, pp.81~82에서 찾아볼 수 있다.

121 Yahuda, 같은 책, p.96.

122 위의 책, pp.97~98.

123 Rubinstein, 같은 책, p.257.

124 Gittings, Survey of the Sino-Soviet Dispute, p.19.

125 스탈린 장례식에 마오쩌둥 대신 저우언라이가 참석했으나 1953년 3월 10일자 Prauda지는 마오쩌둥 사진을 가운데 놓고 스탈린과 Malenkov(당시 소련 수상)의 사진을 좌우로 게재하여 중·소우호를 과시했고, 베이징 주재 소련대사를 군 출신 대신 노조 간부 출신으로 교체시켰으며, '형제당' 내 서열도 폴란드 대신 중국공산당을 1위로 격상시키는 조치를 했다, Floyd, 같은 책, pp.18~19. 또한 1952년 가을부터 시작된 중국에 대한 소련

의 경제원조 교섭이 1953년 여름에는 매듭지어졌다. 물론 1년여에 걸친 교섭 기간이 그 이면의 어려웠던 점을 말해주지만 1953년 9월 15일 마오쩌둥은 Malenkov 소련 수상에게 중국 경제건설에 대해 보내준 소련의 원조를 고맙게 생각한다는 전문을 보내기도 했다. 같은 날 리푸춘(李富春)의 보고서에 의하면 소련은 1959년까지 141개의 신설 및 개조의 대규모 공사를 원조하기로 했다. 소련이 중국에게 보낸 원조 내용은 박봉식, 같은 책, pp.60~61 참조.

126 위의 책, p.62.

127 중국으로서는 제네바회의가 처음으로 맞이하는 국제회의였지만 한국전쟁 참전국이자 인도차이나전쟁에서 호치민(胡志明)의 후원자 역할을 함으로써 처음으로 대국의 자격으로 참가한 셈이다. 저우언라이는 '평화·민족독립·진보를 원하는 아시아 인민의 대변자'로 자처했고 '평화공존 5원칙'의 실현을 통하여 아시아 제국이 공동 노력함으로써 아시아의 영구평화와 집단적 안전을 지켜야 한다고 주장하는 등, 대국으로서의 역할을 자임했다. 또한 저우언라이는 회의 기간 중 베를린에서 별도로 프랑스 총리를 만나 인도차이나 휴전과 아울러 정치적 문제해결 원칙에 합의한 뒤 호치민을 설득, 프랑스와 베트남의 타협점을 찾게 하는 등 배후조정자 역할을 훌륭히 해내기도 했다. 인도차이나 휴전에 대한 '국제감독위원회' 구성문제에도 새로운 제안을 하여 채택되기도 했다. 제네바회의에서 저우언라이의 역할 및 활동에 대해서는 박봉식, 같은 책, pp.78~79; Yahuda, 같은 책, p.68; King C. Ch'en(ed.), *China and the Three Worlds*(White Plains: M. E. Scharpe, 1979), pp.14~15.

128 박봉식, 같은 책, pp.63~64.

129 Edward Crankshaw, *Khruschchev Remembers*(Boston: Little Brown, 1970), pp.374~400.

130 박봉식, 같은 책, p.65.

131 Adam B, Ulam, *Expansion and Coexistence: The History of Soviet Foreign Policy*(New York: Praeger, 1968) p.561.

132 Gittings, *The World and China*, p.198.

133 미국과 대만의 상호방위조약 체결 문제는 1954년 초부터 거론되었고, 아이젠하워 미국 대통령도 1954년 7월 제네바회의가 끝나는 날 상호방위조약 체결 교섭이 진행 중임을 발표했다. 따라서 1954년 9월 3일 중국이 연안 여러 섬에 대해 포격을 시작했기 때문에 이에 대한 반응으로 상호방위조약이 체결되었다는 주장은 선후가 엇갈린 설명이라 할 수 있다. 위의 책, p.197.

134 마오쩌둥,「關于正確處理人民內部矛盾的問題」,『선집』V. pp.363~402.

135 마오쩌둥,「事情正在起化變」,『선집』V, pp.432~439.

136 마오쩌둥,「組織力量反擊右派分子的猖狂進攻」,『선집』V, pp.431~433 참조.

137 마오쩌둥,「一九五七年夏季的形勢」,『선집』V, p.456.

138 Yahuda, 같은 책, p.98.

139 박봉식, 같은 책, p.84.

140 Yahuda, 같은 책, p.114 참조.

141 마오쩌둥,「在八大二次會議上的講話」,『만세』I, p.197.

142 위의 책 p.199.

143 마오쩌둥은 자신이 '중간지대론'을 1946년에 이미 제창했다고 한 바 있다. 마오쩌둥,「和各協作區主任的談話」,『만세』I, p.256;「接見桑給巴爾專家米·姆·阿里夫婦的談話」,『만세』I, p.515 참조. 그러나 1946년 8월 Strong 기자와의 담화에서는 "미국과 소련의 중간에는 매우 광활한 지대가 걸쳐져 있다"라고 했을 뿐, '중간지대'라는 정확한 표현은 쓰지 않았다. 문헌상으로는 1958년 9월 8일 최고국무회의에서 최초로 사용한 것으로 나타난다. 그러나 중국 측의 또 다른 자료에 의하면─신빙성 문제가 있지만─마오쩌둥이 '중간지대'라는 용어를 정식으로 사용한 것은 1957년 11월 18일 모스크바 연설에서였던 것으로 나타난다.「毛澤東同志在蘇聯最高蘇維埃慶祝偉大的十月社會主義革命 四十周年會議上的講話」,『人民手册』(天津: 大公報社, 1958), p.295. 여기에는

"미 제국주의는 미국과 사회주의진영 사이의 중간지대 각국의 내부 사무에 대해서는 특히 제멋대로 간섭하고 있다"라고 적혀 있다. 『人民手冊』의 신빙성에 대해 Samuel S. Kim은 인정하나 Gittings는 부정하는 입장이다.

144 마오쩌둥, 「在最高國務會議上的講話紀要」, 『만세』 I, p.239.

145 Yu Chao-li, "The Forces of the New are bound to defeat the Forces of Decay", *Peking Review*, No. 25(1958), p.89.

146 Yu Chao-Ii, "A New Upsurge in National Revolution", *Peking Review*, No. 26(1958), pp.8~9.

147 Yahuda, 같은 책, p.116.

148 *Chairman Mao Tse-tung's Important Talks with Guests from Asia, Africa and Latin America*(Peking: Foreign Language Press, 1960).

149 마오쩌둥, 「在八屆十中全會上的講話」, 『만세』 I, p.433: Scham(ed.), *Mao Tse-tung Unrehearsed* (Harmondsworth: Penguin, 1974), p. 192에도 이 구절이 있으나 여기에는 주요모순(Principal Contradiction)이라는 표현 대신 'primary Contradiction'으로 되어 있다. 그러나 이 역시 주요모순이라는 뜻으로 해석되어야 할 것이다.

150 Yahuda, 같은 책, p.124. Yahuda는 마오쩌둥이 당8기 10중전회를 전후하여 사회주의진영에 대한 기대를 걸지 않기 시작했다고 보는 데 반해, 나카무라 코세이(中村公省)는 아직도 양대진영론적 입장이 살아있었다고 본다. 즉 중간지대를 중시하긴 하나 제국주의에 저항한다는 점에서 진영(陣營)적 사고가 남아 있다고 보아야 한다는 것이다. 나카무라는 이 시기 마오쩌둥의 국제정세관은 중간지대론을 주(主)로 하고 양대진영론을 종(縱)으로 하는 것으로 보아야 한다는 것이다. 中村公省, 같은 논문, p.54 참조.

151 『人民日報』, 1963.8.3, 1963.11.1. 참조.

152 Peking Review, No.41(1963), "The New 「Holly Alliance」 will end up no better than the Old"; No. 51(1963), "Sixth Comment on the Open Letter of the Open Letter of the CPSU, 12 December, 1963."

153 *Sunday Times*, 1964.1.22.

154 Schram, *Mao Tse-tung Unrehearsed*, pp.198~199.

155 '2개의 초대국'이란 개념은 1963년 10월 22일 발표된 소련공산당 중앙위원회의'공개서한'에 대한 중국공산당 중앙위원회의 비판(제4평)―「신식민지주의의 변호인」에서 처음 사용되었다. 즉 "그들(소련공산당 지도부)은 제국주의와 반목하는 것을 대단히 두려워한다. 때문에 그들은 민족해방운동에 반대하고, 소위 두 개의 초대국에 의한 세계의 세력범위 확정이라는 것에 열을 올리고 있다"고 했다. 『人民日報』, 1963.10.22.

156 마오쩌둥, 「接見日本社會黨人士佐佐木更三, 黑田壽男, 細迫兼光等的親話」, 『만세』 I, pp. 538~539.

157 中村公省, 같은 논문, p.56.

158 이런 구분과 명명은 『人民日報』, 1964.1.21. 사설 「미 제국주의를 반대하는 전 세계의 모든 역량은 연합하자」에서 비롯했지만, 마오쩌둥의 1964년 7월 10일자 일본 인사들과의 담화에서도 되풀이된다.

159 中村公省, 같은 논문, p.54.

160 Yahuda, 같은 책, p.153.

161 먼저 중·소의 주장을 보면 다음과 같다. 중국은 1956년 2월 소련공산당 20차 대회 때부터 중·소분쟁은 이미 시작되었다고 주장한다. 그러나 소련은 1958년으로 본다. 즉 1958년부터 중국에는 민족주의적 경향이 노골화했기 때문에 소련으로서도 중국을 비난하게 되었다는 것이다. 중·소관계의 전환점은 1958년이라는 주장이 유력한 것 같다. 1958년을 전환점으로 보는 견해에 대해서는 박봉식, 같은 책, p.88; Yaliuda, 같은 책, pp.102~103; Gittings, *The World and China*, p.219 참조.

162 Barnett, *Uncertain Passage*, p.256 참조.

163 흐루시초프의 평화공존론에 대해 마오쩌둥은 '평화적 이행' 문제를 중심으로 비판한 바 있다. 1957년 11월 러시아 10월혁명 40주년 기념식에 참석한 마오쩌둥은 '평화적 이행'을 강조하는 것은 공산당의 혁명의지를 약화시키고 나아가 사상적으로 무장해제하는 결과가 된다는 점을 지적하고, 제국주의자들이 결코 자발적으

로 평화공존 5원칙을 수락하지는 않을 것이므로 결국 강제적인 방법밖에 없다고 전제하면서, 이를 위해서는 전쟁을 포함한 모든 투쟁수단을 써야 한다고 주장했다. 마오쩌둥이 흐루시초프의 평화공존론에 반발했다는 사실과 그 내용은 비밀로 되어 있었으나 중·소 간 이념분쟁이 노골화하면서 중국 측이 발표한 소련공산당 비판 제1평「蘇共領導同我們分岐的由來和發展」(1963.9.6.『人民日報』)에서 최초로 공개되었다. 이런 중국의 주장에 대해 소련은 핵전쟁의 가공할 위험을 상기시킴으로써 중국 측 주장의 부당성을 지적하려 했다. 결국 이 문제는 1960년대 전반—흐루시초프 퇴진 이전—민족해방전쟁 지원 문제 등을 둘러싼 중·소간 논쟁의 주요쟁점이 된 것이다. '평화적 이행'을 중심으로 한 평화공존론에 대한 마오쩌둥의 비판 내용은『中蘇論戰文獻: 九評及其他』(香港: 文化資料供應社, 1977), pp.111~114에 수록.

164 Floyd, 같은 책, p.61.

165 Rice, 같은 책, p.159; Yahuda, 같은 책, p.110; G.F. Hudson et al., *The Sino-Soviet Dispute*(New York: Praeger, 1961), pp.35~38.

166 모스크바를 다녀온 마오쩌둥이 고성장률을 전제한 '대약진'을 계획한 것은 마오쩌둥이 당시 국제정세가 '사회주의진영'에 유리하게 조성되고 있다고 판단했기 때문이라는 것이 지배적인 견해다. Roderick MacFarquhar는 "동풍이 서풍을 제압했다"는 마오쩌둥의 말을 상기하면서 국제정세가 사회주의 진영에 유리하다고 판단한 것은 소련이 인공위성과 ICBM 실험에서 미국을 앞섰기 때문이었을 것으로 보았다. Roderick MacFarquhar, *The Origins of the Cultural Revoiution*(New York: Columbia University Press, 1974.), Vol. I., p.317. 모스크바를 다녀온 마오쩌둥이 제2차 5개년 계획의 성장률 재조정을 요구한 이후 계획이 재작성 될 때까지의 경과는 Rice, 같은 책, pp.159-361 참조.

167 '삼면홍기' 노선 채택 배경 및 경과에 대해서는 陳定中,「共匪的總路線·大躍進·人民公社運動」, 張敬文 編,『共匪政治問題論集』(台北: 國際關係研究所, 1975), pp.123~144 참조.

168 의미에 대한 자세한 분석은 이기원,「마오쩌둥 군사사상에 관한 연구」(1974년 서울대 정치학 박사학위 논문), pp.110~118 참조.

169 마오쩌둥은 1958년 7월 말 흐루시초프의 방문 목적을 다음과 같이 설명했다. "1958년 하반기 이후 흐루시초프는 중국 해안을 봉쇄하려고 생각하기 시작했다. 우리나라와 공동으로 함대를 만들어 연해를 지배하고 우리를 봉쇄하려 한 것이다. 그가 우리나라에 온 것은 이 문제 때문이다. 마오쩌둥,「在八届十中全會上的講話」,『만세』I, p.432.

170 Barnett, *China and Major Powers in East Asia*, 신영준 역,『중국공산당의 도전』(서울: 홍성사, 1979), p.50.

171 위의 책, pp.50~51.

172 '삼면홍기' 정책에 대한 흐루시초프의 비판은 박봉식, 같은 책,pp.90~91.

173 중간지대를 거론하면서도 소련에 대한 기대를 버리지 않던 마오쩌둥은 소련에 보낸 축전에서 "의견 차이가 있어 단결하지 못한 상태지만, 이는 일시적인 거라고 확신한다."라고 했다.『人民日報』. 1964.4.17. 참조.

174 박봉식, 같은 책, p.94; Yahuda, pp.110~111.

175 Floyd, 같은 책, pp.261~262에 수록.

176 박봉식, 같은 책, p.94.

177 위자오리(于兆力)가 마오쩌둥의 필명이라는 것은 Gittings, *The World and China*, p.219.

178 「레닌주의 만세」가 마오쩌둥의 논문이라는 것은 Kim, 같은 책, p.65.

179 박봉식, 같은 책, p.96에서 재인용.

180 위의 책, p.99.

181 1963년 8월 15일 중국 정부 대변인은 소련이 중국의 독자성을 누르려고 하던 끝에 급기야 제국주의 집단들과 결탁하여 압력을 가하기 시작했다고 비난하고, 소련에 대해 더 이상 기대하지 않을 것과 소련이 도와주지 않더라도 자력으로 핵을 개발하여 미국의 핵 위협에 대처하겠다고 성명을 발표했다. *Peking Review*, No.

33(1963), pp.7~17 참조.

182 제2중간지대론 이후 중국은 1964년 1월 27일 프랑스와 외교 관계를 수립했을 뿐이다. 제2중간지대 국가들과 외교 수립에 성공한 것은 1970년 10월 캐나다와 수교 후의 일이다.

183 Yahuda, 같은 책, p.154.

184 월남전쟁 개입 문제를 둘러싼 외교정책 논쟁에 대해서는 Allen. S. Whiting, *The China's Calculus of Deterrence* (Michigan: University of Michigan Press, 1975), pp.170-195.; Donald Zagoria, "The Strategic Debate in Peking", Tang Tsou(ed.), *China in Crisis*, II(Chicago: University of Chicago Press, 1968), pp.237~268; Uri Ra'anan, "Peking's Foreign Policy Debate, 1965~1966", 위의 책, pp.23~71; 中村公省, 같은 논문, p.58 참조.

185 Yahuda, 같은 책, p.190, p.202.

186 人民日報·紅旗 편집부, 「駁蘇共新領導的'聯合行動」, 『人民日報』 1965.11.11.

187 중국은 소련이 참가하는 제2차 아시아·아프리카회의를 "분열을 조성하는 행위"라고 비난하면서 1965년 10월 26일 불참을 통고했다.

188 A. M. Halpern, "China's Foreign Policy since the Cultural Revolution", in R. MacFarruar(ed.), *Sino-American Relations, 1941-1971*(New York: Praeger, 1972), p.23. 中村公省도 '美帝·蘇修對全世界人民론이라고 지적함으로써 양극화 지향으로 설명한다. 中村公省, 같은 논문, p.60.

189 Yahuda, 같은 책, p.191.

190 『人民日報』, 1966.11.3.

191 마오쩌둥, 「中國要成爲世界革命的兵工廠」, 『만세』 I, pp.680~681.

192 中村公省, 같은 논문, p.59.

193 人民日報·紅旗·解放軍報 편집부, 「沿着十月社會主義革命開辟的道路前進」(10월혁명 50주년기념논문), 『人民日報』, 1962.11.6. 참조.

194 위와 같음.

195 『人民日報』, 1968.8.23. 저우언라이도 같은 날 루마니아 국경절 연회 연설에서 같은 논조의 주장을 내놓았다. 특히 그는 미국 대통령을 비난할 때만 사용하던 "과거의 히틀러와 똑같은 자들"이라는 칭호를 소련 지도부에 대해 사용했다.

196 Yahuda, 같은 책, p.206.; Rice, 같은 책, pp.461~462.

197 중국공산당 제9차 전국대표대회 정치보고는 린퍄오(林彪)가 했다. 그러나 중국공산당 제10차 전국대표대회 (1973.8.24-28)에서 있었던 정치보고에서 저우언라이는 "제9차 전국대표대회 정치보고가 마오 주석이 친히 기초하신 것임은 누구나 아는 일이다"라고 지적함으로써 중국공산당 제9차 전국대표대회 정치보고는 마오쩌둥의 작품임을 밝혔다. 「在中國共産黨第十次全國代表大會上報告」, 『人民新聞』, 1973.9.1.

198 「在中國共産黨第九次全國代表大會上報告」, 『人民新聞』, 1969.4.28.

199 『紅旗』, 1968.8.

200 마오쩌둥, 「全世界人民團結起來打敗美國侵略者及其一切走狗」, 『人民日報』, 1970.5.21.

201 『人民日報』편집부,「再次關于無産階級專政的歷史經驗」, 『人民日報』, 1956.12.29. 참조.

202 『人民日報』, 1968.9.18.

203 『人民日報』, 1970.8.1.

204 「中共中央關于尼克松來北京訪問的通知」, 『星島日報』(香港), 1972.2.18. 太田勝洪 編譯, 「毛澤東外交路線を語る」 (東京: 現代評論社, 1975), p.250에서 재인용.

205 中村公省, 같은 논문, p.65.

206 『人民日報』, 1972.10.1., 國慶節社論.

207 마오쩌둥 사후 1977년 11월 1일 「毛主席關于三個世界劃分的理論是對馬克思列寧主義的重大貢獻」이라는 논문이 『人民日報』 전면(6면)을 채웠다. 여기서는 마오쩌둥이 아프리카 지도자와 한 이야기라는 것만 표시하고 마오쩌둥의 3세계론 관계 구절을 인용했다. 즉 마오쩌둥 3세계론을 거론할 때 상대가 누구인지 밝히지 않다가 알바니아가 중국의 3세계론에 반발하자 중국 고위관리 왕빙난(王炳南, 중국 인민대외우호협회장)은 China Now(영·중우호협회 기관지) 기자와 회견에서 "아프리카의 지도자는 카운다"라고 밝혔다. Ch'en 같은 책, p.41.; Yahuda, 같은 책, p.266 참조.

208 『人民日報』, 1977.11.1.209 인민전쟁이론에 입각한 중국의 대외혁명지원 유형에 대해서는 Peter van Ness, *Revolution and chinese Foreign Policy: Peking's Support for Wars of National Liberation*(Berkeley: University of California Press, 1970), p.90.

210 尹慶耀, 『中共外交與對外關係』(台北: 國際關係研究所, 1973), p.35.

211 Allen S. Whiting에 의하면, 1965년 9~12월 중국의 3만5천 병력이 월맹지역으로 이동했으며 1966년 봄에는 그 인원이 5만에 이르렀다고 한다. 또한 1966년 1월 중국계 홍콩신문은 중·미전쟁 가능성을 심각하게 논의했다. Whiting, *The Chinese Calculus of Deterence*, pp.170~195, pp.291~293 참조.

212 Yahuda, 같은 책, p.183.

213 월남전쟁을 승리로 이끌기 위해 사회주의국가들(소련 포함)이 협동하자고 설득하기 위해 1966년 2월 중국을 방문한 일본공산당 대표들에게 마오쩌둥은 중·미전쟁이 불가피해졌다고 전제하고 전쟁이 일어나면 미국은 월남(남)과 한국(동북)에서, 일본은 대만과 오키나와에서 중국을 공격할 것이고 이를 기화로 소련은 만주와 몽골 쪽에서 내려와 중국 북부를 차지함으로써 결국 중국군과 소련군이 양즈장(揚子江)을 사이에 두고 대치하게 될 것으로 전망했다. 마오쩌둥의 인터뷰 내용은, Kikuozo Ito and Minoru Shibata, "The Dilemma of Mao Tse-tung", *China Quartely*, No. 35(July/September, 1968.)

214 이런 정책적 입장이 공개적으로 선언된 것은 1966년 5월 11일 발표된 중국·-알바니아 공동성명이다. 이 성명은 "미국을 우두머리로 하는 제국주의와 소련을 중심으로 하는 현대 수정주의 지도집단에 대한 투쟁은 불가분리의 과업이다"라고 했다. *Peking Review*, No. 21(1966).

215 Michel Oksenburg, "The Political Leader", Dick Wilson(ed.), 같은 책 pp.95~96.

216 Yahuda, 같은 책, p.198.

217 *Selections from Chinese Mainland Press*, No. 4004에서 재인용.

218 '造反'이라는 말은 清華大學附中 홍위병들이 붙인 대자보(1966.6.24., 7.4.)에서 자기네들이 "반동파들에게 반항하는 것이 일리가 있다(對反動派造反有理)"라고 한 데서 비롯한다고 마오쩌둥은 말한 바 있다. 마오쩌둥, 「覆清華附中紅衛兵的一封信」(1966.8.1), 『中共文化大革命主要文件集』(台北: 中共研究雜誌社, 1973), p.16 참조. 그 후 1966년 8월 18일 홍위병대집회 대열을 접견하는 자리에서 마오쩌둥이 '造反有理 革命無罪'라는 말을 되풀이함으로써 중국 전역에 걸친 청소년들의 구호가 된 것이다. 나아가 문화대혁명의 특성을 나타내는 말이 되었다.

219 중국이 다른 공산국가에 대해 28건, 다른 공산국가가 중국에 대해 19건(그중 소련의 대중국 항의가 10건)의 항의가 있었다. 尹慶耀, 『中共外交與對外關係』, p.42.

220 위의 책, pp.42~43. 결과적으로 중국공산당은 5개국으로부터 외교관계를 단절당하거나 동결당했다. 다호메이(1966.1.3), 중앙아시아(1966.1.6.), 가나(1966.10.12)로부터는 외교 관계를 단절당했고, 인도(1967.10.31.)로부터는 외교 관계 동결을, 튀니지(1967.9.26)로부터는 중국 측 대사관 폐쇄조치를 당했다. 이들 대부분이 중간지대론에 의한 관계 설정국이다.

221 Byung-joon Ahn, *Chinese Politics and the cultural Revolution*(Seattle: University of Washington Press, 1976), pp.190~194, p.240 참조.

222 Yahuda, 같은 책, p.200.

223 *Chinese Law and Government*, Vol. IV, No.1(Spring, 1973), p.87.

224 Edgar Snow, *China's Long Revolution*(Harmondsworth: Penguin Books, 1977), p.144.

225 *Chinse Law and Government*, Vol. II, No. 4(Winter, 1971), pp.42~62.

226 Yahuda. 같은 책, p.201.

227 이런 내용은 중국인민해방군 총참모장 황융셩(黃永勝)에 의해 강조되었다. *Peking Review*, No. 41(1968), p.9.

228 중국은 1968년 6월 이후 유고슬라비아에 대한 수정주의 비난을 중지해 왔으나 소련의 체코 침공(1968.8.20.) 이후 관계개선이 급진전되어 1969년 2월에는 유고슬라비아 대표단이 중국을 방문했다.

229 尹慶耀, 『中共外交與對外關係』, p.45.

230 Barnett, *Uncertain Passage*, p.276. 월남전쟁에서 미국의 전략변화 및 이에 따른 소련의 아시아 정책에 대한 중국의 평가는 *Peking Review*, No. 10(1966), pp.3~4; No. 15(1966), pp.6~8 참조.

231 Snow, *China's Long Revolution*, p.146.

232 Yahuda, 같은 책, p.221.

233 Ahn, 같은 책, p.244.

234 위의 책, p.247.

235 캐나다와 대사급 외교 관계 수립을 논의하는 자리에서 중국은 중대한 양보를 했다. 즉 중국은 대만에 대한 중국의 주권존중을 강요하지 않고 "중국의 대만에 대한 주권 주장을 캐나다가 주목한다"는 조건을 수락한 것이다. 이런 선례는 많은 국가가 중국 승인을 고려하게 하는 단서가 되었다.

236 Barnett, *Uncertain Passage*, p.273.

237 *Peking Review*, No. 45(1972), p.22.

238 Yahuda, 같은 책, p.239.

239 위와 같음.

IV

마오쩌둥 사후 3세계론과
중국의 대외관계

덩샤오핑의 3세계론

덩샤오핑의 3세계론의 전개 과정

앞서 살펴본 바 있듯이, 마오쩌둥이 3세계론을 처음 거론한 것은 1972년 2월 22일이다. 잠비아 대통령 카운다와 회견하는 자리에서 마오쩌둥은 과거 중국이 제1중간지대라 부르던 곳을 제2세계로, 미·소를 제1세계로 명명하면서 중국이 제3세계에 속한다고 주장한 것이다.

그런데 중국이 제3세계에 포함된다는 주장은 1971년까지 소급해서 기원을 찾을 수 있다. 중국이 유엔에 가입(1971.10.25)한 뒤 당시 중국대표단장 챠오관화(喬冠華) 외교부장은 1971년 11월 15일 중국의 대외정책에 관한 유엔총회 연설에서 "중국은 아직 낙후한 국가이면서 지금 한창 발전도상에 있는 국가다. 중국과 절대다수의 아시아·아프리카·라틴 아메리카 국가들은 모두 제3세계에 속한다"라고 함으로써 유엔에서 절대다수를 점하고 있는 아시아·아프리카·라틴 아메리카 국가들에 대한 접근 의사를 공개적으로 밝혔다.

한편 챠오관화 중국 외교부장의 이 같은 발언은 중국이 가지고 있는 제

3세계 개념에서 제3세계의 범위를 알려주는 최초의 공식발언으로서도 의미가 있다.[2] 이후 중국은 1971년 11월 『홍기』의 논문을 통해 중국이 보는 제3세계의 범위를 밝혔다. 즉 아시아·아프리카·라틴 아메리카·지중해 연안의 중소(中小)국가들과 동유럽 공산국가들까지 제3세계로 지칭하면서, 중국을 제3세계에 포함시켰다.[3] 이런 범위 설정 기준은 밝힌 바 없으나 논문 중의 "제2중간지대는 미국과 소련이라는 두 패권국가를 제외한 서방과 동방의 모든 자본주의 국가를 포괄한다"라는 구절로 보아서는 경제제도를 상당히 중시한 것 같다. 또한 사회제도의 특성도 제3세계 범위 설정의 기준이 된 것 같다. 사회제도의 특성을 고려하지 않고서는 중국을 제3세계에 포함시킬 수 없었기 때문이다.[4]

중국은 자기 나라가 절대다수 국가들로 구성되는 제3세계에 포함되는 이유를 논증하기 위해 여러 가지 이론적 시도를 했다. 서방 학자들의 제3세계 개념과 그 분류기준에 따르면 중국을 제3세계에 포함시키는 것이 논란의 여지가 많았기 때문이다.

예컨대 1974년 1월 22일자 『국제자료』(중국 신화통신 발간)에는 다음과 같이 쓰여 있다.

> 제3세계라는 것은 하나의 발전과정을 거쳐 형성된 것이다. 제2차대전이 끝난 뒤 아시아·아프리카·라틴 아메리카의 민족해방운동 물결이 일어 몇 십 개 나라들이 식민지의 쇠사슬에서 벗어나 민족 독립을 쟁취했을 때 제3세계 개념이 처음으로 나타났다. 1950년대에는 제국주의 진영을 제1세계, 사회주의 진영을 제2세계, 민족독립국가를 제3세계라고 부르는 사람도 있었다. 그러나 세계 인민혁명투쟁과 세계 각국의 기본모순이 발전함에 따라 국제적으로도 대혼란·대분

화·대개조의 새로운 국면이 나타나기 시작했다. 미 제국주의는 날이 갈수록 몰락하고 제국주의 진영은 사분오열되어 가고 있다. 동시에 소련 수정주의 집단들은 자본주의를 부활시킴으로써 사회주의적 소련은 사회제국주의로 변했고, 따라서 사회주의 진영도 존재하지 않게 되었다.[5]

요컨대 제2세계였던 사회주의 진영이 소련의 수정주의 노선으로 사분오열됨으로써 사회주의 진영에 속해 있던 국가들이 설 곳이 없어지는 반면 소련은 이미 제국주의 세력이 되었기 때문에 세력 재편성이 불가피해졌다는 것이다.

이런 과정을 밟아온 '제3세계 일원으로서의 중국'이라는 입장이 1972년 2월 22일자 마오쩌둥·카운다 회견에서 재론되었고, 1974년 4월 10일 스위스 제네바에서 열린 제6차 유엔특별총회에서의 덩샤오핑 연설에서 본격적인 '3세계론'으로 전개된 것이라 할 수 있다.

덩샤오핑이 연설한 제6차 유엔특별총회는 1973년 석유파동 이후 자원문제를 논의하기 위한 회의였다. 3세계론을 공개적으로 선언하는 시점을 자원문제회의 기간으로 설정하고 개발도상국가들로 하여금 국제경제질서 재편을 주장하도록 촉구했다는 사실에, 중국의 3세계론이 제3세계 국가들을 국제질서재편의 주력군으로 설정한 전략이론이며 세계혁명이론이라는 평가를 가능케 하는 것이다.[6]

"천하대란(天下大亂)의 상황에서 세계의 각종 정치역량들이 장기간의 경쟁과 투쟁을 거쳐 급격한 분화와 재편을 하고 있다. … 전후 한때 존재했던 사회주의 진영은 이미 존재하지 않고 있다."라고 서두를 꺼낸 덩샤오핑은 레닌이 제국주의론을 전개하기 위해 창안해낸 자본주의불균등발전론을 원용하여 "서방 제국주의 진영도 붕괴되고 있다"고 전제한 뒤 세계 3분론을 다음과 같이 천명했다.

국제관계 변화를 볼 때 오늘날 세계는 실제로 상호연관을 맺고 있으면서도 3개 방면에서 상호모순을 안고 있다. 즉 세계는 3개 부문 또는 3개 세계로 나뉘어 있다. 미국과 소련은 제1세계를 이룬다. 아시아·아프리카·라틴 아메리카 그리고 기타지역 개발도상국들은 제3세계를 이룬다. 양자의 중간에 있는 발전된 나라들은 제2세계를 이룬다.[7]

사회주의 진영이 이미 존재하지 않고 자본주의 진영도 붕괴되어 온 결과 세계가 3분되었다는 뜻이지만, 덩샤오핑의 이런 국제정치사상 천명은 중대한 의미를 부여할 수 있는 사건이다. '세계3분론'은 중국이 레닌 이래 양대진영적 사고[8]의 틀에서 벗어났다는 징표가 된 것이다. 중·소 분쟁에서 대소 비난·공격을 그처럼 극렬하게 전개하면서도 중국은 기본적으로 양대진영적 사고를 버리지 않고 있었다. 그러나 세계3분론을 계기로 중국은 양대진영론적 사고를 완전히 버리고 중국 특유의 국제정치사상을 형성·전개하게 된 것이다.

마오쩌둥과 덩샤오핑 등 중국 지도자들이 국제관계 변화와 그에 따른 '천하대란' 상황을 '세계3분'으로 규정할 수 있었던 것은 중국의 역사적 경험에 대한 성찰에서 유래했다고 보아야 할 것이다. 중국 지도자들이 중국의 역사적 사실 또는 우화(寓話)에서 분석·유형화 모델을 찾아내어 즐겨 사용했음은 이미 논의한 바 있다.[9] 마오쩌둥 자신 「삼국지연의」를 즐겨 읽었다는 점[10]을 감안하면 세계 3분론은 촉·오·위(蜀·吳·魏)의 3국 정립(鼎立)이라는 역사적 사실에서 착안한 것임을 알 수 있다.

이런 판단에는 상당한 근거가 있다. 1975년 5월 20일 톈진경비구 정치부 강당에서 한 비밀연설에서 중국 외교부장 챠오관화는 세계3분론에 대해 다음과 같이 설명했다.

> 후한 말엽 중국은 경쟁적인 세 나라에 의해 통치되고 있었다. 여러분은 「삼국지연의」를 읽어보았을 것이다. … 마오 주석이 우리에게 고전소설을 읽으라고 한 것은 심심풀이하라는 것이 아니다. … 「삼국지연의」는 어떠한가? 그것을 읽는 데는 목적이 있다. … 셋으로 나뉜 천하가 최후로 진(晉)나라에게 돌아간 데는 두 가지 원인이 있다. 첫째, 오(吳)와 촉(蜀)이 맞서 싸우는 바람에 다른 나라(魏: 필자)가 어부지리를 얻고 오와 촉은 망할 수밖에 없었다. 둘째는 조비(曹丕, 조조의 아들: 필자)가 비록 교활했지만 다음 대에 이르러 사마소(司馬昭)에게 나라를 뺏길 줄은 전혀 생각하지 못했다는 것이다. 이것을 양호위환(養虎爲患)이라 한다. 마오 주석이 지금 세계 1백여 개국을 '3분천하'로 비유한 의의는 이런 점에서 명백해진다."

이상을 종합하여 다음과 같이 말할 수 있다. 3세계론을 계기로 중국은 마르크스-레닌주의적 국제정치사상을 완전히 탈피하고 중국의 역사적 경험에 근거한 분석 모델에 입각하여 자기 나름의 독특한 국제정치사상을 정립할 수 있게 되었으며, 새로운 분석 모델의 발상은 「3국정립」의 역사적 사실에서 연유한 것이다.

제네바에 가서 중국적인 발상에서 유래한 세계 3분론을 제기한 덩샤오핑은 논의의 초점을 전쟁의 원인으로 돌렸다. 이미 마르크스-레닌주의적 발상을 폐기시킨 뒤여서 덩샤오핑은 사회주의와 제국주의 세력 간 분쟁이 전쟁을 유발한다는 종래의 주장을 되풀이하지 않고, 초강대국들의 패권투쟁과 초강대국에 대항하는 다른 나라들의 반패권주의 투쟁이 전쟁을 유발할 것이라고 했다.

먼저 초강대국들의 패권투쟁에 대한 논의를 보자. 덩샤오핑은 초강대국들이 1) 핵무기가 많고, 2) 각박할 정도로 군비경쟁을 해왔고, 3) 국외에 많은 군대를 주둔시키며, 4) 도처에 군사기지를 구축하면서 다른 나라들의 독립과 안전을 위협하고 있기 때문에 새로운 전쟁의 원천을 이룬다고 주장했다. 초강대국들의 패권투쟁이 전쟁을 유발할 가능성이 가장 높은 가운데 그중에서도 전쟁 촉발 가능성이 더 높은 측은 "사회주의의 딱지를 붙이고 있는 초강대국"이라고 지적함으로써 소련의 전쟁 도발 우선순위를 가장 높게 보았다.

다음으로 제2세계와 제3세계의 초강대국에 대한 반패권주의 투쟁 관련 논의를 보자. 초강대국과 개발도상국 사이에 끼어있는 제2세계 중에는 식민지를 계속 착취하는 나라도 있지만, 한편으로는 그들 역시 초강대국으로부터 통제와 위협을 받고 있기 때문에 초강대국의 구속과 지배를 벗어나 민족독립과 주권회복을 하려는 의지가 있다. 그런데 이를 억압할 경우 전쟁이 일어날 수 있다는 것이다.

제3세계 국가들은 정치적 독립 이후 식민지주의적 잔재 청산, 민족경제 발전, 민족독립 확보라는 역사적 과업 수행을 위해 제국주의적 압제에 저항하면서 자유와 발전을 갈구하고 있는데, 그들의 의지를 꺾으려는 제국주의적 압제가 강해지면 그들 역시 전쟁을 벌일 수밖에 없다는 것이다. 한편 이런 제3세계의 민족경제 발전, 민족독립 확보를 위한 노력과 열정이 강력하다는 속성 때문에 제3세계는 세계역사의 수레바퀴를 전진시키는 혁명적 원동력이며 식민지주의·제국주의-특히 초강대국을 타도할 주력군이라는 것이다.

전쟁의 주된 원천으로서 초강대국의 패권투쟁을 지적했기 때문에 미·소간 화해(Detente)의 허구성을 논해야 했던 덩샤오핑은 하나가 다른 하나를 완전히 능가하기 전에는 그들 사이의 모순을 극복할 수 없다고 전제하고, '상호군축', '전략무기 제한' 등은 빈말에 불과하며 협정 따위는 빈껍데기이거나 사기일 뿐이라고 결론지었다. 다만 초강대국들은 거짓 화해를 통해 아직까지 존속하고 있는데, 그들이 존속하는 한 평화란 결코 있을 수 없다고 역설했다. 왜냐하면 그들이 서로 전쟁을 하거나 초강대국의 패권주의에 반대하는 '인민'들이 혁명을 일으킬 수밖에 없기 때문이라는 것이다.

이렇게 전쟁원인론을 전개한 다음 덩샤오핑은 초강대국의 패권투쟁에 의한 전쟁을 막기 위해서는 제3세계가 단결할 것을 주장했는데, 그의 주장 가운데 특별히 주목할 만한 것은 제3세계의 정치적 독립을 확보하기 위해 자원을 무기로 삼아야 한다는 것과 제3세계 국가들끼리의 국제적 협력관계는 주권을 존중하는 평등한 차원에서 이루어져야 한다는 것이다.

먼저 자원의 무기화에 대한 논의를 보자. 덩샤오핑은 자본수출이나 다국적기업을 '제국주의'가 개발도상국을 착취하고 약탈하기 위한 신식민주의적 방법이라고 규정하는 동시에, '경제협력', '노동의 국제적 분업'이라는 미명 아래 사회제국주의도 사회주의국가들과 개발도상국들을 착취해 왔다고 전제한 뒤, 개발도상국들이 제국주의적 경제독점과 약탈을 차단하고 나아가 그들의 경제적 자원과 기타 권리들을 보호하기 위해 필요한 모든 방법을 강구하는 것이 전적으로 정당하다고 주장하면서 다음과 같이 말했다.

최근 중동전쟁에서 아랍국가들은 하나로 단결하여 석유를 무기화함으로써 시온주의와 그 지지자들에게 타격을 주었다. 그들이 한 일은 잘한 일이고 옳은 일이다. 이것은 개발도상국들이 그들의 제국주의에 대한 투쟁에서 취할 수 있는 행동의 선구적 의미가 있다. …
제국주의 독점자본가들이 개발도상국들의 이익에 결정적인 손해를 끼치면서 그들 뜻대로 시장을 조작하고 있는데, 개발도상국이라 해서 그들끼리 단결하여 제국주의적 독점을 깨뜨리고 그들 자신의 경제적 권리와 이익을 보호해서 안 된다는 법이 어디 있는가? 석유전쟁은 인민들의 시야를 넓혀 주었다. 석유전쟁에서 취해진 것과 같은 방법이 다른 자원의 경우에도 적용되어야 하고, 또 적용될 수 있다.[12]

자원의 무기화 못지않게 중요한 것이 자원보호라고 덩샤오핑은 역설했다. 즉 자원보호는 경제적 의미만이 아니라 정치적·군사적 의미까지 있다는 것이다. 군비 확장과 전쟁 준비를 하면서 세계패권을 놓고 다투는 초강대국들이 제3세계의 자원을 강탈하려 할 수밖에 없는데, 이를 막아내지 못하면 정치적 독립도 민족경제 발전도 할 수 없으며, 나아가 초강대국들의 전쟁과 침략을 저지시킬 수도 없게 된다는 것이다. 따라서 민족경제를 발전시키려는 개발도상국은 무엇보다 먼저 자원을 장악하고 생산, 판매, 저장, 수송 문제까지 주권을 행사해야 빈곤과 낙후에서 벗어날 수 있고 나아가 세계평화까지 확보할 수 있다는 것이다.

주권을 존중하는 평등한 차원에서의 국제협력은 제3세계의 경제발전에 제일가는 필수요건이라는 것이 덩샤오핑의 주장이다. 정치적 독립 없이 경제적 독립을 이룰 수 없고, 경제적 독립 없이 정치적 독립 또한 있을 수 없기 때문에 제3세계 국가들은 1차적으로 자력갱생 방침을 견지하되 상호주권 존중·평등·호혜·상호보완적 교역의 기초 위에서 경제·기술교류를 해야 한다는 것이다. 이렇게 해야만 식민주의·신식민주의·강대국 패권주의에 공동 저항하는 제3세계 국가들이 경제발전과 국가건설을 동시에 해나갈 수 있고, 나아가서는 제국주의 초강대국들의 전쟁 도발을 억제할 수 있다는 것이다.

과거 중국은 국제통일전선 결성을 촉구하면서 정치적이고 군사적인 면을 역설하고, 이데올로기적 호소를 해온 것이 상례였다. 그러나 1974년 4월 제네바 유엔총회에서 덩샤오핑 연설을 계기로 중국은 국제통일전선을 경제적 차원에서까지 촉구하게 되었다. 이데올로기 지상주의를 극복하고 실용주의적인 자세를 정립해가는 중국의 면모를 여기서도 발견할 수 있다. 또한 자원 무기화 주장이나 자원보호 주장, 제3세계 국가들끼리의 평등한 협력관계 주장에서 반소(反蘇) 국제통일전선을 결성하여 소련의 국제적 고립을 초래하려는 중국의 의지가 얼마나 강한 것인지 읽을 수 있다.

세계를 3분하고 자원 문제와 제3세계를 결부시킨 덩샤오핑의 논의는 제3세계 국가들의 단결을 통한 경제질서 재편 요구와 투쟁으로부터 국제질서 재편을 유도하려 했다는 점에서 주목할 필요가 있다. 중국이 사회주의국가로서 발전도상국이기 때문에 제3세계에 속한다는 주장이나, 중국은 결코 초강대국이 되지 않겠다는 선언적 발언의 의도는 이제야 명확해진 것이다. 즉 중국은 제3세계 국가들과의 단결을 통해 새로운 국제경제질서를 수립해 감으로써 국제정치적 새 시대의 주역으로 등장하려 했다고 할 수 있는 것이다. 여기에 중국이 중·소 간 대립·모순을 변증법적으로 발전시킨 결과로서 3세계론의 의미가 분명해지는 것이다. 중국은 이미 반소(反蘇)감정의 맥락에서만 대외정책을 논하지 않고 반소를 넘어선 새로운 차원에서 국제질서를 보고, 해석하고, 구상하게 된 것이다.

알바니아의 3세계론 비판과 중국의 대응

덩샤오핑의 3세계론은 비록 내용에서 프롤레타리아 국제주의에 대한 입장, 초강대국들에 대한 구체적인 정책 방향, 대외무역문제 전략 등에 대한 분명한 논의가 빠졌지만, 그럼에도 중국의 대외정책이 흘러가는 방향을 충분히 알 수 있을 만큼 포괄적이면서도 명확한 것이었다. 즉 중국의 대외정책에서 제2세계와 제3세계가 차지하는 중요성이 명확히 드러남으로써 초강대국에 대한 구체적인 정책 방향과 전략 및 프롤레타리아 국제주의에 대한 입장을 능히 추론할 수 있으며, 상호주권 존중을 기초로 한 국제협력관계의 중요성에 대한 논의에서 대외무역 정책 방향도 충분히 감지될 수 있었던 것이다.[13]

덩샤오핑의 연설이 중국 자체의 정책에 미친 영향은 이처럼 절대적이지만 중국의 대외관계에서는 몇 가지 문제를 야기했다. 즉 중국 자신이야 사회주의 진영이 이미 존재하지 않는다고 할 수도 있고, 사회주의국가로서 개발도상에 있는 제3세계의 일원임을 주장할 수도 있었겠지만, 다른 공산국가가 중국과 마찬가지 입장을 취하기 어려웠던 것이다. 한마디로 중국의 3세계론에 대한 개발도상 공산국가들의 지지 문제가 단순하지 않았던 것이다.

3세계론이 발표된 직후 잠시 북한은 스스로 제3세계국가임을 자처했으나 소련의 눈치를 살폈던 것인지 곧 철회하고 말았다. 북부 월남은 3세계론을 거부하면서 사회주의 진영이 건재하고 있음을 주장하고 나섰다. 알바니아는 중국의 반소 입장에 지지를 보냄으로써 3세계론을 인정하고 있었다.[14] 친소 입장이 분명한 동유럽 공산국가와 쿠바가 중국의 3세계론에 냉담한 반응을 보인 것은 논의의 여지가 없다. 따라서 중국의 3세계론은,

공산국가들 중에서는 알바니아로부터만 부정되지 않고 있었다.

그러나 알바니아의 이런 입장은 오래가지 못했다. 1977년 7월 알바니아는 중국의 3세계론을 맹렬히 비난하기 시작했다. 알바니아는 그들 당(알바니아 노동당) 기관지 『인민의 소리(Zeri I Populit)』에 중국의 3세계론을 비난하는 논문을 실었다. 이 논문을 통해 알바니아는 주로 양대진영론을 부인하는 중국의 입장을 공격했다. 즉 자본주의사회 내부에서의 주요모순이 프롤레타리아와 부르주아 사이의 계급투쟁이듯이 국제사회에도 계급투쟁이 있다는 것이다. 이런 계급투쟁적 입장에서 알바니아는 '내 적의 적은 동지다'라는 전제에서 중국이 초강대국을 둘로 쪼개서 미국에 접근하는 것은 무원칙한 정책임을 비난했다. 또한 제2세계와 제3세계론에 대해서도 반대 입장을 표시했다. 제2세계는 자본주의고 제3세계도 결국 이란의 샤(Shah)나 칠레의 피노체트(Pinochet) 같은 반동정권과 한 패거리이기 때문이라는 것이다.[15]

이런 이론적인 비난과 아울러, 알바니아는 중국 관련 행동에서 적대성을 노출했다. 예컨대 중국을 비난한 상기 논문들을 베이징 주재 외국 대사관들에 배포하고, 1977년 유엔총회에서 중국 대표들에게 인사도 건네지 않았으며, 연회에도 동석을 기피했던 것이다. 또한 기회 있을 때마다 중국이 혁명원칙을 배반하고 투항(投降)주의에 빠져있다고 비난했다. 이에 대해 중국은 알바니아가 기회주의에 빠져있으며, 중국 문화대혁명기 4인방(四人幇)들과 결탁되어 있었던 점을 비난했다.[16] 다른 사회주의국가들로부터 아무런 지지도 받지 못할 뿐 아니라, 알바니아로부터 심각한 도전을 받고 있던 중국은 3세계론이 마르크스-레닌주의에 충실한 이론임을 논증하기 위한 장문의 논문을 발표하기에 이르렀다.

1977년 11월 1일자 『인민일보』 전면(6면)을 메운 「세계를 3개로 구분한 마오 주석의 이론은 마르크스-레닌주의에 대한 중대한 공헌이다」라는 제히의 논문을 통해 중국은 3세계론에서 국가와 민족들의 관계를 중시한 것은 외형상 그러했을 뿐이고 본질에서는 세계적인 규모에서의 계급투쟁이라는 중대한 문제를 논하고 있다는 점을 강조했다. 이 논문에서는 마오쩌둥이 세계를 3분한 것을 정당화하기 위해 마르크스·엥겔스·레닌·스탈린의 저작에서 많은 구절을 인용해가면서 그들도 비(非)사회주의국가들 사이의 투쟁을 유형별로 분류했으며, 그들도 가끔 이런 투쟁에 개입했음을 지적했다. 『인민일보』의 논문은 마오쩌둥이 세계를 3분하면서 순수한 마르크스-레닌주의자가 연합할 동지는 누구이고 반대해야 할 적은 누구이며 자기편으로 끌어들여야 할 중간세력은 누구인지를 가려냈다고 주장했다. 이런 논리 전개를 통해 중국이 의도한 것은 마오쩌둥이야말로 레닌과 맥을 같이 한다는 점을 암시하려는 것이다.[17]

중국이 3세계론의 타당성을 입증하기 위해 주로 인용한 것은 레닌의 저작에 나오는 구절들이다.[18] 레닌이 세계를 3분한 사례가 있다고 주장하기 위해 인용하는 문장과 그 인용문에 대한 중국공산당의 해석을 보자.

러시아 10월혁명과 제1차 세계대전이 끝난 후 레닌은 1920년 코민테른 제2차 대표대회에서 「국제정세와 코민테른의 기본임무에 관한 보고」를 했다. 이 보고는 당시 인구 17억 5천만의 세계 각국을 3종류로 명확히 나누고 이런 구분을 국제무산계급 전략·전술의 출발점으로 삼았다. 레닌은 코민테른 보고에서 말하기를 "이것이 제국주의대전 후 세계상황의 윤곽이다. 피압박식민지 인구는 12억 5천만인데 그중에는 페르시아·터어키·중국 등 타국에 의해 분열된 국가가 포함되며, 패전으로 인하여 식민지 지위로 떨어진 국가도 포함된

다.(레닌은 오스트리아-헝가리제국, 독일과 불가리아, 이들과 마찬가지로 전쟁에 의해 식민지와 조

금도 차이가 없게 된 소비에트 러시아를 지칭한 것 같다: 필자) 원래부터의 지위를 누리

고 있는 국가의 인구는 불과 2억 5천만이다. 그러나 이 국가들은 경

제적으로 이미 미국에 의뢰하는 위치가 되었고 전쟁 때는 군사적으

로도 미국에 의뢰해왔기 때문에 전쟁이 전 세계를 휩쓸자 이들 중

어떤 나라도 진정한 중립을 지킬 수 없었다. 마지막은 인구가 2억 5

천만도 안 되는 몇 개 국가들인데(레닌은 여기서 미국, 일본, 영국 등을 지칭하는 것

같다), 이 국가들에서는 상층분자와 자본가만이 세계를 분할하는 데

서 오는 이익을 누릴 수 있다. … 나는 여러분이 이런 상황을 주의하

여 볼 것을 촉구한다. 왜냐하면 혁명을 불러일으키는 자본주의 기

본모순과 제국주의 기본모순, 제2인터내셔날에 격렬한 투쟁을 불러

일으켰던 노동운동 중의 기본모순들이 모두 세계 인구의 이런 구분

과 관련되어 있기 때문이다."

레닌의 이 말은 얼마나 듣기 좋은가? 세계정치역량을 구분하는 문

제에서 그것은 오늘날의 현실에 아주 잘 들어맞는 간단하고도 정확

한 표현인 것이다. … 레닌은 이 보고에서 세계상의 국가를 간단하

게 나누어 버림으로써 자본주의 국가와 사회주의국가의 두 종류로

만 보지 않았다. 오히려 반대로 자본주의세계의 서로 다른 국가들

을 구분하여 세 번째 종류의 국가로 분류했다. 즉 "하나는 압박받

는 식민지 및 반식민지와 패전국이고, 또 다른 하나는 원래의 지위

를 누리고 있는 국가이며, 세 번째는 세계를 분할하는 데서 오는 이

익을 누리는 전승국이다. 동시에 그는 사회주의적 러시아를 피압박

민족·피압박국가와 같은 류에 분류했다."[19]

세계를 3분하는 것이 계급적인 혁명원칙을 배반한 투항주의라고 비난하는 알바니아에 대해 중국은 이처럼 레닌도 세계를 3분한 바 있음을 지적함으로써 자국 입장을 변호하는 한편, 레닌이 소련을 피압박민족·피압박국가와 같은 부류로 분류한 적이 있음을 상기시킴으로써 '제3세계의 일원으로서 중국'에 대한 주장도 유사한 선례가 있음을 강조했다.

이렇게 하여 알바니아의 비난을 반박하고 난 중국은 더 나아가 3세계론의 효용성을 납득시키려는 논의를 전개하기 시작했다. 양분 논리로 세계를 구분하다 보면 중간세력의 처리가 곤란한 문제로 야기된다고 하면서, 3분 논리에 입각한 중간세력의 인정과 그 포섭을 통한 성공사례를 중국의 국내혁명 경험에서 찾아내 제시했다. 즉 마오쩌둥의 「신민주주의론」에 압축된 통일전선전술을 실행함으로써 중국은 중간세력의 지지를 얻을 수 있었으며, 이를 통해 적을 고립시킴으로써 혁명에 성공할 수 있었다고 주장한 것이다. 따라서 세계혁명에서도 서로 다른 사회체제 국가들을 무조건 반동으로만 몰아붙이거나 초강대국과 결탁한 것으로 여기지 말고, 이들에 대한 통일전선전술적 접근을 해야 한다는 것이다.

3세계론의 전략적 효용성을 논의한 뒤 『인민일보』의 논문은 3세계론이 급조된 것이 아니라 역사적인 배경이 있음을 주장했다. 즉 1946년 미국 여기자 안나 루이스 스트롱과의 회견에서 거론된 '미국과 소련의 중간에 있는 광활한 지대'에 대한 언급에서부터 3세계의 발상이 있었다고 주장한 뒤, 1957년 수에즈운하 사건 이후 마오쩌둥이 2개의 모순과 3대세력이 존재하고 있음을 지적했고, 1964년에는 제2중간지대론을 전개해 왔음을 상기시키면서 3세계론이 결코 역사가 일천한 이론이 아님을 역설했다.

끝으로 국제정치적 상황 변화와 소련의 사회제국주의화에서 3세계론 대두의 필연성을 설명하려 했다. 이 문제는 3세계론의 국제정치적 의미와 관련되는 문제이기에 관계 구절을 인용한다.

> 흐루시초프와 브레즈네프 집단은 공산주의 사업을 철저하게 배반
> 했다. 소련은 자본주의를 부활시켰고 아울러 사회제국주의 국가가
> 되었다. 아직까지 중국과 그 외 사회주의국가들이 남아있긴 하지만,
> 과거와 같은 사회주의 진영은 존재하지 않을 뿐 아니라 역사조건도
> 사회주의 진영을 새로이 형성할 것을 요구하지도 않는다. 이와 동시
> 에 제국주의 진영의 많은 국가가 미국의 지휘를 다시는 따르지 않으
> 려 하고, 공개적으로 미국과 갈라서서 싸우는 나라도 있다. 아시아,
> 아프리카, 라틴 아메리카의 절대다수 식민지·반(半)식민지 국가들이
> 힘든 투쟁을 거쳐 잇달아 독립을 선포하고 있다. 세계의 각종 정치역
> 량은 일차 대혼란·대분화·대개조를 거쳐 이제는 일종의 새로운 역사
> 적 형세에 임하고 있다.[20]

중국은 소련의 배반으로 사회주의 진영이 허약해진 상황에서 남아있는
사회주의국가들만으로 사회주의 진영을 꾸려야 한다고 주장하면서, 양대
진영론을 주장하는 것은 아무런 의미가 없을 뿐만 아니라 비생산적이라
고까지 지적했다. 오히려 시급한 것은 양대 초강대국의 패권주의적 야망
을 꺾는 일이기 때문에, 제3세계와 연합하여 양대 초강대국에 대항하면
서 제2세계를 포섭해야 한다는 것이다.

양대 초강대국의 패권주의에 대항하되 공격의 초점은 소련에 두어야 한
다는 주장에서 공산주의 혁명전략·전술 이론으로서 3세계론의 성격이 드
러난다고 할 수 있다. 혁명에서 일차적 타격 대상으로 소련을 지목하는

이유를 중국은 네 가지로 설명했다.[21]

첫째, 신흥 제국주의 세력이기 때문에 훨씬 공격적이고 야망에 차 있으며, 둘째, 경제적으로 여유가 없으면서 방대한 군사시설을 유지하려면 부족분을 충당하기 위해 군사력을 쓸 수밖에 없으며, 셋째, 독점자본주의이면서 동시에 중앙집권화되어 있기 때문에 군사 경제를 강화하거나 군국주의 대국 국수(國粹)주의화하기 쉬우며, 넷째, 최초의 사회주의국가였다는 사실 때문에 사회주의국가를 기만하여 사회제국주의가 아닌 것으로 위장할 수 있다는 것이다.

알바니아가 3세계론을 비난한 의도는 중국의 유고슬라비아에 대한 접근을 이데올로기적으로 공격하겠다는 것이지만, 중국의 이론적 방어를 유발했을 뿐이다. 이를 계기로 3세계론은 이론적으로 더욱 성숙했을 뿐 아니라 대미·대일 접근을 정당화시킬 수 있는 이론으로까지 발전할 수 있었다.[22]

3세계론의 정치·경제학

3세계론과 반패권주의 국제통일전선의 모색: 이론과 실제

스탈린의 전략이론에 의하면, '전략'이란 1) 혁명 과업 규정 2) 혁명의 타격 대상 및 주요 공격 방향 설정 3) 혁명의 주력군 선정 4) 예비군(포섭 대상 및 후원세력) 선정 5) 이들 혁명역량(주력군과 예비군)의 편성계획을 다루는 혁명의 과학이라고 한다.[23]

1977년 11월 1일자 『인민일보』의 논문은 스탈린의 전략개념에 가장 충실하게 쓴 논문이라 할 수 있다. 앞 절에서 보았듯이, 이 논문은 3세계론의 마르크스-레닌주의적 정통성과 전략적 효용성 그리고 이론 자체의 역사성을 논한 뒤, '미 제국주의'의 쇠잔과 자본주의 진영 붕괴 그리고 소련의 사회제국주의화 및 패권추구에 따른 사회주의진영 붕괴라는 맥락에서 3세계론 대두의 필연성을 논했다. 결과적으로 '반제·반식민·반패권주의 투쟁'을 통한 '전쟁정책 반대'라는 '혁명 과업'을 추출해 냈다. 또한 반패권주의 투쟁에서 '타격 대상'이 미·소임을 지적하고 사회주의의 탈을 쓴 제국주의가 더 악랄하기 때문에 '주요 공격 방향'은 소련이라는 점도 지적한 것이다.

이어서 이 논문은, 제3세계와 제2세계가 단결하여 국제통일전선을 결성함으로써 초강대국의 패권주의에 대항할 것을 주장하는데, 이는 위에서 설명한 스탈린의 전략개념에서의 주력군과 예비군 및 이들 혁명역량의 편성계획을 논의한 것이다. 먼저 주력군으로 선정된 제3세계와 예비군으로 선정된 제2세계에 대한 중국의 견해와 혁명역량의 편성계획에 대한 중국의 주장을 보자. 중국은 제3세계가 반제·반식민·반패권주의 투쟁의 주력군이라는 점을 4가지 측면에서 설명했다.[24]

첫째, 30억에 가까운 제3세계 '피압박인민'들은 반(反)식민주의 투쟁을 거쳐 독립한 뒤 자기 군대를 가지고 식민주의의 영향을 배제하기 위해 투쟁하고 있으며, 전 세계 인구의 1/5을 차지하는 중국도 반(半)식민·(半)봉건 국가로부터 사회주의국가가 되어 제3세계 대열에 참여함으로써 중대한 역량을 이룬다는 것이다. 둘째, 제3세계 국가들이 이미 정치적으로는 독립했으나 초강대국은 경제적인 침투방식을 통해 여전히 신생 국가들에게 정치적인 통제·전복·간섭을 시도하고 군사적인 방법으로 자원과 전략요충지를 탈취함으로써 새로운 민족해방전쟁의 발발이 불가피해지고 있다는 것이다. 셋째, 제2차 세계대전 이전과 달리 제3세계 국가들의 단결과 상호지원이 강화되었다는 것이다. 넷째, 제국주의 국가들의 제3세계 탄압역량에는 한계가 있을 뿐 아니라 제국주의끼리 충돌까지 하고 있기 때문에 제국주의의 약점(역량의 한계)과 제국주의 내부의 모순을 이용하면 반패권주의 혁명운동이 부단히 전진할 수 있다는 것이다. 단, 제3세계 개별국가들은 대내 사정이 다르기 때문에 혁명파, 중간파, 반동파 심지어 제국주의의 대리인까지 있으나 총체적으로 보아 제3세계가 반제·반식민·반패권주의 투쟁의 주력군이 된다는 기본적인 사실에는 영향을 미칠 수 없다고 한다.

1974년 4월 10일 제6차 유엔특별총회 연설에서 덩샤오핑은 초강대국과 개발도상국 사이에 끼어있는 제2세계의 입장이 독특한 것이라고 지적한 바 있다. 1977년 11월 1일자 『인민일보』의 논문에서도 제2세계의 양면성을 지적하면서, 이 양면성 때문에 제2세계가 반패권주의 투쟁에서는 연합할 수 있는 역량임을 환기시켰다.

중국이 보는 제2세계의 양면성이란 무엇인가? 제2세계는 대내적으로 독점자본가들에 의해 지배되는 속성 때문에 제3세계에 대한 착취를 계속하려는 속성이 있으나, 대외적으로는 초강대국들의 패권주의에 저항하고 있다는 것이다.[25]

그런데 중국의 주장에 따르면 제2세계란 이런 양면성으로 인하여 자진해서 반패권주의 투쟁에 뛰어들 수는 없기 때문에, 제3세계의 반패권주의 투쟁 과정에서 일정한 조건에서만 연합할 수 있거나 중립을 지킬 수밖에 없다는 것이다.

이상과 같은 제3세계 및 제2세계의 특성 분석에 기초하여 중국은 제3세계와 제2세계가 광범한 국제통일전선을 결성하여 초강대국의 패권주의와 전쟁정책을 타도·패배시키자고 주장했다. 국제통일전선에서의 역량편성계획은 제3세계를 주력군으로 하고 제2세계는 일정한 조건에서 연합역량으로 활용한다는 것이다.[26]

여기서 말하는 '일정한 조건'이란 현실정치적 성격에 의한 양면성으로 인하여 제3세계의 목적인 반제·반식민·반패권주의 투쟁에는 전면 참여시키지 못하고 반패권주의 투쟁에만 참여시킨다는 것을 의미한다.

제3세계와 제2세계가 연합한 국제통일전선의 임무는 첫째, '인민'들에게 전쟁의 위험을 일깨워주는 것이며, 둘째, 반패권투쟁에 전력을 다하고, 셋째, 소강상태에 만족하지 않고 전쟁을 근원적으로 제거해야 한다는 것이다.[27]

지금까지 '반제·반식민·반패권주의 투쟁'에서 혁명역량 선정 및 편성에 대한 중국의 견해와 주장을 살펴보았다. 이제 그 전략적 의미를 논하기로 한다.

　　전략적 의미를 논하려면 이론적인 분석과 아울러 중국과 제3세계 및 제2세계와 관계의 실제를 분석해야 한다. 그래야만 전략적 의미가 선명하게 부각될 수 있기 때문이다.

　　중국이 제3세계를 주력군으로 선정한 것은 제3세계의 전략적 가치가 그만큼 높기 때문이다. 중국 입장에서는 수적으로 단연 우세하고 자원이 풍부하면서 '제국주의적 식민지통치'를 받아 본 역사적 경험 때문에 반제국주의적 성향을 띠는 제3세계는 중국 중심 국제질서를 수립하는 '혁명'에서 최상의 주력군이 아닐 수 없다.[28]

　　제2세계니 제3세계니 긴 이야기를 풀어나가는 중국 외교의 최고 강령적 목표는 결국 중국 중심의 국제질서 수립이라고 봐야 할 것이다. 이것이 어려울 경우 차선(次善)의 목표는 중국 중심 세력권을 형성함으로써 미·소라는 초강대국에 버금가는 아시아 패권적 지위라도 확보하는 데 있다고 봐야 할 것이다. 그런데 이런 차선의 목표마저 달성하기 어려울 경우, 중국으로서는 제3세계에 뛰어들어 영도의 중심이 없어서 조직적 단결력을 행사하지 못하는 제3세계를 자기 주도하에 하나의 세력으로 단결시키고 이들을 친중국화시켜 국제사회에서 중국의 영향력을 확대해야 할 것이다. 이런 점에서 제3세계는 중국 외교에서 매우 유용한 도구가 될 수밖에 없는 것이다.

　　제3세계에 대한 중국의 이런 전략적 평가는 중국 공산화 전략·전술의 특성과 관련지을 수 있다. 공산화하는 데 "장비를 많이 갖추고 있고, 인력을 많이 확보하고 있고, 인민 군중 속에서 지지를 얻어낼 수 있는 사람이면 누구나 전쟁에서 승리를 거둘 수 있다"는 레닌의 가르침을 받아 "게릴라와 인민대중의 관계는 물과 물고기의 관계와 같다"는 명제까지 정립하고 게릴라전을 치밀하게 수행한 것을 보면, 중국이 제3세계를 중시하는 것은 외교정책 목표 달성을 위한 필수 전제가 될 수밖에 없었다고 할 수 있다.

이런 전후 맥락에서 중국은 '중간지대론' 전개와 관련하여 1963년부터 제3세계의 전략적 중요성을 강조해 왔다. 중·소분쟁이 이론투쟁 차원으로 발전한 1963년 소련공산당 중앙위원회로부터 중국공산당에 전달된 편지 (1963.3.30)에 대한 답신에서 중국공산당은 "아시아·아프리카·라틴 아메리카에 세계의 각종 모순이 집중되어 있으며, 이 지역은 제국주의의 통치가 제일 박약한 곳으로서 제국주의에 직접적인 타격을 줄 수 있는 세계혁명 폭풍의 주요 지구"임을 지적하면서 "국제프롤레타리아 계급의 혁명사업에서는 세계 인구의 절대다수를 차지하는 이런 곳의 인민혁명투쟁을 프롤레타리아혁명으로 전환시키는 문제에 신경 써야 한다"고 강조한 바 있다.[29] 이런 주장은 소련을 상대로 한 것이기에 선전적이고 이데올로기적인 색채를 띠지만, 중국의 제3세계관과 제3세계에서 중국이 찾으려는 '이익'이 무엇인지 충분히 읽을 수 있게 한다.

제3세계에 대한 중국 입장에서 주목할 점은 제3세계에 대한 소련의 침투 가능성을 철저히 봉쇄하려 했다는 점이다. 1977년 11월 1일자 『인민일보』 논문에서 "제3세계 국가 내에는 혁명파, 반동파, 중간파, 제국주의 대리인까지 있을 수 있으나 총체적인 면에서 보아 제3세계가 반제·반식민·반패권주의투쟁의 주력군이 되는 데는 영향을 미치지 못한다"는 점을 강조한 바 있다. 이는 소련의 이 지역 침투를 봉쇄하려는 것이었다. 왜냐하면 제3세계를 다시 '혁명성'과 '진보성'을 기준으로 세분하면 제3세계의 분열·

반목을 초래하여 '제4세계'[30]라는 개념을 형성하게 될 뿐 아니라, 분열 그 자체가 소련의 이 지역 침투에 유리하게 작용하리라는 판단에서였다. 아시아·아프리카·라틴 아메리카 국가들로 구성된다는 제3세계에 알바니아·루마니아·유고슬라비아 등 탈소(脫蘇) 동유럽 공산국가를 포함시킨 데서도 중국이 제3세계를 소련과 관계없는 지역이나 반소지역으로 규정하려 했음을 알 수 있다.[31]

소련의 제3세계 침투를 저지하고 영향력을 강화하기 위해 중국은 제3세계의 입장을 지지하고 대변하면서도 직접 개입하지는 않았다. 예컨대 아세안(ASEAN)이나 아프리카단결기구 또는 오페크(OPEC) 같은 제3세계의 '소비재 생산자 기구' 등을 찬성·지지하면서도 사회주의국가로서 중국의 독자성을 이유로 이런 기구에 직접 참여하지 않은 것이다.

그러나 유엔해양법회의·인구회의·식량회의 등에서도 중국은 제3세계의 입장을 지지하고 대변한 결과 제3세계 국가 중 미·소라는 양대 강대국에 대한 중국의 반대 입장을 지지하는 국가들이 늘어나게 되었다.[32]

제2세계가 반패권주의 투쟁의 예비군으로 선정된 것은 제2세계의 양면성 때문이다. 제2세계의 양면성에 대한 논의에서 마오쩌둥의 「모순론」 적용과 대내적 가치 및 규범의 국제적 확산·적용 사례를 발견할 수 있다. 제2세계의 양면성에 대한 분석은 마오쩌둥의 항일 및 공산화 전략에서의 자산계급에 대한 평가와 유사하다. 즉 자산계급이라는 속성 때문에 '인민'을 착취한다는 점에서는 본질상 일본제국주의 및 봉건통치 세력과 같으나 반일이라는 점에서는 '인민'과 행동을 같이할 수 있는 면이 있기 때문에 일정한 조건에서 이들을 반제국주의 투쟁에 참여시킬 수 있고, 시켜야 한다는 것이었다.

제2세계의 특성을 반제국주의 투쟁이라는 맥락에서 규정하고 있기 때문에, 중국은 동유럽 국가 중 체코슬로바키아·폴란드 등 반소·반체제 운동이 일고 있거나 있었던 국가도 제2세계에 포함시켰다.[33]

이런 점에서 볼 때 중국의 제2세계론은 계급적 논리에 입각했으며 마오쩌둥의 「모순론」에 근거한 것이라고 할 수 있다.

그러나 제2세계를 평가함에 『인민일보』가 이런 계급적 모순논리를 바탕으로 양면성을 지적하기 전에 전후 30년간 국제정치에서 세력변화에 따른 모순방면 사이의 반전(反轉)과 변화를 논의한 점이 주목을 끈다. 『인민일보』는 유럽공동체의 발전, 프랑스 대통령 드골의 대미독립노선, 미국의 인도차이나전쟁 정책에 대한 서유럽의 비난과 비판, US 달러 중심 화폐체제 붕괴 등 사례를 지적함으로써 세력 관계 변화라는 시각에서 제2세계의 반미(反美)입장을 논했다.

또한 소련의 서유럽 및 일본에 대한 군사위협과 팽창정책이 제2세계의 반패권주의 투쟁을 자극하고 있다고 지적함으로써 서방적인 국제정치분석 틀을 사용한 점은 중국 국제정치사상 변화와 깊은 관계가 있으며, 중대한 의미를 내포한 것이다.

세력관계 변화에 대한 착안은 세력균형적 사고를 낳고, 이는 다시 세력균형을 위한 제2세계에 대한 외교활동을 자극했다고 할 수 있다. 1970년대 중국의 제2세계 접근은 괄목할 만한 추세를 보였기 때문이다.

중국의 제2세계에 대한 관계에서 가장 활발하게 진행된 것은 무역 분야다. 1971~1975년 중국의 대외무역량이 4배로 늘어났는데, 그중 50%가 서유럽·캐나다·오스트레일리아·일본과의 무역에 의한 것이다. 특히 중국은 이들 나라로부터 선진기술을 도입하고 신식 무기체계의 부속품까지 구입했다.[34]

무역 관계 개선·강화와 더불어 나타난 것이 서유럽에 대한 중국의 정치적 접근이다. 영국, 독일, 프랑스 지도자들이 베이징을 방문했고, 중국에서도 1979년 10월 15일~11월 6일 마오쩌둥 사후 중국공산당 당 주석 화궈펑(華國鋒)이 프랑스, 독일, 영국, 이탈리아 등 서유럽 4개국을 순방했다. 중국은 유럽공동체에 특별한 관심이 있어서 유럽연방론자들보다 적극적인 자세로 유럽공동체가 자력에 의한 방위공동체로 발전할 것을 기대하고 있었다. 그러나 이런 기대가 쉽게 이루어지기에는 서유럽 내부에 복잡한 문제가 많다는 것을 중국도 잘 알고 있었기에 서유럽에 무리한 요구를 하지 않았지만, 서유럽 국가들이 소련의 대유럽 위협과 전쟁 도발 가능성에 대한 중국의 경고와 주장을 대부분 받아들이고 있다는 점은 서유럽에 대한 중국 외교의 큰 성과였다.

1970년대 초 서유럽에 접근하면서도 중국은, 공식적으로는 서유럽의 자본주의적 본질과 대내적 계급분쟁을 지적해 왔다. 즉 서유럽의 지도자와 독점자본가들이 경제위기의 부담을 근로인민대중에게 지우려 한다고 비난한 것이다. 그러나 세력균형에 눈뜨기 시작하면서부터 중국은 자본주의적 본질에도 불구하고 서유럽 국가들에게 정부 차원에서 적극적으로 접근하기 시작했다. 왜냐하면 자본주의 자체의 계급적 본질은 보수적이지만 바로 그 보수적인 본질이 소련의 팽창정책을 반대하게 하는 요인이며, 나아가서는 그들의 언행을 믿을 수 있고 그들의 정책에 대한 전망까지 가능하게 해준다고 판단했기 때문이다.[35]

나토(NATO)의 강화를 지지하고 유럽경제공동체(EEC)와 최혜국 무역협정을 체결하는 등, 대서방 정부 차원의 접근을 강화하면서 중국은 서유럽 공산당들을 더욱 강하게 비난했다.

1970년대 초에도 서유럽 공산당을 수정주의집단으로 지목했지만, 중국이 서유럽 공산당을 외면하는 것은 서유럽 국가들의 정부와의 관계강화

를 통한 대소(對蘇) 견제의 포석으로서 의미가 있다.[36]

이상을 통해 다음과 같이 3세계론을 평가할 수 있다.

첫째, 3세계론은 마오쩌둥의 「모순론」, 세력균형론, 공산주의혁명전략·전술 개념, 중국의 전통적 외교전략 개념의 혼합체라는 것이다. 이론 구성 및 전개 방식에서는 공산주의혁명전략·전술 개념에 입각하는 한편, 국제관계 분석에서 「모순론」을 기조로 하되 세력균형적 개념을 도입했으며, 전략목표 달성의 수단 강구에서 공산주의혁명전략·전술 외에 '이이제이'(以夷制夷, 이 오랑캐의 힘을 빌려 저 오랑캐를 제압)', '합종'(合從, 작은 나라들이 힘을 합쳐 큰 나라에 대항) 등 중국의 전통적 외교전략들이 보태진 것이다.

둘째, 3세계론은 중국의 대외활동 범위를 넓힐 뿐 아니라 서유럽에 대한 접근까지도 합리화할 수 있는 명분으로 활용됐다는 것이다. 3세계론이 이론적으로는 반미·반소를 앞세우기 때문에 이를 명분으로 중국이 제3세계에 영향력을 강화하는 한편 반소(反蘇)를 명분으로 서유럽·일본 등 제2세계에 접근을 시도할 수 있었던 것이다. 특히 이론적으로는 반패권주의 투쟁에만 동원될 수 있는 예비군으로 규정된 제2세계에 대한 접근을 합리화시켜줄 수 있었다는 점에서 3세계론의 이론적 전개는 고도의 전략성을 띤 조치였다고 할 수 있다.

3세계론 이후 중국외교의 새로운 추세

정권 수립 초기부터 문화대혁명기까지 중국의 대외정책은 주로 소련과의 관계라는 대외적 요인에 의해 수립·집행되어 왔다. 그런데 이 기간 소련과의 관계는 국내적 요인인 권력투쟁이라는 문제와 긴밀하게 연결되어 있는 점이 특징이다.[37]

그러나 중·소분쟁이 장기화하고 소련의 중국에 대한 군사적 위협이 노골화하자, 중국은 반패권주의 국제통일전선 결성을 추구하면서 서방에 대한 접근을 모색하는 동시에 이를 합리화하기 위한 3세계론을 전개했다. 또한 국력 강화를 위해 1970년대 후반부터 '4개 현대화'를 시작했다. 중국 입장에서는 세력균형적 현상유지만으로는 중국의 안전을 궁극적으로 보장할 수 없을 뿐만 아니라 나아가서는 중국의 국제적 지위를 강화시키기 어렵다는 판단에서 농업, 공업, 국방, 과학기술의 4개 분야에서 2000년까지 선진국 수준을 확보하겠다는 것이었다.

한마디로 중국은 세력균형 외교를 통해 잠정적인 안전보장을 확보하는 한편 '4개 현대화'로 국력을 강화하려 한 것인데, 세력균형 외교는 '4개 현대화'의 여건 조성 수단이라 할 수 있다. 이런 양면작전을 전개하는 시기에 중국의 대외정책 결정에 영향을 미치는 주요한 변수가 경제발전에 대한 요구라는 국내적 요인으로 바뀌게 된 셈이다. 물론 대소항쟁이라는 요인이 대외정책 결정 요인으로 작용하지 않는 것은 아니지만 우선순위가 바뀐 것이다.

이런 점에서 1980년대 중국외교는 '4개 현대화' 외교라고 특징지을 수 있다.

중국공산당이 '4개 현대화' 계획을 공식적으로 밝힌 것은 1978년 2월 27일부터 3월 5일까지 열린 전국인민대표대회 제5기 1차회의에서다. 당시 국무원 총리 화궈펑이 정부공작보고[38]에서 「국민경제발전 10년계획 요강」을 통해 1976~1985년의 경제발전계획을 밝히고 2000년까지 농업, 공업, 국방, 과학기술의 4개 분야에서 '4개 현대화'를 이룩함으로써 서방 선진자본주의 국가 대열에 끼겠다고 선언한 것이다. 화궈펑의 근대화에 대한 청사진 공표와 아울러 중국은 헌법을 개정하고 그 전문에 "무산계급독재 하에 '계속혁명'을 견지하고 '계급투쟁'을 전개하며 '생산투쟁과 과학실험'을 하는 등, 3대 혁명운동을 함으로써 금세기 내에 우리나라를 농업·공업·국방·과학기술에서 '4개 현대화'된 위대한 사회주의 강국으로 만든다"라고 명시하기에 이르렀다.[39]

물론 화궈평이 제시한 '4개 현대화'의 청사진이 최초의 것은 아니다. 이미 1964년부터 마오쩌둥은 2000년까지 중국을 선진국 대열에 참여시키겠다는 꿈을 막연하나마 피력했고, 문화대혁명의 혼란이 가라앉고 린뱌오(林彪) 사건 후속처리까지 끝난 1975년 1월 전국인민대표대회에서 저우언라이 총리도 4차 5개년 경제발전계획(1976~1980)을 발표하면서 비슷한 '4개 현대화'의 꿈을 밝힌 바 있다. 그러나 저우언라이의 꿈은 4인방 사건을 전후한 정치적 소용돌이 속에 그 실천이 연기되었고, 1978년 2월 전국인민대표대회 5기 1차회의가 열릴 즈음에는 제4차 5개년계획의 기간 내 달성이 불가능하다는 것이 명백해졌다.

때문에 제4차 5개년계획과 제5차 5개년계획이 「인민경제 10년발전계획」으로 통합·조정된 것이다. 따라서 화궈평의 4개 현대화계획은 원래의 계획이 '4인방 사건'으로 연기되고 조정이 불가피해졌기에 그만큼 계획의 내용 자체가 벅찬 것이었다.[40]

'4개 현대화'가 중국외교에 미치는 영향의 심각성은 이미 지적한 바 있지만, 중국 외교의 성격과 전망에 대한 이해를 위해 '4개 현대화' 계획의 중요 목표를 살펴보면 다음과 같이 요약된다.

10개년개획(1976~1985)의 주요 프로젝트 및 그 목표[41]

분야 \ 연도	79 80 81 82 83 84 85	85년의 목표
금속공업	자원탐사와 자원 공동개발/鞍山, 本溪, 石景山, 武漢, 馬鞍山 등의 기존 제철소 개조/ 上海寶山, 河北冀東 등 대규모 제철소 신규건설	10대 철강공장 건설, 조강(粗鋼) 6천만 톤의 생산능력을 갖추고 9개 비철공장 건설 완료.
기계공업	단품 다량생산체제 확립/ 제품 표준화/ 부품생산 전문화/ 70년대 세계 최고 기술 수준 도달/ 농업기계 및 자동차공업 선행/ 省力化 기술 도입	노동생산성을 현재의 2배로 증가시키고 강재(鋼材) 사용률을 70% 이상으로 올린다.
석 유	발해만과 珠江의 일·미·중 공동개발/ 大慶유전 등 기존 대규모 유전의 생산능력 증강(연 4천~5천만 톤)	10개 유전 및 가스 유전 건설
석 탄	兗州, 古交, 大同, 准北 등 대형탄광을 일·미·서독과 공동개발/ 화동, 동북, 중남 지역 주요탄광의 기계화/ 그 밖의 대·중규모 탄광 기계화	8개 탄광 신규 건설/연생산량 10억톤/전국에 12개 상품식량 생산기지 건설.
전 력	대형 화력발전소(30~60만kw) 건설/ 전국적인 고압선 전선망건설/ 장강과 황하에 일본 및 미국과 공동으로 대규모 화력발전소 건설	30개 발전소 신규 건설
석유화학	요소, 합섬을 비롯한 총합적인 석유화학 콤비나트를 베이징, 상하이, 난징, 쓰촨, 大慶, 지린, 란저우 등에 건설	각 성, 시, 자치구에 최소한 1개 이상의 대형 화학비료공장 건설/ 방직원료에 합섬사용을 4% 이상
농 업	농업기계율 70% 이상(1980년까지)/ 헥타르 당 비료 사용량 600kg 이상(1980년까지)/ 농업기계화율 85% 이상(1985년까지)	식량 생산 4억 톤

이 표에서 볼 수 있듯이 '4개 현대화' 계획의 가장 중요한 부문은 금속·기계공업 부문과 석유·석탄 등 에너지 부문으로, 이 부문의 발전은 공업 근대화뿐 아니라 농업 및 국방 근대화에도 기여하는 것이다.

그런데 문제는 이런 계획을 달성하려면 자금과 기술이 필요하다는 것이다. '4개 현대화' 계획 실현을 위한 기본건설 투자에 소요되는 자금은 6천억~8천억 달러로, 이 가운데 10개년계획(1976~1985) 중 120개 대형 프로젝트 건설에 약 3200억 달러로 추산된다.[42] 이에 비해 중국의 대외 지불 능력은 아주 빈약한 실정이었다. 1978년 말 대외 지불 능력은 55억 달러 (외화보유: 20억 달러, 아편 수출에 의한 비축액 10억 달러, 금 보유 20억 달러, 화교 송금액 5억 달러)에 불과하고,[43] 1978년 수출이 100억 달러에 불과[44]하다는 사실을 감안하면 '4개 현대화'에 필요한 자금과 중국의 능력에 얼마나 차이가 나는지 쉽게 알 수 있다.

'4개 현대화'에 필요한 기술 또한 문제다. 화궈펑이 1978년 3월 전국과 학대회에서 발표한 「과학 10년 발전 요강」에 의하면 1985년까지 중국은 전문 과학기술 요원 80만 명이 필요하다고 봤다. 그러나 당시 가용한 과학자나 기술자가 6만5천 명 정도에 불과했고 그나마 고급기술자들이 대부분 70~80세의 고령이라는 사실을[45] 감안하면 중국공산당이 외국으로부터 플랜트를 도입해도 운용할 수 있을지 의문인 실정이었다.

이상과 같은 자금 부족과 기술 부족이 '4개 현대화'를 위해 중국외교를 대서방 밀착으로 방향 짓고 있었다고 할 수 있다.

중국은 이런 막대한 자금 수요를 주로 석유, 석탄 그리고 경공업 제품 수출로 충당하려 했다. 그중 석유가 외화획득원으로 차지하는 비중은 거의 압도적이고, 10개년계획에서는 새로운 유전 개발, 특히 근해유전 개발에 큰 역점을 두었다. 그런데 바로 이 근해유전개발에서 미국이 독보적인 선진기술을 보유하고 있고 일본 또한 해저유전개발에서 기술 수준이 높은 점에도 중국의 대미·대일 밀착이 불가피해지는 까닭이 있는 것이다.[46]

중국이 '4개 현대화'를 서두르는 목적은 그들 자신이 고백하듯이, 중국을 '위대한 사회주의 강국'으로 만드는 것이다. 그런데 '4개 현대화'를 달성하는 데는 자금과 기술도 필요하지만 자국 안보와 주변 정세 안정 또한 중요한 요건이다.

중국이 자국 안보를 위협하는 제1차적인 가상적국으로 보는 것은, 중국이 거듭 암시해 왔고 3세계론에서도 이미 지적되었듯이, 소련이다.[47] 물론 1970년대 말 상황에서 소련이 중국을 전면 공격할 가능성은 그리 높지 않았지만, 중국 북부지방이나 동북부 또는 북서부에서 제한된 정치적 목표를 달성하기 위해 선제 기습공격을 해올 가능성까지 배제하기는 어려웠을 것이다. 중국도 이런 가능성을 배제하지 않았다. 왜냐하면 중국이 추진하던 핵무기 개발이 1984년 이전 소련에 대해 '최소한의 저지력'(minimum credible deference)을 보유할 정도로 진보될 가능성이 농후했고, 중국이 이런 능력을 갖추기 전에 소련이 중국 서북부 지방에 있는 핵시설이나 동북부 또는 북부의 공업시설을 선제공격할 가능성을 배제할 수 없었기 때문이다.[47]

소련이 중국을 공격할 경우 미·소, 소·일 관계는 일시적으로 냉각되고 더욱이 제3세계 국가들의 소련에 대한 지지가 크게 줄어들 것은 충분히 예상되는 일이었으며, 소련도 이 점을 두려워하면서도, 앞으로 중국이 '4개 현대화'를 성공리에 달성함으로써 중·소 간 세력대비는[49] 물론 범세계적 균형이 파괴되고 따라서 소련에 절대적으로 불리한 사태가 초래된다면 소련으로서는 미리 중국의 역량을 약화시키는 조치를 취하지 않을 수 없었을 것이다.

따라서 중국으로서는 필요 이상으로 소련을 자극하지 않으면서 미·일·서유럽과 제3세계 국가들과 외교적 관계를 강화하여, 소련이 중국에 선제 기습공격을 하는 경우 정치적 부작용이 극대화되리라는 점을 소련 측에 인식시킴으로써 소련의 공격을 방지하려 했다.[50]

이런 대소 군사적·정치적 목적을 달성하려면 동북아에서 소련과 대치하는 미·일과 유럽에서 소련의 위협을 받는 나라들과 제휴하는 길밖에 없다. 그뿐만 아니라 소련에 대한 독자적인 억제력을 갖추기 위한 '4개 현대화'—국방 현대화 및 이를 뒷받침할 공업, 과학기술의 현대화—를 위해서도 이들과 제휴하는 길밖에 없었다. 왜냐하면 소련의 중국에 대한 군사적인 압력 자체가 '4개 현대화'가 가져올 소련에 대한 불이익이라는 결과를 두려워하는 데서 연유한 것이라고 볼 수 있기 때문이다. 따라서 '4개 현대화'에 필요한 기술과 자금 지원을 소련으로부터 기대할 수는 없었다. 여기에 이데올로기를 무시한 중국의 대미·대일·대서유럽 접근의 또 하나의 동기가 있는 것이다.[51]

제1차적인 가상적국 소련의 위협을 저지하기 위해서는 미·일·서유럽에 접근하여 세력균형을 통한 소련에 대한 견제력을 확보하고 이들 국가로부터 '4개 현대화'에 필요한 자금과 기술 지원까지 받으려는 두 가지 목적에서 중국은 우선 일본과의 관계를 긴밀히 하기 시작했다.

중국은 1978년 2월 16일 일본과 8년간 200억 달러 상당의 무역을 하기로 협정을 체결한 것을 계기로, 1974년 11월부터 끌어오던 「중·일 평화·우호조약」 체결 교섭도 1978년 5월 10일부터 재개하여 1978년 8월 12일에는 그 체결을 보게 되었다. 특히 「중·일 평화·우호조약」에 일본의 요구에 따라 '제3국 조항'이 삽입되긴 했지만 '반패권조항'도 삽입되었다는 것은 중국 외교에서 큰 성과였다.[52]

일본과의 관계를 긴밀히 다져놓은 중국은 유럽공동체와도 「무역협정의 윤곽을 밝히는 조약(Framework of Agreement)」을 체결했고 1979년 1월 1일자로 중·미 국교를 정상화했으며 1979년 1월에는 '4개 현대화'의 주역 덩샤오핑의 미국 방문까지 이루어졌다.

이와 같은 중국의 대서방 접근과 밀착은 제3세계에 대한 관계를 회생시키면서 이루어진 것이다. 중국은 제3세계의 혁명에 대한 지지를 줄이고 당 차원의 관계보다 정부 차원의 관계에 중점을 두어 왔다. 이런 정책은 제3세계의 혁신사회주의 정당으로부터 많은 비난을 받았다. 중·소분쟁 이후 중국의 가장 밀접한 대소(對蘇) 투쟁의 전우였던 알바니아와의 관계가 파경에 이르게 된 것도—물론 중국과 유고슬라비아의 관계가 현실적인 원인이 되었지만—중국의 제3세계정책 때문이다. 그러나 중국으로서는 '4개 현대화'와 소련과의 세력균형 확보가 무엇보다 중요한 당면과제였기에 제3세계에 대한 혁명의 지원보다는 정부 간 관계에 주력하여 외교적인 지원을 확보할 수밖에 없었다.[53]

3세계론 이후 중국 외교에서는 제1세계를 1차적으로 중시하고—그 입장이 적대적이건 또는 우호적이건—제2세계를 2차적으로 그리고 제3세계는 3차적으로 고려하는 추세를 보였다. 이를 역사의 아이러니로만 돌릴 것인가, '중체서용(中體西用)'과 '변법자강(變法自疆)'을 통해 강국으로 부상함으로써 '중화의 영광'을 재현하려던 청나라 말기 중국의 집념의 소산으로 볼 것인가?

3세계론과 아시아

중국의 아시아 정책 기조

중국은 아시아 국가의 하나로서 대부분의 아시아 국가들과 육지로 접해 있다. 바다를 사이로 떨어져 있다 하더라도 그 폭이 중국 남부지방에서 중국 북부지방에 이르는 거리보다 좁을 뿐만 아니라 주요 도시 및 공업지대가 바다를 향한 평원지대에 주로 분포되어 있기 때문에 바다를 사이로 떨어져 있는 곳도 중국에 대한 공격의 전초기지로서 전략적 의의가 크다고 할 수 있다. 한마디로 중국은 주변 아시아 국가들에 둘러싸여 있는—더 정확히 말하면 포위되어 있는—나라다.

역사적으로 보면 중국에 대한 위협은 중국과 인접한 나라들에 대한 개입의 형태로 시작하여 중국대륙으로까지 번졌다. 예컨대 청나라 말기 중국에서 러시아의 만주 공략이 본토에 대한 '야욕'으로 번졌고, 일본의 한반도 침략이 대륙으로 연장되었으며, 영국의 인도 경영이 중국 남부 광둥(廣東)지방 진출로 이어진 것은 널리 알려진 사실이다. 제2차 세계대전 후에도 미국의 중국 봉쇄정책(Containment Policy)은 한국과 대만 필리핀을 잇는

선에서 이루어졌고, 1969년 여름 소련이 제기한 「아시아 집단안보론」도 중국 주변 국가를 대상으로 한 것이다. 이런 점에서 중국은 자국 안전보장 차원에서 아시아 국가들에 큰 관심을 가질 수밖에 없었다.[54]

그러나 이런 지정학적인 위치 때문에 생긴 정책적 관심 외에도 중국이 아시아에 관심을 갖지 않을 수 없는 원인은 또 있었다. 다름 아닌 아시아가 전통적으로 중국의 정치·문화권에 속해 있던 지역이라는 역사적 사실에서 비롯된 관심이다. 바꾸어 말해서 아시아 국가들이 '중국 중심의 국제질서 체계'(Pax Sinica)를 형성하던 구성원들이었다는 데서 아시아에 대한 중국의 관심은 그 뿌리가 매우 깊은 것이다.[55]

중국에 적대적이던 미국의 중국에 대한 위협이 아시아의 주변 국가를 통해 가해졌듯이, 중국에 대한 미국의 비적대적인 자세도 월남 등 주변 국가의 문제를 통해 표현되었다. 물론 미국의 아시아 정책이 변화한 것은 중국도 지적했듯이, 미국 국력의 상대적 쇠잔 때문이라고 해야 할 것이다. 미국의 아시아 개입 정도가 줄어드는 기미가 보이자 소련은 1969년 6월 「아시아 집단안보론」을 제창하고 1972년부터는 북부월남과 밀착하는 등, 소련이 일약 아시아에서의 최강세력으로 등장했을 뿐만 아니라 군사행동마저도 더욱 강화해왔다. 요컨대 미국의 중국에 대한 포위가 풀리자 소련의 중국에 대한 포위가 시작된 것이다.[56]

중국이 "앞문으로 호랑이가 나가자 뒷문으로 승냥이가 들어왔다"고 풍자한 바 있는 이런 상황이 전개되기 전까지 중국의 아시아 정책은 아시아에서 미국의 우세를 견제하며 미국이 중국 주변지역에 군사기지를 건설하는 것을 저지하는 방향에서 수립·추진되어 왔다. 그러나 소련의 아시아 진출 후로는 중국의 아시아 정책 방향이 바뀌기 시작했다. 첫째, 과거 대미견제책으로 아시아 정책을 추진하던 시절과 달리, 제3세계의 일원으로서 아시아 국가들 사이의 분쟁은 군사적인 방법 아닌 협상을 통해 해결되어야 한다는 입장을 표명하기 시작한 것이다. 협상이 아닌 군사적 해결방식을 찾는다면 초강대국에게 유리한 상황만이 전개되리라는 것이었다.[57] 둘째, 소련의 영향력 부식을 막기 위해 동남아 국가들 사이의 세력균형을 조작하려 했다. 이는 1970년 쿠데타로 시아누크를 몰아낸 캄보디아의 론 놀 정부를 소련이 승인한 것을 보고, 중국은 소련이 인도차이나를 거점으로 동남아시아에 진출하려 한다고 판단했기 때문이다. 1972년 저우언라이가 "인도차이나의 어느 한 국가가 다른 국가들을 지배하는 것을 원하지 않는다"라고 한 것은 소련의 사주를 받는 1국이 동남아시아를 지배함으로써 동남아시아가 중국에 위협 요인이 되는 상황을 예방하려는 정책적 의지의 표현인 것이다.[58]

중·소 간 항쟁이 동남아시아로 옮겨지자, 중국은 위에서 본 바와 같이 동남아시아 국가끼리의 '평화공존'·'세력균형'을 모색하면서 동남아시아 국가들에 접근하기 위해 유연한 자세를 취했다. 원래 동남아시아에는 화교들이 많이 살고 있었기 때문에 소수민족 문제가 심심치 않게 제기되고 있었을 뿐만 아니라, 반정부 폭동이 자주 일어나고 있었다. 따라서 동남아시아 국가들은 중국에 대해 배후조종 혐의를 두고 있었다. 동남아시아 국가들이 1970~80년대에 중국과 20년 이상 적대적인 관계를 유지해온 것은 이런 중국관(中國觀) 때문이다.

그러나 중국의 대외정책 방향이 바뀌어 동남아시아에 대한 유연한 자세가 보이고 중국이 유엔에 가입하는가 하면, 미·일과 화해하면서 서유럽에 대한 접근마저 강화하자 동남아시아 국가들은 중국과 서로 용납할 수 없는 관계에 있었고 따라서 결코 중국을 승인하지 않을 것 같았던 입장에서 벗어나 그들이 먼저 적극적으로 중국에 접근하기 시작했다. 1974년 말

레이시아를 필두로 1975년에는 필리핀, 태국의 정상급들이 중국을 방문했고 1976년 5월에는 리콴유(李光耀) 싱가포르 총리가 중국을 방문했다.

동남아시아 국가들에 대한 외교적 접근에 소련 견제라는 목적이 있었던 만큼, 중국은 리콴유의 중국 방문을 계기로 동남아시아 국가연합(ASEAN)에서 주장하던 '동남아 중립지대화론'을 열렬히 지지한다고 역설함으로써 동남아시아 지역 특히 동남아시아 국가연합 가맹국에 대한 우호적 입장을 더욱 강하게 드러냈다. '동남아시아 국가연합' 국가들에 대한 이와 같은 접근 공세는 이미 월남을 소련에 뺏긴 뒤였기 때문에 취해진 것이다. 즉 중국에게는 '동남아시아 중립지대화' 그 자체도 바람직하지만, 월남을 소련에 뺏김으로써 남쪽에서도 소련의 포위망이 구축되기 시작했기 때문에 이를 돌파하여 동남아시아에서 소련을 역포위하려면 '동남아시아 국가연합'과 제휴하지 않으면 안 되었기 때문이다.

정치·군사적 목적에서 취해졌던 '동남아시아 국가연합' 국가들에 대한 중국의 외교 공세는 '4개 현대화' 계획 추진과 더불어 경제적인 측면까지 더해졌다. 중국이 '4개 현대화' 추진에 필요한 자금을 확보하기 위해 수출을 확대하려 했다는 점은 이미 지적한 바 있다. 중국은 경공업 제품 수출에서도 외화획득을 늘리려 했는데, 동남아시아가 바로 중국 제품의 시장이 될 수 있다고 생각한 것이다. 1978년 여름과 가을에 걸쳐 덩샤오핑과 리셴녠(李先念) 정치국 상무위원이 이들 국가를 방문하여 동남아시아 국가연합의 단결을 더욱 강력하게 지지하는 입장을 표명한 것은 정치·군사·경제적 유대를 강화시키려는 의도에서였다.[59]

이와 같이 동남아시아에서도 중국은 소련과 경쟁하면서 '4개 현대화'의 꿈을 키우기 위해 동남아시아 국가들끼리의 '평화공존'과 '세력균형'을 주장하고, 따라서 중국의 평화적인 이미지를 부각하려고 노력해 왔지만, 아시아의 대국으로서의 권위와 역할을 포기하지는 않았다. 1974년 초 서사 (西沙)군도(Paracel 군도) 영유권 문제로 티우 월남 정부와 대립해 있을 때 중국 은 자국의 주권이 도전받게 될 때는 막강한 군사력을 행사할 준비가 되어 있음을 충분히 과시했다. 아시아 국가들은 원래 중국을 대국으로 인식해 왔고 지금도 아시아의 대국으로 인정하고 있다.[60] 중국 역시 아시아 대국 으로서의 중국이라는 자의식이 있다는 것이 1979년 초 중국과 월남의 전 쟁에서 입증되었다. 중·월(中·越)전쟁 때 중국은 월남에 '교훈'을 주기 위해 '징벌'한 것이라고 중·월전쟁의 성격을 설명했는데, '교훈'·'징벌' 등의 표현은 과거 중국이 천하를 호령하던 시절 종주국으로서의 중국에 대한 월남의 도전을 좌시하지 못하겠다는 어감을 지닌 표현들로, 중국이 자신을 대국 으로 여기는 좋은 증거다.[61] 다만 그런 의식을 노골화하지 않을 뿐이다.

　동남아시아 문제를 통해 보여준 중국의 아시아 정책은 동북아시아에서 도 같은 유형으로 구현되는 것 같다. 즉 '평화공존'·'세력균형'이라는 기본 입장이 구체적인 정책에 투영되어 나타난다는 것이다. 그러나 그 배경은 다르다고 보아야 할 것이다. 동남아시아에서는 소련과 직접 부딪히는 과 정에서 동남아시아에 중국의 영향력을 심기 위해서였다면, 동북아시아에 서의 '평화공존'·'세력균형'은 중·미 화해의 소산으로서 의미가 더 크며, 동 북아시아에서 중국의 영향력을 상실하지 않으려는 노력의 일환이었기 때 문이다. 물론 중·미 화해가 소련과의 항쟁이라는 요인에 의한 것이라는 점 에서는 동북아시아에서의 '평화공존'·'세력균형' 모색도 중·소관계와 결코 무관한 것은 아니다. 그러나 보다 직접적인 원인은 동북아시아의 평화적 인 현상 유지를 희망하는 미국과 제휴하기 위해서는 미국의 요구를 들어 주어야 했던 데 있었다고 할 수 있다.

　한반도는 미·소·일본뿐만 아니라 중국에게도 중요한 지역이다. 어쩌면 중국에게 가장 중요한 지역인지도 모른다.[62] 그런데 한반도에 미·소·일·중 모두 이해관계가 있기 때문에 중국의 한반도 정책은 곧바로 미·일·소에 대한 대책으로서의 의미를 지닌다. 바꾸어 말해서 중국이 한반도에서 미·소·일과 무관하게 자국 이익을 추구할 수 없게 되어 있는 것이 한반도의 국제정치적 위치다.

중국은 공식적으로는 북한 정권의 대외정책과 대남전략을 일관해서 지지해왔다. 북한을 소련에 뺏기지 않고 자신의 영향권에 두기 위해 부득이했기 때문일 것이다. 그러나 비공식적으로는 한반도에서 '1민족 2국가'라는 현상유지를 긍정하고, 이런 현상유지에 미군의 한국 주둔이 필요하다고 인정하는 입장을 취해왔다.[63]

미군의 한국 주둔을 사실상 묵인하는 정책은 두 가지 목적이 있다. 첫째, 미군의 한국 주둔을 통해 소련의 남하를 저지하려는 것이다. 둘째는, 미군의 한국 주둔을 통해 북한 정권의 대남도발을 억지함으로써 '4개 현대화'에 필요한 주변 정세 안정을 도모하려 한다는 것이다. 그러나 북한과 중국의 「조·중 우호협조 및 상호원조조약」이 아직도 유효하기에, 조약의 규정상 한반도에 전쟁이 발생할 경우 개입하지 않을 수 없게 되어 있을 뿐만 아니라[64] 6·25전쟁 이후 '순망치한(脣亡齒寒)'·'혈맹'을 자주 강조해왔기 때문에 명분상 북한을 지원하지 않을 수도 없게 되어 있다. 반면 북한을 지원하다 보면 결과적으로 미국과 전쟁을 해야 할 수밖에 없다. 여기에 중국의 북한 정권에 대한 지원에 딜레마가 있는 것이다. 이런 이율배반적인 입장에 처하지 않기 위해, 또한 안정된 주변 환경을 조성하여 '4개 현대화'를 성공적으로 달성하기 위해서는, 1970년대 말~80년대 초 중국이 한반도에서 전쟁상태가 야기되지 않도록 북한을 설득하고 견제하는 길밖에 없었다. 이에 따라 북한의 대남전략과 관련된 문제에 대한 중국의 입장이 현실적으로도 양면적이고 이율배반적으로 드러날 수밖에 없었다.

중국의 세계전략은 '4개 현대화'와 세력균형에 의한 안전보장이라는 두 가지가 융합되어 전개되고 있었기 때문에 두 가지 목표의 우선순위를 가리기가 실로 어려운 점마저 있었다. 그러나 중국과 인접한 국가들에 대한 정책의 대체적인 흐름은 인접 국가들의 전략적 위치와 정치·경제적 입장을 감안해 가면서 소련에 대한 견제를 강화하는 방향에서 추진되었다. 물론 그러한 정책은 중국 자체의 안전보장과 주변정세의 안정에 초점을 맞추되 국제정세 흐름에 따라 강온(強穩)의 방법을 선택적으로 쓰면서 아시아 대국으로서의 영향력을 강화하기 위한 것이었다. 다시 말해서 중국의 안전보장과 주변 정세 안정 추구가 '4개 현대화'를 위한 여건 조성의 일환이었음은 재론의 여지가 없다.

이런 정책 기조는 월남을 소련에 뺏긴 뒤 유일하게 남아있는, 그러면서도 중국에게는 가장 중요한 지역인 한반도에서 고도로 복합적으로 구현되었다.

중국의 한반도 정책

중국의 한반도 정책은 주로 1) 남북한 통일 문제와 관련된 북한의 주장 및 제의에 대한 반응과 2) 미군 철수와 관련된 북한의 대미·대남 비방에 대한 입장 표명이라는 두 가지 형식으로 표현되었다.[65]

물론 두 문제는 서로 연결된 문제로서 별개로 분석될 수 있는 것은 아니지만, 논리 전개의 편의를 위해 두 가지 문제를 나누어 고찰하기로 한다. 논리 전개의 편의란, 명분과 실제의 괴리를 지적하는 데서의 편의를 말한다. 즉 명분적인 성격을 띠는 북한의 통일방안 및 대남 제의에 대한 지원과, 중국의 이해(利害)관계와도 관련된 미군 철수 문제에 대한 북한의 입장에 중국이 반응을 보이는 것을 실제 문제라고 전제하고, 두 가지 문제를 놓고 중국이 보이는 반응을 비교한다는 뜻이다.

이런 목적을 충족시키면서 중국의 한반도 정책의 특성을 논의하려면 중·소가 보여준 대북지원 추세를 간략하게나마 고찰하고 넘어가야 한다. 대체로 경제·과학·기술·군사 등 실질적인 문제에서는 소련이 중국보다 앞서 왔으며, 이데올로기·통일 문제 등 북한 정권의 명분과 관련된 문제에서는 중국이 소련보다 적극적으로 북한을 지원하는 추세를 보여왔다.

그러나 3세계론 이후부터는 양상이 달라지기 시작했고, 특히 '4개 현대화' 추진이 본격화되면서부터는 더욱 커다란 변화를 보이게 되었는데, 먼저 통일 문제와 관련된 중국의 대북한 지원 자세의 변화를 살펴보자. 덩샤오핑이 공식적으로 3세계론을 제시한(1974.4.11. 제네바) 뒤인 1974년 6월 25일 『인민일보』는 한국전쟁 발발 24주년에 관한 사설을 통해 다음과 같이 북한의 입장을 지지했다.

> 조선의 휴전이 성립된 지 이미 21년이 지났으나 조선의 3천리 금수강산은 여전히 분단 상태에 있으며 조국의 자주·평화통일을 실현하기 위해 전체 조선 인민은 장기간에 걸쳐 부단한 투쟁을 전개하면서 일련의 정당하고 합리적인 주장을 제시해 왔다. 작년 6월 23일 김일성 주석은 "민족 분열을 방지하고 조국을 통일하자"는 중요한 담화를 발표하여 조국통일을 위한 5대 강령을 제시함으로써 또 다시 조국통일의 정확한 노선을 명백히 하여왔다. 조국통일을 쟁취하기 위한 조선 정부와 인민의 노력은 국제적으로 광범한 지지와 찬양을 받고 있다. 금년 3월 조선 최고인민회의는 「미국의회에 보내는 편지」를 채

택하고 미국 정부와 평화협정 체결을 위한 회담 개최를 제의했는데, 이는 조선 인민이 조선반도의 긴장된 정세를 해소하고 조국의 자주·평화통일을 촉진하기 위해 추진하는 또 하나의 새로운 노력이다.[66]

중국은 북한의 '조국통일 5대강령'·'대미협상 제의'를 적극적으로 지지하면서 "조선통일 문제를 해결하는 길"은 "어떠한 외세의 간섭도 없는 조건에서 조선 인민이 자주적으로 통일을 실현시키는 것"임을 강조하고 "사회주의혁명과 사회주의 건설의 공동투쟁에서 중국 인민은 영원히 영웅적인 조선 인민과 단결하고 상호지지하고 상호학습하여 공동으로 전진할 것"이라고 다짐했다.

한편 한국 정부에 대해서는 북한이 대내외적으로 한국 정부를 비난하는 논조를 그대로 답습하여 비난해 왔다. 예컨대, 7·4 공동성명발표 2주년이 되는 1974년 7월 4일 『인민일보』는 「조선통일사업의 파괴자는 과연 누구인가?」라는 제목의 신화사 통신원 논평을 게재하여 다음과 같이 한국을 비난했다.

오로지 제국주의에 의지하여 인민을 적으로 하는 박정희 도당은 조선 인민의 강렬한 요구에 의해 부득이 이 성명을 발표하는 데 동의는 했으나 이 성명의 관철을 백방으로 저지하여 조선의 통일사업을 파괴하고 있다. … 그들은 남북 접촉을 이용하여 남조선 인민의 그들에 대한 불안과 반항을 완화하려고만 기도했다.[67]

이상과 같은 논조는 북한의 대남방송이나 소위 통혁당방송의 대남 비난 논조와 일치한다. 「7·4 남북공동성명」 이후 원래 북한이 남북대화에 응해왔던 소기의 목표가 달성되지는 않았지만, 더 이상 기대할 것이 없다는 판단 아래 한국 내부의 정치적 사건(김대중 납치사건)을 이유로 1973년 8월 28일 이른바 김영주(金英柱, 김일성의 동생, 북한 부총리) 성명을 통해 대화의 주요한 통로를 일방적으로 차단했음은 주지의 사실이다. 그러나 대화 및 통일 문제에 관한 중국 측 논조는 위에서 예시한 바와 같이 대체로 한국 정부의 통일 노력을 전면 무시하고 북한 측 주장을 거의 답습하거나 인용하는 방식으로 북한을 지지해 왔다.[68]

그러나 1974년 7월 4일자 『인민일보』에 실린 글을 마지막으로 중국의 한국 통일 문제 관련 대남 비방이나 대북 지지 논조가 상당히 변한 것을 발견할 수 있다. 특히 미국과의 관계가 긴밀해지면서부터는 그 변화가 극심했다. 그동안 중국은 북한의 주요 대남 제의 기념일이나 남북한 문제 관련 날짜가 되면 사설 또는 평론원의 논평을 게재해 왔다. 그러나 1974년 7월 4일 「7·4 공동성명」에 관련하여 북한을 지지하는 사설과 논평을 게재한 이후 사설이나 논평 형식으로 북한의 통일 문제 관련 제의나 주장을 지지하는 경향은 크게 줄어들었다. 대신 기행문이나 논평 없는 단순한 사실 보도 또는 북한의 글을 옮겨 싣는 형식들을 즐겨 취했으며, 논조에서도 매우 추상적으로만 통일의 당위성을 인정해줄 뿐, 한국에 대해 '반동'이니 '통일을 방해하는 세력'이니 하는 표현은 일체 쓰지 않아 왔음이 특징적으로 드러난다.[69]

'4개 현대화'에 총력을 기울이기 시작하고 미국과 국교도 정상화한 뒤인 1979년 7월 6일 『인민일보』는 「조선통일의 역사적 흐름을 막을 수 없다」라는 제목의, 그러나 지극히 평범하고 특별한 의미가 없는, 『인민일보』 기자의 '북한 여행기'를 게재함으로써 「7·4 공동성명」에 관련하여 중국의 미온적인 대북한 지지 추세를 더욱 부각시켰다. 관련 구절의 일부를 인용한다.

> 수년 동안 조선 노동당과 정부는 조국의 평화통일을 위해 노력해
> 왔고, 일련의 정확하고 합리적인 건의를 제출해 왔다. … 조선의 자
> 주·평화통일을 실현하는 것은 인심이 향하는 방향이며 대세의 나아
> 가는 바다. 이러한 역사의 조류는 어떠한 힘으로도 막을 수 없는 것
> 이다.[70]

통일 문제에 관계된 북한의 주장이나 제의에 대한 지지 논조의 변화는 미군 철수 문제와 관련된 대미·대남 비난 논조의 변화와 표리를 이룬다. 1960년대까지 중국은 주한미군 철수 문제에 대해 북한의 주장대로 주한 미군의 '전면적이고 즉각적인 철수'를 지지해 왔다. 또한 미국을 비난하는 데도 '미 제국주의'가 한국을 점령하고 북한을 '침략할 기회를 노리고 있다'는 등 극한적인 표현들을 사용해 왔다. 그러나 미국과 중국 관계가 호전되면서부터는 미국을 '미 제국주의'라고 매도할 수 없게 되었고, 미군 철수 문제를 자진하여 거론하기도 곤란해졌다.[71]

중국이 미군 철수 문제에 대해 북한과 입장 차이를 보이기 시작한 것은 대체로 1977년 초로 보인다. 이때부터 중국 보도기관에서는 '미군의 전면적이고 즉각적인 철수' 주장 대신 '미군의 전면적인 철수'만 주장하는가 하면, 해저 석유 개발 문제를 놓고 한국과 협상할 용의까지 표명한 바 있다.[72] 원래 중·소 대립 상황에서 소련 견제를 위한 동반자로 미국을 택하고 대미 접근을 해왔기 때문에 미군이 언젠가는 아시아에서 전면적으로 철수해야 한다는 것이 중국의 입장이었겠지만, '즉각적인 철군'은 중국의 소련 견제라는 대미정책의 기본목표와 어긋나는 일이다.

명분상 지원을 북한 관련 외교의 주요 수단으로 삼아왔던 중국이지만 미군 철수 문제로 곤경에 처해 있을 수만은 없었을 것이다. 대미 접근이 중국의 '4개 현대화'를 위해 최급선무지만 북한이 소련에 기울지 않게 하는 것도 중국의 안보에서 지대한 문제이므로 중국은 북한을 무마하기 위해 보상을 해주어야 했다. 그 길만이 북한과의 관계를 파괴하지 않고 중국의 이익을 확보할 수 있는 길이었기 때문에,[73] 1978년 중국에서는 화궈펑 당주석 겸 총리와 부주석 덩샤오핑이 각각 북한을 방문하고 경제적 지원을 약속했다고 한다.

그러나 중국의 정상급 인사 2명이 교대로 북한을 방문한 것은 미국 문제와 관련된 명분 지원을 감소시키면서 중국과 북한 관계를 유지할 방도를 모색하기 위한 것이었기 때문에 중국으로서는 분명히 입장을 드러낼 수밖에 없었다. 화궈펑 환영 평양시 군중집회에서 김일성과 화궈펑은 각각 다음과 같이 미군 철수 문제에 대한 입장 차이를 드러냈다.

조선 문제를 평화적으로 해결하려면 무엇보다도 미국이 지금과 같은 무모한 무력증강 행동을 그만두어야 하며, 이미 '공약'한 대로 남조선에서 자기 무력을 하루빨리 완전히 철거해야 한다. … 미국은 또한 안팎으로 고립되어 인민들의 증오와 배격을 받는 남조선의 현 집권자들을 무력으로 뒷받침해 주는 일을 그만두어야 하며…

미국 정부는 남조선으로부터 자기 침략군과 군사 장비를 전부 철거시켜야 하며 조선 문제는 김일성이 내놓은 3대 원칙 5대 방침에 따라 외세의 간섭 없이 … 해결되어야 한다.[74]

김일성이 '즉각적이고 전면적인 주한미군 철수'와 '한미관계 단절'을 요구한 데 반하여, 화궈펑은 '전면적인 주한 미군 철수'라는 원칙만 논하는 것을 볼 때 중국의 한국에 대한 정책이 북한 위주에서 벗어나 이미 미국의 동북아시아 정책과 궤를 같이하기 시작한 것이다. 언젠가는 주한미군을 완전 철수시키겠다는 것이 미국의 동북아시아 정책의 기본 전제임은 주지하는 바이기 때문이다. 그리고 화궈펑의 연설 내용 중 주목할 만한 것은 미군을 지칭할 때 '침략군'이라는 표현을 썼다는 점이다. '침략'이라는 단어는 후일 주한미군의 성격을 규정하는 데 여러 가지 해석의 여지를 내포하고 있다고 할 수 있다. 즉 주한미군이 침략적 성격의 군대가 아니기에 중국으로서는 북한의 주한미군 철수 주장을 지지하지 못하겠다는 논거도 펼 수 있는 것이다.[75]

화궈펑 연설에서 또 한 가지 주목할 만한 것은 과거와 달리 한·미 관계를 비난하는 어구를 사용하지 않았다는 점이다. 과거 중국은 이른바 '두 개의 조선 조작 책동' 문제로 한·미 관계를 비난해 왔다. 1974년 유엔총회와 1975년 유엔총회에서까지 중국 대표는 한·미 관계를 각각 다음과 같이 규정하고 비난했다.

> 남조선 당국은 … '두 개의 조선'이라는 민족분열정책을 완강히 추진하여 실력대결을 고취하고 … 남북회담을 정체 상태로 몰아넣었다. … 이와 같이 역행적 조치를 취할 수 있게 된 것은 주로 그들이 미국의 지지와 종용을 받고 있기 때문이다.[76]

> 미국 등의 국가들이 제출한 소위 「조선 문제에 관한 결의안」은 … 실제적으로 도리어 UN 기치 하에 남조선에 주둔한 미군의 철수를

회피하겠다는 것이 요점이며, … 미군의 남조선 주둔을 합법화하여 '두 개의 조선'을 만들려는 것도 이런 계획의 일부다. … 남조선 통치 집단은 미국의 종용과 지지 하에 발광적으로 민족분열정책을 추진하면서…[77]

한·미 협조를 먼저 파괴시키는 것이 대남전략 목표 달성의 첩경이라고 여기는 북한은 끈질기게 한·미 관계를 헐뜯으면서 한·미 이간을 다각적으로 시도해 왔다. 중국 역시 미국과 직접적인 관계가 없을 때는 북한의 이런 입장을 적어도 명분상으로는 충분히 그리고 전면적으로 지지해 줄 수 있었다. 그러나 중·미 관계를 군사적 협조 관계로까지 발전시켜야만 소련으로부터의 안전보장 속에서 '4개 현대화'를 추진할 수 있게 되리라고 판단되자, 중국은 주한미군 문제 그 자체와 그로 인해 야기되었다고 비난하던 몇 가지 파생적 문제에 대한 비난의 예봉을 서서히 무디게 하기 시작했다. 앞서 인용한 화귀평의 연설에도 한·미 관계에 대한 언급이 없지만, 1978년 9월 9일 북한 정권 수립 30주년 기념식에 참석한 덩샤오핑이 함흥시 군중집회에서 한 연설을 보면 중국의 한·미 관계에 대한 입장 변화가 더욱 두드러지게 나타난다.

두 개 조선을 조작하여 조선의 분열을 영구화하려는 어떤 책동도 실현되지 못할 것이며, 조국통일 위업은 반드시 성취되고 말 것이다.[78]

덩샤오핑은 미군 문제는 거론하지도 않은 채 '두 개의 조선 조작' 문제에서도 그 주역을 밝히지 않고 있다. 덩샤오핑의 이런 발언은 두 가지 이유 때문이라 할 수 있다. 첫째는 한·미 관계에 대한 직접적인 공격이 중·미 관계 강화에 전혀 도움이 되지 않기 때문에 굳이 직접 공격하지 않음으로써 한국과 미국의 신경을 자극하지 않겠다는 입장을 표출한 것으로 볼 수 있다. 그러나 막연하게라도 '두 개 조선 조작 책동'을 비난해야만 북한 위신을 세워줄 수 있기에 일부러 초점을 흐렸다는 것이다. 둘째는 한·소 접근을 은연중에 의식하고 한 발언이라는 것이다.

중국은 1974년 11월 "소련 수정주의자들과 남조선 당국의 결탁행위는 반드시 폭로되고야 말 것이다"라는 신화사 통신원의 논평을 통해 한·소 접근 가능성에 신경질적인 반응을 보인 바 있다. 즉 한국인에 대한 소련 입국 비자 발급 사실과 한·소 무역상담설, 한·소 학술자료 교환 사실 등을 이유로 소련이 '2개의 조선 조작 음모에 참여'하고 있다고 비난했다.[79]

북한에 대한 이런 지지도의 변화는 한국에 대한 중국의 입장 변화로 —즉각적이거나 정확히 반비례하는 것은 아니었지만—나타났다. 예컨대 1974년 9월과 1975년 3월에는 각각 한국과 우편 및 전신(電信) 관계를 개설했고, 1976년 6월에는 영해를 침범했다 하여 나포한 한국 어선 2척과 선원들을 2주일 만에 귀환시키기도 했다. 또한 중국『인민일보』는 1976년 6월 25일자 사설과 8월 15일자 사설에서 한반도의 분단을 종결시키는 길은 1975년 제30차 유엔총회에서 통과된 이른바「유엔군사령부 해체결의안」을 실행하는 것이라고 주장했으나, 막상 1976년 제31차 유엔총회가 열리자 중국은 상기 결의안에 대해 언급조차 하지 않았다.[80] 또한 1978년 말을 기하여 미국 국적 한국인 목사에게 중국 입국사증을 발급했는가 하면, 중국에 살던 조선족의 한국 귀환을 허용하기도 했다.[81]

이상에서 우리는 중국의 한반도 정책이 중국의 대미 접근을 주요변수로 변화해 왔음을 보았다. 1970년대 말~80년대 초 상황으로 보면 중국이 기본적으로 한반도의 현상 유지를 계속 추구할 것이며 따라서 북한의 대

남 무력도발을 고무하지는 않을 것으로 보인다.[82]

그러나 중국공산당이 한반도의 현상 유지를 계속 추구할 경우 그것이 한국의 안보에 유익하기만 할 것인가는 신중한 검토가 필요한 문제다. 1960년대 후반 월남전 지원 문제를 둘러싸고 중국은 겉으로는 월맹을 지지하면서도 실제로는 극히 제한된 원조를 하면서 미국과 간접적인 협상을 벌이고 있었다. 월맹은 결국 중국의 양면적 태도에 불만을 품고 친소일변도로 선회하고 만 것이다. 중국이 북한과의 관계에서 월남에서의 선례를 되풀이하지 않으려고 노력하는 흔적은 보이지만 중국의 외교적 역량에도 한계가 있을 수밖에 없기 때문에, 전망이 밝은 것만은 아니다.[83]

1 『人民日報』, 1971.11.17.

2 마오쩌둥도 1965년 애드가 스노우와의 회견에서 제3세계를 논한 바 있다. 그는 "아시아·아프리카·라틴 아메리카 등지의 저개발국가로서 원래 식민지였거나 현재도 식민지로 남아있는 국가들"이 제3세계라고 했다. 그가 제3세계를 논의한 것은 당시 프랑스가 제3세계임을 주장하는 데 대한 견해를 밝힌 것이다. 史諾, 「毛澤東會見記」, [毛澤東自傳](香港: 馬崑傑文化公司, n.d.), p.50.

3 『紅旗』, 1972.11, 「了解一些民族解放運動的歷史」.

4 서방 학자들의 중국 관련 제3세계 분류기준에 대해서는 Peter van Ness, "China and the Third World," Current History, Vol.67, No. 397(Sep./1974), p.107; A.M. Halpern(ed.), Politics towards China: Views from Six Continents(New York: MacGraw Hill, 1956), p.476.: Alvin Z. Rubinstein(ed.), Soviet and Chinese Influence in the Third World(New York: Praeger, 1975), p.1: Edward Taborsky, Communist penetration of the Third World(New York: Robert Speller and Sons, 1973), Preface, ii 참조.

5 『國際資料』(新華通訊社), 1974.1.22.

6 Yahuda, 같은 책, p.240 참조.

7 『人民日報』, 1974.4.11.

8 1920년 레닌은 코민테른 2차 대회 시 「민족 및 식민지 문제에 관한 보고」를 통해 세계가 피압박민족과 압박민족으로 양분되고 있다고 한 바 있다. 그러나 양대진영적 사고의 기원은 레닌 생전의 스탈린에서 비롯된다. 이미 스탈린은 1919년에 "세계가 양대진영으로 나뉘어 있어 돌이킬 수 없이 되었다"고 한 바 있다. 어쨌든 볼셰비키혁명 직후부터 공산주의자들은 양대진영적 사고의 틀을 지니고 있었다. 이 문제에 대한 자세한 논의는 『人民日報』1977.11.1. 참조.

9 제4장 제7절 나항 참조.

10 福本和夫, 『毛澤東思想の原點』(東京: 三一書房, 1973), p.20.

11 "Chiao Kuan-hua's Speech on Foreign Policy", Kuo(ed.), Foreign Policy Speeches by Chinese Communist Leaders, 1963-1975(Taipei Institute of International Relations, 1976), pp.10-11.

12 『人民日報』, 1974.4.11.

13 Yahuda, 같은 책, p.244.

14 위의 책.

15 Zeri I Populit, 7 July 1977, editorial "The Theory and Practice of Revolution," Yahuda, 같은 책, p.243에서 재인용.

16 알바니아가 중국을 비난하게 된 실질적인 원인은 알바니아의 독립을 위협하는 유고슬라비아에 대한 중국의 접근 때문이었다. 중·소분쟁기 알바니아와 중국이 가까웠던 것은 유고슬라비아에 대한 중국의 입장이 적대적이었기 때문이다. 그러나 3세계론으로 이데올로기적으로도 곤란해졌지만, 중국의 유고슬라비아에 대한 접근이 이루어짐으로써 알바니아는 심하게 반발하고 나선 것이다. 이 점에 대한 간략한 분석은 Chen, 같은 책, pp.41-42 참조.

17 Yahuda, 같은 책, p.224.

18 1977년 11월 1일자 『人民日報』의 논문에는 85개의 개인 저작 인용 주(전체 주 90개)가 있는데, 그중 마오쩌둥에서 27개, 레닌에서 23개, 스탈린에서 9개, 마르크스에서 4개, 엥겔스에서 4개, 기타에서 18개 구절을 인용함으로써 마오쩌둥 외에는 레닌에 최우선을 두었다.

19 『人民日報』, 1977.11.1.

20 위와 같음.

21 위와 같음.

22 정종욱, 『중국공산당의 최근 대한반도 정책』(서울: 외교안보연구원, 1978), p.25 참조.

23 Stalin, *The Foundations of Leninism*, pp.82-100. 특히 p.84, 86 참조.

24 『人民日報』, 1977.11.1.

25 위와 같음.

26 위와 같음.

27 위와 같음.

28 린퍄오가 『人民戰爭勝利萬歲』에서 강조한 '세계의 농촌을 돌아 세계의 도시를 포위한다'는 세계혁명전략 구도는 이런 판단에 의거한 것이라 할 수 있다.

29 『人民日報』, 1963.6.17.

30 1975년 30차 유엔총회에서 중국 외교부장 중국 외교부장 챠오관화는 소련의 제3세계 침투 가능성을 예상하고 제3세계 국가들을 겨냥하여 "개발도상국가들 가운데는 극도로 궁핍한 나라가 있긴 하지만, 서로 도와주면 되는 일이고 사실상 그렇게 되고 있다. 따라서 극도로 궁핍한 나라들을 '제4세계'라고 부르는 것은 근거 없고 잘못된 생각이다"라고 함으로써 제3세계의 단결을 촉구하려 했다. 『人民日報』, 1975.9.27.

31 Yahuda, 같은 책, p.259 참조.

32 위의 책, p.260.

33 『人民日報』, 1977.11.1.

34 Joint Economic Committee, Congress of the United States, *China: A Preassessment of the Economy*, 10 July 1975, p.631,, pp.649-50: Yahuda, 같은 책, p.257.

35 위의 책.

36 Chalmers Johnson, "The New Thrust in China's Foreign Policy", *Foreign Affairs*, Fall. 1978, p.129.

37 정종욱, 『중국공산당의 외교정책과 한반도』, 「사회과학과 정책연구」, 제1권 제2호(서울대 사회과학연구소, 1979.9), p.52.

38 華國鋒의 정부공작보고는 『人民日報』, 1978.3.7.

39 1978년 3월 전국인민대표대회 제5기 1차회의에서 채택된 수정헌법은 이런 규정 때문에 일명 '현대화헌법'이라고도 한다. 전문은 『人民日報』, 1978.3.8.

40 정종욱, 앞의 논문, pp.52-53.

41 위 논문, p.54.

42 정세현, 『중국공산당의 「4개 현대화」 계획평가』(국토통일원 보고서, 1979.5.15), p.2. 이 보고서는 1979년 5월 14일 해외경제연구소 주최 춘계 공산권경제 학술세미나에 참석한 일본 東京工業大學 矢島鈞次 교수가 한 「중국공산당의'4개 현대화' 계획 평가와 실현가능성」이란 제목의 강연 내용을 요약하여 보고서로 작성한 것이다. 일본의 『世界經濟評論』, 1979.1. p.76에서는 소요액수를 6천억 달러(자본투자 3천5백억 달러 이상)로 평가했다.

43 矢島鈞次, 「중국공산당의 '4개 현대화' 계획 평가와 실현 가능성」, p.3.

44 정종욱, 앞의 논문, p.53.

45 矢島鈞次, 「중국공산당의 '4개 현대화' 계획 평가와 실현 가능성」, p.1. 矢島鈞次 교수는 고급기술자들이 고령인 것은 대부분의 기술자가 문화대혁명 기간에 당성비판을 받고 직에서 쫓겨났기 때문이라고 지적하고, 1978년 당시 기술수습차 일본에 가 있는 기술자 중 제일 젊은층이 50대라고 보고했다.

46 정종욱, 앞의 논문, pp.53-54. 자세한 논의는 Selig Harrison, China, *Oil and Asia: Conflict Ahead?*(NewYork: Columbia University Press, 1977), 특히 pp.10-124 참조.

47 중국의 대외 군사적 대치상황을 보면 중국은 46개 소련사단과 대치하여 중국 북부에 106개 사단을 배치하였고, 친소 월남의 10개 사단에 대치하여 중국 남부에 29개 사단을 배치하였었다. 대만 군대가 친소는 아니지

만 중국과 적대적이라는 점에서는 중국의 군사적 부담을 주기는 마찬가지인데, 58개 사단을 동부에 배치시켜 대만의 20개 사단과 대치하고 있었다. *Newsweek*, 1980.6.9. p.3 참조.

48 정종욱, 앞의 논문, p.56.

49 참고로 1970년대 말~80년대 초 미국·소련·중국의 군사력을 대비해 보면 다음과 같다.

	지상군 (만명)	핵탄두 (기)	장거리 유도탄 (기)	전투기 (대)	탱크 (대)	항공 모함 (척)	기타 주요군함 (척)	핵잠수함 (척)	디젤 잠수함 (척)
미	200	9,200	1,710	6,015	12,675	13	167	73	7
소	370	5,000	2,426	5,879	50,000	2	273	87	162
중	360	350	2	5,500	11,000	0	25	1	91

(자료 출처: Newsweek 1980. 6. 9. p.14)

수적으로는 이렇지만 중국 장비의 발전도는 10~20년 뒤졌다는 것이 정평이다. 중국 군사력의 현황, 특히 그 기술 수준에 관해서는 Johnson, 같은 책, pp.132-134 참조.

50 정종욱, 앞의 논문, p.56.

51 Johnson, 같은 책, p.192.

52 중·일 평화우호조약에 이르는 과정과 중·일 간 미해결 문제에 대한 간략한 분석은 같은 책, pp.130-132 참조.

53 정종욱, 앞의 논문, pp.56-57.

54 Maire Louise-Naeth, "PRC Policies towards South and South East Asia", Current Scene, Vol. 13, No.7-8(Jun.-Jul/1975), p.3: 박봉식, 「중국공산당의 한국관 연구」, 『서울대 국제문제연구소 논문집』, 제6호.(1980) pp.262-263 참조.

55 위 논문, pp.255-262 참조.

56 『人民日報』, 1980.1.11. 참조.

57 Yahuda, 같은 책, p.261.

58 위의 책, p.263: Ross Terrill, 800,000,000, *The Real China*(Harmondsworth: Penguin Books, 1975), p.235.

59 정종욱, 앞의 논문, p.57. 1978년 복권되어 덩샤오핑과 더불어 「4개 현대화」의 쌍두마차를 끌어온 천원(陳雲)은 1950년대 후반부터 현재의 동남아시아 국가연합 국가들과의 교역을 강조했다가 마오쩌둥의 불신을 사서 숙청되었다고 한다. Franz Schurman, *The Logic of World Power*(New York: Pantheon Books., 1974), Chap.4.

60 Yahuda, 같은 책, p.264.

61 『人民日報』, 1979.2.21. 및 3.27. 중·월전쟁에 임한 중국의 자세에 대한 자세한 논의는 朱良, 「中共進兵越南的内因和目的探討」, 『중국공산당연구』, 제13권, 제3기(1979.3.15.). pp.36-40 참조.

62 중국은 한반도의 전략적 위치를 "중국의 머리를 치려는 '해머' 모양"으로 놓여 있으면서 "일본의 심장부를 겨냥한 단검 모양"이라고 표현했다고 한다. Cho Soon Seung, *Korea in World Politics, 1945-1950*(Berkely: University of California Press, 1967), p.5 참조.

63 대내적으로 이런 입장은 이미 1975년 5월 이전부터 정해져 있었다. 챠오 화 외교부장은 1975.5.20. 텐진경 비구 정치부 강당에서 한 비밀보고에서 "전략적이고 일시적"이라는 단서를 붙인 뒤 "아시아 주둔 미군의 즉각적인 전면철수를 원하지 않는다"라고 했다. "Ch'iao Kuan-hua's Speech on Foreign Policy", Kuo, 같은 책, p.22.

64 1961년 7월 11일 김일성과 저우언라이 사이에 체결된 「조·중 우호협조 및 상호원조조약」 제2조에서는 "체약 일방이 한 국가 또는 몇 개 국가들의 연합으로부터 무력침공을 당함으로써 전쟁 상태에 처하게 되는 경우, 체약 상대방은 모든 힘을 다하여 지체없이 군사적 및 기타 원조를 한다"라고 규정하고, 제7조에서는 "본 조약은 수정 또는 폐기함에 대한 쌍방 간 합의가 없는 이상 계속 효력이 있다"라고 규정함으로써 반영구적인 조약(소련과 북한은 최초 10년 이후 5년씩 연장될 수 있게 규정)을 체결했다.

65 박봉식, 앞의 논문, p.265.

66 『人民日報』, 1974.6.25.

67 『人民日報』, 1974.7.4.

68 박봉식, 앞의 논문, p.266.

69 위의 논문, p.267.

70 『人民日報』, 1979.7.6.

71 박봉식, 앞의 논문, p.263.

72 정종욱, 앞의 책, pp.46-47.

73 1970년대 초 중국이 비밀리에 미국과 접촉하면서 중국은 북한과 월남에 대해 거물급 초청·방문 외교를 전개하는 한편 관계 기사를 대대적으로 보도하거나 물질적 지원을 강화하는 방식을 활용했다. 위의 책, pp.38-39 참조.

74 『로동신문』, 1978.5.8.

75 박봉식, 앞의 논문, P. 268.

76 『人民日報』, 1974.12.1.

77 『人民日報』, 1975.1.23.

78 『로동신문』, 1978.9.12.

79 『人民日報』, 1974.11.10.

80 류세희, 『주한미군 철수에 따른 중국공산당의 대한반도정책 전망』, 한양대 중국문제연구소 간, 『중국문제』, 제3권, 제2호(1978.9), p.174.

81 박봉식, 앞의 논문, p.269.

82 류세희, 앞의 논문, p.168.

83 정종욱, 앞의 논문, pp.58-59.

마오쩌둥의 국제정치사상이
중국 외교에 미친 영향

마오쩌둥의 국제정치사상의 특징

우·적 개념 변화라는 시각에서 항일전쟁기 이후 마오쩌둥 생전(자료 문제
상 1974년까지)의 국제정치사상의 전개 과정을 분석한 결과, 2분론적 국제정
치사상과 3분론적 국제정치사상 사이의 왕복 현상이 발견되었다. 그리고
2분론과 3분론 사이의 왕복은 주로 대소(對蘇)관계와 함수관계에 있음이
발견되었다. 즉 소련의 지원이 필요할 때는 2분론적 국제정치사상에 입각
한 우·적 개념을, 소련으로부터 독립적이거나 소련에 저항하는 시기에는 3
분론적 국제정치사상에 입각한 우·적 개념을 보인 것이다. 바꾸어 말하면
마오쩌둥이 2분론적 국제정치사상에 입각하여 우·적 구분을 할 때는 '좌
(左)'성향이 강했던 때고 3분론적 국제정치사상에 입각하여 우·적 구분을
할 때는 '우(右)'성향이 부각되는 때였다는 것이다.

단, 문화대혁명기간 중에 2분론적 국제정치사상에 입각하여 우·적을
구분했는데, 이 기간에 마오쩌둥이 보여준 국제정치사상과 우·적 개념은
'친소'·'반소'라는 맥락에서보다는 문화대혁명기 마오쩌둥이 자신의 반대세
력이었던 주자파(走資派, 자본주의 길을 걷는 세력)를 공격하기 위해 극좌 노선을

택한 점을 감안하며 '좌'·'우'의 맥락에서 설명해야 할 것이다.

이렇게 볼 때 마오쩌둥 자신은 기본적으로 3분론적 국제정치사상과 우·적 개념의 소유자였다고 할 수 있다. 3분론적 국제정치사상을 갖게 된 것은 두 가지 측면에서 설명할 수 있다. 첫째, 마오쩌둥의 「모순론」이 3분론임을 지적할 수 있다. 즉 모순 방면 간 대립과 통일을 논할 때 '상호전화'·'신진대사' 등의 개념을 빌려 중간적인 존재나 상태를 중시하고 있었음을 지적한 바 있다. 이런 중간적인 존재나 상대는 마르크스, 레닌, 스탈린 등에서는 중시되지 않던 것이라는 점에서 마오쩌둥 특유의 것이었다고 할 수 있다. 그리고 그 원천은 중국의 변증법이라 할 수 있는 음양·오행 사상에서 비롯한 것이 아닌가 싶다.

둘째, 혁명가로서 마오쩌둥의 경험이 3분론을 배태시켰다고 할 수 있다. 마오쩌둥에게 '옌안(延安) 콤플렉스'가 있었다는 슈람(Schram)의 지적도 있지만, 혁명시대의 정치적 경험은 승리를 위해서는 중간세력을 포섭하는 문제가 가장 중요하다는 것을 신념화시키기에 충분했다고 할 수 있다.

마오쩌둥의 국제정치사상의 전개 과정을 분석하는 가운데 발견된 두 번째 특징은, 마오쩌둥이 마르크스-레닌주의자임을 자처함에도 불구하고 국제주의적 면모가 극히 적고 늘 '중국'을 떠나지 않았다는 점이다. 국제정세를 광범한 범위에 걸쳐 분석하고 '세계혁명'을 거론하면서도 반드시 그 결론은 중국의 혁명에 대한 유·불리를 검토하는 것으로 귀결시킨 것이다. 따라서 마오쩌둥은 항상 중국과 이해관계가 있는―그런 점에서 경쟁관계에 있는―두 강국들 사이의 모순을 분석하고 그 모순관계에서 생기는 사각지대(死角地帶)를 활용하려 했던 것이다. 바꾸어 말하면 마오쩌둥은 우·적 중에서 '우'보다는 '적'에게 더 많은 관심을 기울인 것이다. '반제국주의통일전선' 기치와 '민족해방전쟁지원'이라는 구호에도 불구하고, 실제로 마오쩌둥과 중국은 자기 나라 혁명과 건설에 불리한 지원은 꺼린 것이다. '중국'을 수호하고 그 기초 위에서 강력한 나라, 곧 '새로운 중국'을 세운다는 것이 당면목표이자 최종목표였다. 마오쩌둥이 더 오래 생존해 있었더라면 대외정책상 목표가 공세적으로 조정되었을지도 모르지만, 적어도 마오쩌둥 생전 언동의 내용으로 보아서는 '중국'의 주권을 존중받고 경제적으로 불이익 처분을 받지 않는 것이 마오쩌둥의 주된 관심사였다고 할 때, 여기서 마오쩌둥이 청소년기에 겪은 반(半)식민지적 역사가 그의 국제정치사상 형성과 전개에 미친 강한 흔적을 발견하게 된다.

따라서 마오쩌둥은 '중국의 길'을 강조했고 "중국이 세계혁명의 병기창(兵器廠, Arsenal)이 되어야 한다"고 주장했으며, 마오쩌둥 방식의 혁명노선·군사전략이 원용되는 경우가 있다. 그러나 마오쩌둥은 본질상 공세적인 국제주의자나 국제음모가라기보다는 민족적 혁명가, 수세적 국가주의자였다고 보아야 하지 않을까 싶다.

마오쩌둥의 국제정치사상 전개 과정을 분석하는 가운데 발견된 세 번째 특징은, 마오쩌둥의 정세 평가와 혁명의 장래에 대한 전망이 낙관주의에 기초하고 있었다는 점이다. 중국이 반(半)식민지이기 때문에 중국에 이해관계가 있는 '제국주의 간 타협과 경쟁'이 불가피하고 따라서 국내 군벌끼리도 타협과 경쟁을 하지 않을 수 없기 때문에 '홍색정권(紅色政權, 공산당 정권)'은 능히 존속될 수 있다고 주장한 징강싼(井崗山) 이래의 '혁명적 낙관주의'는 마르크스적인 '혁명적 낙관주의'가 아니라 마오쩌둥 고유의 것이었다고 할 수 있다. 즉 적 내부에서 주적(主敵)과 부적(副敵)의 보조불일치를 이용한 통일전선을 결성하고 동지를 획득해 가면 반드시 '모순방면 간 상호전화'가 일어난다고 믿은 것이다. 그렇기 때문에 소련의 지원을 기대할 수 없는 상황에서 '자력갱생'으로 '대약진'을 시도하던 때에도 "한 손가락이 열

손가락이 될 수 있다"고 했던 것이고, 1970년 5·20 성명에서 '역사의 법칙'이라는 것을 제시할 수 있었던 것이다. 마르크스적인 '혁명적 낙관주의'가 자본주의 붕괴의 3대 원칙에 입각하여 사회주의의 필연적 승리를 예언했다는 점에서 경제결정론적 성격의 것이었다면, 마오쩌둥의 '혁명적 낙관주의'는 "약(弱)은 강(强)이 되고 대(大)는 소(小)가 될 수밖에 없다"는 논리에 입각한 것으로서 중국 전통적 자연철학의 산물이었다고 할 수 있다.

넷째, 마오쩌둥의 국제정치사상에서는 위·아래가 있는 계서적(階序的)인 전통적 국제질서 개념으로서의 '중화사상'을 엿볼 수 없었던 점을 지적할 수 있다. '조공제도' 개념을 빌려 핵무기 하의 서유럽 통합을 비판한 적도 있고(「關于宦鄕論西方世界的破裂」, 『萬歲』 I, p.245) 중국 문명의 우수성을 역설하기도 했으며, '중국의 특수성'을 강조했지만, 그가 말하는 '새로운 중국'은 문자 그대로 '새로운 중국'이었다고 보아야 할 것이다. 이미 화이(華夷) 관념에 입각한 국제정치사상이 붕괴했다고 보아야 할 시기에 청소년기를 보냈으며, '중국의 구원'이라는 절박한 문제를 실마리로 해서 정치의식이 싹튼 후 반(反)전통주의·반(反)유교주의 문화운동의 영향을 받으면서 서양문화에 접근해갔기 때문에, 마오쩌둥의 관심은 열강의 모욕과 멸시를 받지 않는 선에서 '중국'을 새로이 세워야 한다는 데 있었다고 보아야 하리라고 생각한다.

끝으로 마오쩌둥의 국제정치사상은 현상유지를 추구하는 지배자 또는 강자의 관점이 아니라 국제체제 내에서의 기본가치와 법칙을 새로이 정립하기 위해 투쟁하는 피지배자 또는 약자의 관점을 보여준다는 것이다. 즉 마오쩌둥이 '정의의 전쟁'과 '부정의의 전쟁'을 논한 것은 마르크스-레닌주의자적 면모를 보여주는 것으로, 그 점에서는 소련 지도자들과 다를 바 없었지만, '민족해방전쟁'을 지원해야 함을 일관되게 주장한 것은 '혁명적 폭력'에 대한 지지 입장을 보여주는 것이다. 패권주의에 대한 비난, 사회제국주의에 대한 비난은 그것을 반혁명적 폭력으로 보았기 때문이다. 마오 쩌둥에게서는 '평화'라는 현상유지적 상태보다는 '정의'라는 가치가 추구되고 있었다고 할 수 있다. 예컨대 마오쩌둥은 현상 타파를 위해 국제정세를 분석하고, 적이 누구이며 동지가 될 수 있는 세력은 누구인지 집요하게 자문자답했다.

'새로운 중국'을 세우기 위해서는 현상 타파가 있어야 하고 그러기 위해서는 피지배적 위치에 있는 전 세계 세력들의 요구가 일어나야 한다는 점에서 마오쩌둥은 초강대국이 되지 않을 것을 공언하면서 자신과 중국을 항상 다수의 편에 세우려 했던 것이다.

마오쩌둥의 국제정치사상과 중국 외교

중국 외교에서 중요한 전환점은 대체로 마오쩌둥의 국제정치사상 전개 과정에서 국제정세 평가와 우·적 개념이 변화하는 시점과 일치하고 있음이 드러났다. 예컨대 친소(親蘇) 일변도를 공표하고 나선 국·공내전 말기와 건국기에 마오쩌둥은 소련의 양대진영론적 입장을 지지하고 있었다. 1956년 2월 소련공산당 20차 대회에서 '평화공존론', '평화적 이행론'이 제기된 이래 마오쩌둥은 소련을 더 이상 믿을 수 없다고 생각하여 자력갱생을 추구했으며, 소련과의 결별을 선언했을 때는 이미 중간지대론과 거기에 입각한 우·적 개념이 확립된 뒤였다. 1972년 2월 과거의 주적 미국의 닉슨 대통령을 자신의 서재로 불러들인 것은 마오쩌둥 자신의 결정에 의한 것이다.

이렇게 볼 때 마오쩌둥의 국제정치사상이 중국 외교의 방향을 제시하는 나침반 역할을 했다는 것은 결코 지나친 말이 아니다. 물론 중국 외교가 마오쩌둥의 말 한마디에 움직인 것은 아니다. 가깝게는 미국 닉슨 대통령 초청 등 대미 접근을 실천에 옮길 수 있게 되기까지에는 린뱌오(林彪)

의 반대를 봉쇄하기 위한 숙청이 필요했으며, 그 준비 기간은 줄잡아 2년여에 달했다. 소련과의 관계에서 마오쩌둥보다 유연한 입장을 일관해서 지켜왔다고 평가되는 류사오치(劉少奇)에게 국가주석직을 물려주고 류사오치와 덩샤오핑에게 당의 실권을 거의 빼앗기다시피 했던 1960년대 전반에 마오쩌둥의 소련에 대한 강경 자세는 곧 대소 결별로 이어지지 못했다. 그뿐만 아니라 마오쩌둥 자신의 발언 내용 자체도 2중성을 띤 것은 마오쩌둥과 류사오치·덩샤오핑 사이의 의견조정이 필요했기 때문으로 볼 수 있다.

그러나 이런 몇 가지 어려웠던 점에도 불구하고 중국의 대외관계사를 살펴볼 때 마오쩌둥의 정치적 입장이 결국 관철되었다는 점에서 마오쩌둥의 국제정치사상이 중국 외교에 미친 영향은 거의 절대적이었다 해도 무방하다.

그뿐만 아니라 마오쩌둥 사후(1976.9.9.) 중국 지도자들이 국제정세를 분석하고 우·적을 구분하는 데도 마오쩌둥의 국제정치사상의 이론적 틀과 마오쩌둥이 창안한 주요 용어들이 답습되고 있는 것 같다. 그 가장 대표적인 경우를 덩샤오핑의 3세계론에서 찾을 수 있을 것이다. 물론 덩샤오핑의 3세계론에서 '모순의 초점', '주요모순' 등의 용어는 보이지 않으나 3세계론 자체가 1974년 2월 마오쩌둥에 의해 제기되었고 그것이 미국을 연합 대상으로 삼아 미국과 손잡고 소련에 대항하자는 이른바 '연미항소(聯美抗蘇)'의 명분론이라는 점에서 덩샤오핑은 그 계승자에 불과하다고 할 수 있다. 국제정치 자체를 모순관계로 파악하는 점이나 제2세계의 계급적 양면성을 이용하여 반소(反蘇) 국제통일전선에 참여시키려 한 점 등은 마오쩌둥의 영향으로 보아야 할 것이다.

이런 점에서 마오쩌둥의 국제정치사상의 연장선상에서 마오쩌둥 이후의 중국 외교를 분석·전망하는 것이 적절성이 전혀 없는 일은 아니라고 할 수 있다.

그러나 혁명 1세대에 의해 혁명 기간에 주로 형성된 국제정치사상과 그 주요개념들이 '4개 현대화' 외교를 추진하는 과정에서 중국의 대외관계를 분석·전망하는 데도 만족할 만한 적절성을 계속 유지할 수 있을지는 의문이다. 마오쩌둥은—다른 마르크스·레닌주의자들도 마찬가지였지만—국제정치를 사회·경제적인 원인 분석에 입각하여 논했고 그의 국제정치사상에도 이런 시각이 일관해서 지켜지고 있었다. 그러나 중국에는 대미(對美) 접근기를 전후하여 국제정서를 논하는 데 세력균형(Balance of Power)적 논리가 도입되기 시작했음이 발견된다. 예컨대 1971년 중반 한 외국인과의 비공식 회견에서 중국 과학원장 궈머루(郭沫若)가 미·소·유럽공동체·일본·중국을 뜻하는 '다섯 개의 별(五星)' 개념을 논함으로써 세력균형적 시각에서 국제질서를 논한 바 있다. 덩샤오핑의 3세계론(1974.4.11. 유엔총회 연설)에서도 세력균형 논리를 발견할 수 있으며, '4개 현대화' 외교는 경제외교로서의 의미만을 지니지 않고 전 지구적 차원에서 중국에 유리한 세력균형을 추구한다는 목적도 포함되어 있었다. 그렇다면 마오쩌둥적 국제정치사상의 밑바탕을 이루는 모순개념만으로는 중국의 대외관계를 분석·전망하는 데 한계가 있다.

덩샤오핑의 3세계론에서 보이는 모순개념은 마오쩌둥이 '2개의 중간지대론'에서 보여준 모순개념과 유사한 구조를 보인다. 마오쩌둥은 '2개의 중간지대론'에서 미 제국주의와 전 세계 인민 사이의 모순, 미 제국주의와 그 외 제국주의 사이의 모순을 '모순의 초점'으로 규정함으로써 민족모순과 계급모순을 총괄한 모순을 중시했다. 덩샤오핑도 미국과 소련이라는 두 초대국과 세계 각국 인민들 사이의 모순이 가장 심각하다고 함으로써 민족모순과 계급모순을 총괄했다고 할 수 있다. 또한 그가 지적하는 미국과 소련이라는 두 초대국 사이의 모순이란 미 제국주의와 기타 제국주의 사이의 모순의 새로운 형태라고 할 수 있다.

덩샤오핑의 3세계론에서 보이는 모순개념도 형식상 마르크스-레닌주의자들의 4대 기본모순 개념을 계승하는 것처럼 보이기도 한다. 그러나 3세계론은 체제 간 모순을 도외시한 기초 위에서 전개됐다는 점에서 마르크스-레닌주의적 발상이라고만 보기에는 어려운 점을 안고 있다. 또한 4대 모순 아닌 3대 모순을 논한다는 점도 주목할 만한 것이다. 더구나 덩샤오핑의 3세계론에서는 '모순의 초점', '주요모순' 등 마오쩌둥이 '보편적 진리'를 구체적 실천에 적용할 때 사용해온 개념들을 더 이상 쓰지 않는다는 것도 중요한 변화로 지적할 수 있다.

요컨대 마오쩌둥 시대 말기에서부터 세력균형 개념이 중국 지도자들의 국제정세 분석에 원용되기 시작함으로써, 중국에서도 국제정치를 사회·경제적인 원인 분석의 입장에서 논하지 않고 세력 간 관계 및 형태라는 시각에서 인식하게 되었다는 점은 마르크스-레닌주의로부터의 '코페르니쿠스적인 전회'였다고 할 수 있다. 물론 슈람(Schram)이 지적하듯이 마오쩌둥이 항상 효율적인 권력의 본질이라는 문제에 깊은 관심이 있었고, 레닌주의적인 관념에만 사로잡혀 있었던 것이 아니라는 점에서 보면 세력균형 개념의 도입이 경탄할 정도의 사건은 아니다. 그러나 결과의 논리에서 볼 때, 세력균형 개념의 도입이 반(反)패권주의 국제통일전선 추구의 출발점이 되고 나아가 3세계론의 이론적 기초를 제공했다는 점에서 커다란 의의가 있다고 할 수 있다. 왜냐하면 3세계론이 단순한 세력균형 개념에만 입각하지 않고 마오쩌둥의 「모순론」을 시발로 한 이론적 발전과 실천을 통해 중국 전국시대의 '합종·연횡론(合從·連橫論)'적 사고와 실천까지 보태짐으로써 대외정책이론에서 중국 고대로의 복귀 현상을 보여주기 때문이다. 즉 중국이 세력균형 개념을 도입했다 하나 그것이 전적으로 서유럽적 의미의 정치적·군사적 힘의 균형을 뜻하지는 않고, 중국의 이해관계가 직결된 지역에서 하나의 강대국에 의한 '패권'의 성립을 반대한다는 의미를 지닌다는 점에서 역사의 나선형적(螺旋形的) 순환을 보게 된다.

덩샤오핑 이후
중국 외교전략과 외교목표

덩샤오핑-장쩌민의 '도광양회', '유소작위'

　　마오쩌둥 사후 중국의 실권은 덩샤오핑에게 있었다. 마오쩌둥이 생전에 화궈펑(華國鋒)을 후계자로 지명했다는 이유로 화궈펑이 마오쩌둥 사망 직후 한때 당·정의 권력을 장악했다. 그러나 군권(軍權)은 덩샤오핑에게 있었다. 마오쩌둥이 일찍이 "정권은 총구(銃口)에서 나온다."고 했지만, 현실적으로 중국 정치판에서는 당주석(때로는 당총서기)이 되고 국가주석을 겸직해도 당 중앙군사위원회 주석이 못 되면 최종 결정권을 행사하지 못하는 것이 상례다. 후진타오(胡錦濤)도 전임자 장쩌민(江澤民)이 당 중앙군사위원회 주석직을 물려준 뒤에야 명실상부한 실권자가 될 수 있었다.

　　1978년 12월 중국공산당 제11기 3차 중앙위원회 전체회의(약칭 11기3중전회)에서 '농업의 현대화-공업의 현대화-국방의 현대화-과학기술의 현대화'를 내용으로 하는 '4개 현대화' 방침을 채택함으로써 중국 개방·개혁의 신호탄을 쏘아 올린 것은 직함이나 직책과는 무관하게 사실상 군권을 쥐고 있던 덩샤오핑이었다. 1979년 1월 미·중 수교 후 미국을 다녀온 뒤 "검은 고양이든 흰 고양이든 쥐만 잘 잡으면 된다."는 이른바 '흑묘백묘론(黑猫

白猫論)'을 내세움으로써 '4개 현대화' 때문에 중국의 자본주의화를 걱정하는 중국 내부의 우려와 반발을 잠재운 것도 덩샤오핑이다.

'4개 현대화' 방침이 '흑묘백묘론'으로 탄력을 받으면서 중국경제가 상승세를 타자, 1987년 11월 열린 중국공산당 제13기 전국대표대회에서 「두 개의 백년의 꿈」이라는 중국의 발전 목표를 제시한 것도 당 중앙군사위원회 주석 덩샤오핑이다. 「두 개의 백년의 꿈」은 중국공산당 창건 100년이 되는 2021년에는 샤오캉(小康)사회를 건설하고, 중화인민공화국 건국 100주년이 되는 2049년까지는 따통(大同)사회를 건설하자는 것이다.

덩샤오핑이 이렇게 중국 경제발전의 가속 페달을 밟아 나가는 동안 지식인들과 대학생들 사이에서는 '좋아지는 경제에 걸맞은 민주화에 대한 요구'가 나오기 시작했고, 그 요구가 폭발적으로 터져 나온 일종의 민중봉기가 1989년 6월 4일 일어난 '톈안먼(天安門) 사태'다. 중국 당국은 톈안먼 광장에서 민주화를 요구하던 학생들을 탱크까지 동원해가면서 무력 진압했다. 이로써 중국은 경제적으로는 자본주의 요소를 받아들이겠지만, 정치적으로는 서유럽이나 미국 쪽에서 바라는 민주화의 길로 나아가지 않겠다는 것을 분명히 했다.

톈안먼 광장에서의 자국민 학살과 유혈사태로 정치적 혼란이 이어지는 와중에 미국과 유럽 국가들은 중국에 대해 유·무형의 제재를 가하기 시작했다. 대내적으로 혼란스러운 상황에 더해 국제정세도 중국에 불리하게 전개된 것이다. 톈안먼 시위 진압 과정에서 드러난 중국의 자국민 학살과 민주화 거부는, 특히 미국과 서유럽에 큰 충격을 주었다. 중국의 비민주성과 인권유린 실태가 적나라하게 드러났기 때문이다. 일본은 중국이 기존의 자유주의적 국제질서를 위협할 것이라는 '중국위협론'을 제기하면서 중국에 강한 경계심을 보였다.

텐안먼 사태 발생 7개월 만인 1989년 11월 9일, 2차 세계대전 이후 자유진영과 공산진영 간 이념대립의 상징이던 베를린장벽이 붕괴되는 사건이 일어났다. 베를린장벽 붕괴 이후 동유럽 사회주의 국가에서 불어오는 민주화 바람은 중국에 위협이 될 수밖에 없었다. 그런데 설상가상의 사건이 터지고 말았다. 1989년 12월 3~4일 지중해의 섬나라 몰타(Malta)에서 조지 부시(아버지 부시) 미국 대통령을 만난 소련 공산당 서기장 고르바쵸프가 제2차 세계대전 후 미·소간에 전개되어온 냉전(冷戰 Cold War)의 종식을 제안했다. 소련이 자진해서 미국에게 항복한 것이다. 한때 중국의 롤 모델이던 사회주의 대국 소련이 이렇게 자본주의 대국에게 무릎을 꿇은 2년 후인 1991년 12월에는 소련 공산당 서기장 고르바초프가 소련(정식 명칭: 소비에트 사회주의 연방공화국, USSR: Union of Soviet Socialist Republics)의 해체까지 선언했다. 이로써 그동안 소련에 속해 있던 우크라이나, 벨라루스, 조지아, 에스토니아, 라트비아, 리투아니아 등 국가들의 독립을 선언함으로써 동·서 이념대립의 산물이던 냉전을—적어도 유럽 쪽에서는—종식시킨 것이다.

중국 사회주의의 롤모델이던 소련의 해체가 중국에게는 정신적 충격이자 체제 정당성에 대한 위협이 아닐 수 없었다. 더구나 소련의 해체로 국제정치적 적(敵)이 사라진 미국에게는 중국이 새로운 적으로 설정될 가능성도 배제할 수 없게 되었다. 한마디로 개혁·개방 10여 년 만에 중국은 대·내외적으로 최대 위기를 맞은 것이다.

이처럼 불리하고 엄중한 대내·외적 상황에서 '텐안먼 사태'의 후유증과 문제점을 정리·해결하기 위해 추진해왔던 '치리정돈(治理整頓)' 사업이 한고비를 넘기자, 1992년 1월 덩샤오핑은 선전(深圳), 상하이 등을 순방하면서 개혁·개방 지속의 필요성을 역설하는 '남순강화(南巡講話)'에 나섰다. '남순강화' 때 덩샤오핑의 연설이나 지시 내용은 한마디로 "개혁·개방 과정에서 텐안먼 사태가 일어나긴 했지만, 개혁·개방의 길로 나아가는 것만이 중국의 살 길이며, 나머지 길은 모두 죽음에 이르는 길"이라는 것이었다. 마오쩌둥이 "새로운 중국을 세워야 하고 그러기 위해서는 중국의 길로 나가야 한다." 고 했던 것과 유사한 말을 덩샤오핑도 한 셈이다.

덩샤오핑의 '남순강화'가 대내적으로 중국이 나아갈 방향을 제시하는 것이었다면, 중국이 대외적으로 취해야 할 전략에 대한 덩샤오핑의 지침 은 '도광양회(韜光養晦)'로 대표되었다. '도광양회'는 톈안먼 사태와 베를린장 벽 붕괴, 냉전 종식, 소련 해체 등 대·내외적 격변기에 중국의 개혁·개방의 방향성을 견지하면서 '4개 현대화'를 지속해 나가려는 덩샤오핑이 중국의 외교전략으로 제시한 '28자 방침'의 일부이면서 대표적 구절이다. 도광양 회의 의미를 정확히 이해하려면 '28자 방침'을 전체적으로 살펴볼 필요가 있다.

냉정관찰(冷靜觀察), 온주진각(稳住陣脚), 침착응부(沈着應付), 도광양회(韜光養 晦), 선우장졸(善于藏拙), 결부당두(決不當頭), 유소작위(有所作爲). 이상과 같은 '28 자 방침' 중 첫째 구절 '냉정관찰'은 중국이 어떤 입장을 내거나 행동하기 전에 국제정세가 어떻게 형성되고 변화되어 가는지를 냉정하게 관찰해야 한다는 의미다. 둘째 구절 '온주진각'은 스스로 내부 질서와 역량을 공고 히 해야 한다는 의미다. 셋째 구절 '침착응부'는 중국의 국력과 이익을 감 안해 가면서 침착하게 상황에 대처해야 한다는 의미다. 넷째 구절 '도광양 회'는 밖으로 능력을 드러내지 말고 실력을 기르면서 때를 기다려야 한다 는 의미다. 다섯째 구절 '선우장졸'은 겉으로는 어리석은 듯 보이면서도 속 은 심지를 굳게 가지라는 의미다. 여섯째 구절 '결부당두'는 절대로 앞에 나서서 우두머리가 되려 하지 말라는 의미다. 일곱째 구절 '유소작위'는 이 상과 같이 하면서도 꼭 해야 하는 일이 있을 때는 자기 목소리를 내야 한다는 의미다.

우리나라 사람들이 가끔 "중국 사람들은 속을 알 수 없다"는 말을 하는데, 자기 속내를 저렇게 감추고 때를 기다리라고 하니 '28자 방침'이야말로 중국인다운 전략·전술이라 아니 할 수 없다. 아무튼 '28자 방침'은 이처럼 중국의 국익이나 정체성이 심각한 손상을 입지 않는 한 전반적으로 낮은 자세를 유지하면서 국력을 길러가야 한다는 의미를 담고 있다. 그러나 '유소작위(有所作爲)'를 마지막에 강조함으로써 꼭 필요한 문제에 대해서는 할 일을 해야 한다는 단서를 다는 것을 잊지 않았다. 그래서 '28자 방침'으로 정리된 덩샤오핑의 중국 외교전략은 그 전체적인 뜻을 비교적 잘 대변하는 '도광양회(韜光養晦)'와 '유소작위(有所作爲)'로 축약하여 언급되어 왔다.

'28자 방침'에서 유소작위는 도광양회의 기조를 유지하되 사회주의 대국으로서 중국이 국제정치·경제의 현실 속에서 해야 할 최소한의 역할이나 소극적인 역할은 하도록 허용한 것으로 볼 수 있다.

장쩌민 체제에서 중국은 도광양회·결부당두의 지침에 따라 발톱을 감추고 경제성장을 계속해 갔다. 결과적으로 무역량도 빠른 속도로 늘어났기에 2001년에는 자본주의 국가들이 주도하는 세계무역기구(WTO, World Trade Organization)에도 가입하게 되었다. 세계무역기구 가입을 계기로 세계경제에 편입되면서 중국의 경제성장은 가속화되었다.

후진타오의
'화평굴기', '화해세계', '중화부흥'

중국은 이렇게 성장한 경제력을 바탕으로, '4개 현대화'의 세 번째 항목인 '국방의 현대화'를 통해 국방력을 강화해 갔다. 장쩌민 시대를 거쳐 2002년부터는 후진타오 시대로 들어오면서 경제뿐만 아니라 군사력 차원에서도 강대국의 모습을 갖추기 시작했다. 중국이 경제적·군사적으로 떠오르자 미국과 일본 등 기존 강대국들은 '중국위협론'을 본격적으로 제기하면서 강한 경계심을 드러냈다. 중국이 어둠 속에서 자신을 드러내지 않고 때를 기다리며 실력을 기르는 '도광양회'의 시대는 이미 과거가 되었고, 이제 실력을 기른 중국이 '유소작위' 지침에 따라 일어서려 하자 미국과 일본 등 소위 선진·강대국들이 중국을 견제하려고 들고 나선 것이다.

이런 국제사회의 움직임이 중국으로서는 억울했을 것이다. 아편전쟁(1840~1842)에서 영국에 속절없이 무릎을 꿇은 중국이 1980년대에 들어서 비로소 덩샤오핑의 지침에 따라 '도광양회'까지 해가면서 길러온 국력을 바탕으로 '유소작위'를 좀 하려고 그동안 꿇었던 무릎을 펴고 일어나 보려는데, 이걸 두고 미국이나 일본 등이 중국위협론을 제기하고 나섰기 때문이다. 그것도 그동안 중국을 반(半)식민지로 만들어 놓고 온갖 이권을 챙겨갔던 나라들이 중국위협론을 들고 나서면서 중국을 견제하려고 했으니 말이다.

후진타오 중국은 이에 대해 자기네가 무릎을 펴고 일어나려는 굴기(崛起)는 평화적이라는 점에서 '화평굴기(和平崛起)'라고 설명했으나 국제사회는 믿으려 하지 않았다. 그러자 결국 중국은 '굴기' 대신 '발전'이라는 표현을 사용해 '화평발전(和平發展)'론을 폈다. 중국은 '도광양회'로 기른 실력을 기존 국제질서를 뒤엎거나 특정 국가를 대상으로 강권적으로 사용하지 않을 것이라고 국제사회에 약속한 것이다. 또한 계속 평화적으로 발전하면서 공동으로 번영하는 '조화로운 세계를 지향한다'는 의미인 '화해세계(和諧世界)'를 건설하는 것이 중국의 외교 목표임을 강조했다.

'화평굴기'에 불안해하는 국제사회를 상대로 중국이 화평발전론-화해세계론을 펴나가는데도 중국이 그동안 키워온 힘을 어떻게 사용할 것인지에 대한 국제사회의 의구심은 여전히 남아 있었다. 즉, '도광양회'에 대한 중국과 국제사회의 해석이 달랐던 것이다. 중국은 '도광양회'를 부정적으로 해석하지 않아야 한다고 주장하는 반면, 국제사회는 여전히 의심의 눈초리를 거두지 않았다. '28자 방침'에 '도광양회'와 함께 '유소작위'도 있기 때문이다.

미국, 일본 등 국제사회의 중국위협론과 중국견제정책에도 불구하고 중국경제는 계속 발전했고, 2010년에는 중국의 GDP가 일본의 GDP를 추월함으로써 중국이 미국 다음으로 부국, 즉 G2 국가로 올라섰다. 이런 흐름을 타고 있었기 때문에 그 한 해 전인 2009년 10월 1일 중화인민공화국 건국 60주년 기념식 석상에서 후진타오 중국 당총서기 겸 국가주석은 중국 외교의 목표는 '중화부흥(中華復興)'임을 공개적으로 선언했다. 중국이 천하를 호령하던 시절의 영광, 즉 '중화(中華)'를 되찾겠다는 외교목표를 분명히 제시한 것이다. 이로써 '도광양회', '결부당두'의 지침에 따라 힘을 기른 뒤 '화평굴기', '화평발전', '화해세계'를 표방하면서 미·일 등의 중국견제정책에 대응해오던 중국이 중화인민공화국 건국 60주년을 계기로 '중화부흥'을 선언함으로써 결국 '유소작위'를 하고 나선 것이다. 덩샤오핑의 '28자 방침'은 장쩌민 시대와 후진타오 시대를 관통하여 이행된 것이다.

시진핑의 '중국몽'

'중국몽'의 뿌리

2012년 11월 초 중국공산당 제18기 전체대표회의에서 당총서기에 선출된 시진핑은 11월 29일 국가박물관에서 열린 '부흥의 길'이라는 전시회를 참관했다. 이 자리에서 시진핑은 의미심장한 말을 했다. "사람은 누구나 이상과 목표가 있으며, 꿈이 있다. 현재 모두가 중국의 꿈을 이야기한다. 나는 '중화민족의 위대한 부흥을 실현하는 것'이 곧 중화민족의 근대 이후 가장 위대한 꿈이라고 생각한다"고 말한 것이다.

시진핑은 전임자 후진타오가 중국의 외교목표로 제시했던 '중화부흥'을 '중화민족', '위대한 부흥 실현', '근대 이후' 등의 표현을 동원해가면서 '중국몽'을 외교목표나 외교전략 차원을 넘어 중국의 국가목표 수준으로까지 격상시켜 놓았다.

후진타오가 '중화부흥'을 중국의 외교목표로 제시한 후 시진핑이 '근대 이후 가장 위대한 꿈'이 '중국몽'이라고 말하는 대목에서, 그 뿌리나 원천은 마오쩌둥임을 지적해야 할 것 같다. 왜냐하면 마오쩌둥은 중국이 열강의 모욕과 멸시를 받지 않기 위해서는 '중국을 새로이 세워야 한다.'고 주장했고, 새로운 중국을 세우기 위해서는 '중국의 길'을 가야 한다고 강조했기 때문이다.

그리고 마오쩌둥은 '새로운 중국'을 세우기 위한 '중국의 길'은 기본적으로 현상타파에서 찾아야 한다고 주장했다. 현상타파를 위해서는 국제정치적으로 피지배적 위치에 있는 전 세계 세력들의 요구가 일어나도록 해야 한다고 주장했고, 그걸 위해 마오쩌둥은 중국을 항상 다수의 편에 세우려 했던 것이다.

'중국몽'의 목표와 방법론

'중화민족의 위대한 부흥을 실현'하겠다는 '중국몽'은 구체적으로 어떤 목표를 지향하는가? 중국공산당 선전기관에서는 '중화민족의 위대한 부흥'이라는 '중국몽'은 1) 국가 부강 2) 민족 진흥 3) 인민 행복이라는 세 가지 목표를 실현하겠다는 의미를 담고 있다고 설명한다. 원래 '부흥(復興)'이라는 말의 뜻은 한때 쇠락했던 집안이나 국가가 다시 일어선다는 뜻이다. 그렇다면 후진타오에 이어 시진핑은 과거 천하를 호령하던 중화제국의 영광을 오늘에 되살려 또 다른 태평성대를 열겠다는 선언을 한 것이다.

특히 '근대 이후'라는 시간 개념에서는 아편전쟁 이후 중국이 서유럽과 미·일 등 열강의 반(半)식민지로 전락한 뒤 100년 가까운 세월 동안, 중국이 제국주의 세력의 먹잇감 노릇을 하던 치욕을 시진핑 자신의 시대에 '중국몽' 실현을 통해 설욕하고야 말겠다는 의지가 실려 있다고 해석해야 하지 않을까 싶다.

시진핑은 '중국몽'과 관련하여 우선 2개의 '백년 목표'와 3가지 방법론을 제시했다.

근·현대 중국사에서 샤오캉(小康)과 따통(大同)이라는 개념이 맨 먼저 거론된 것은 청나라 말기 변법자강운동을 주도했던 캉유웨이(康有爲)의 저서 『대동서(大同書)』에서다.

중화인민공화국 건국 이후 이 개념들을 다시 들고 나온 것은 덩샤오핑이다. 1987년 10월 25일부터 열린 중국공산당 제13기 전체대표대회(13기전당대회)에서 덩샤오핑은 '두 개의 백년'이라는 중국 발전의 비전을 제시했다.

덩샤오핑이 두 개의 '백년의 꿈'을 거론한 지 13년 후 2000년 중국공산당 제15기5차 중앙위원회 전체회의(15기5중전회)가 열렸다. 이 자리에서 장쩌민 당 총서기가 "21세기의 시작과 함께 중국은 전면적으로 샤오캉(小康) 사회 건설에 돌입하여, 사회주의 현대화의 새 발전단계를 더욱 빨리 추진하자"는 구호를 내걸었다. 2002년 11월 열린 중국공산당 제16차 전체대표대회(16기전당대회)에서 장쩌민 당 총서기는 '2021년에 샤오캉 사회를 건설한다'는 목표를 거듭 강조했다. 즉, 2021년에 14억 중국인의 의식주 문제를 기본적으로 해결하겠다는 선언이었다.

시진핑은 이러한 역사를 지닌 두 개의 '백년 목표'를 실현하기 위한 방법론으로 3가지 필수 경로를 제시했다. 첫째, 반드시 중국적 방식으로 한다는 것이다. 즉, '중국 특색의 사회주의의 길'로 가겠다는 것이다. 이는 공산당 중심의 현재 정치체제를 유지하겠다는 의미다. 그뿐만 아니라 이런 방법론은 "새로운 중국을 세우기 위해서는 중국의 길을 가야 한다."고 했던 마오쩌둥의 말과 같은 맥락으로 연결된다고 보아야 할 것이다.

둘째, 중국정신을 선양한다는 것이다. 즉 애국주의를 핵심으로 하는 민족정신과 개혁과 창신(創新: 새로운 것을 창조)을 핵심으로 하는 시대정신을 중국정신으로 삼아 목표를 실현하겠다는 것이다. 현재의 시장경제 방식을 통한 발전을 지속하면서 민족주의를 잠재적 역량으로 삼겠다는 의미다. 이 또한 반(反)제국주의와 민족주의를 강조한 마오쩌둥의 이론과 통한다고 할 수 있다. 마오쩌둥은 '2개의 중간지대론'에서 미 제국주의와 전 세계 인민 사이의 모순, 미 제국주의와 기타 제국주의 사이의 모순을 '모순의 초점'으로 규정함으로써 민족모순과 계급모순을 총괄한 모순을 중시했다. 특히 민족모순을 민족주의 고양의 출발점으로 삼았기 때문이다.

셋째, 중국 인민들의 역량을 응집한다는 것이다. 즉 중국 내 한족(漢族)을 포함한 56개 민족을 하나의 중화민족으로 대단결시켜 소수민족의 이탈과 분열주의를 방지하겠다는 의미다.

요컨대 21세기 중국은 1) 사회주의, 2) 애국주의(민족주의), 3) 민족대단결을 통해 '중국몽'을 실현하겠다는 것이다.

'중국몽' 제안 배경

시진핑이 처음 '중국몽'을 거론한 것은 중국이 30여 년에 걸친 개혁·개방을 통해 고도의 경제성장을 이룩했지만 대내·외적인 문제와 도전에 직면하면서, 이를 돌파하기 위한 목표이자 전략으로서 의미가 있다. 대략 네 가지의 도전을 극복하기 위해 '중국몽'을 내세웠다고 볼 수 있다.

첫째, 중국 내부 문제다. '중국몽' 제안 당시 중국은 계층 간 빈부격차, 동부와 서부, 도시와 농촌 간 불균등 발전, 관료 부패, 환경오염 등의 사회경제적 문제가 심화하고 있었다. 그뿐만 아니라 사회주의 경제체제 하에 시장경제발전을 하면서 전통적 도덕 및 가치관의 혼란 현상이 나타나고 있었다. 따라서 국가는 강대해지지만 개인 특히 노동자나 농민들이 실제로 느끼는 행복감은 그다지 높지 않았다. 이런 문제들은 사회불안의 원인이 되고, 경제에 부정적 영향을 초래하여 결국 공산당 중심의 통치 시스템에 대한 도전으로 비화할 우려가 컸다.

둘째, 중국 인민들의 자존심을 높일 필요가 있었다. 중화인민공화국 건국 이후 30년 가까이 중국은 가난하고 고립된 국가였다. 그러나 1978년 12월 중국공산당 제11기3차 중앙위원회 전체회의(11기3중전회)에서 채택된 '4개 현대화' 정책으로 전환한 이후 '개혁·개방'을 통해 경제 성장 속도는 세계가 놀랄 정도로 빨랐고, 국력 역시 빠른 속도로 신장되었다. 그 결과 2010년 이후 중국은 미국과 함께 국제정치의 지도적 국가, 즉 G2로 인정받기에 이르렀다. 경제성장과 국력 신장은 중국공산당 지도부뿐만 아니라 인민의 자존심도 높였다. 그런 점에서 '중국몽'의 핵심은 자존심이다.

셋째, 중국도 미국과 같이 초강대국이 될 수 있다는 경쟁의식이 '중국몽'을 제기하는 배경이 되었다고 할 수 있다. 2012년 11월 시진핑이 '중국몽'을 거론하기 전, 미국은 2008년 금융위기를 기점으로 쇠락하는 추세를 보인 반면 중국은 승천(昇天)을 준비하는 용과 같다는 말들이 나왔다. 미국은 부동산 거품 붕괴, 경기침체 지속, 실업률 상승 등으로 생활 수준이 전반적으로 하락하고 중산층이 무너지면서 빈곤층의 대폭 증가라는 현상에 직면했다. 그러나 중국은 경제의 고속성장, 인민 생활 수준 향상, 종합국력 증대(2010년에 G2로 승격) 등으로 국가 위신 역시 높아졌다. 미국과 중국의 처지가 뒤바뀐 듯한 상황에서 중국이 미국을 따라잡고 초강대국이 되고 싶다는 생각이 '중국몽'을 꾸게 했다고 할 수 있다.

넷째, '중국몽' 제안의 네 번째 배경은 시진핑의 권력의지라고 할 수 있다. 2012년 11월 중국공산당 제18기 전채대표회의에서 당 총서기에 선출된 시진핑이 자신의 권력을 과거 선배 지도자들보다 더욱 강력하고 굳건하게 하려는 의지가 깔려 있다고 할 수 있다. 정치지도자가 자신의 권력 기반을 강화하기 위해 장밋빛 미래를 비전으로 제시하는 일이 다반사인데, 그 점에서는 공산 독재국가라 해서 예외가 있을 수 없다. 시진핑은 1953년생이기 때문에 마오쩌둥이나 덩샤오핑처럼 만리장정(萬里長征) 세대도 아니고 항일전쟁에도 참여하지 않았다. 장졔스 국민당과 중국대륙 지배권을 둘러싼 국·공내전 전투에도 참여하지 않은 세대다. 장쩌민이나 후진타오처럼 선배 지도부에 의해 발탁된 지도자도 아니다. 치열한 당내 권력투쟁 끝에 권좌에 오른 시진핑으로서는 당내의 다양한 도전을 돌파하면서 자신의 권력기반을 강화하고 인민들의 지지를 끌어내기 위해서는 선배 지도자들보다 강력하고 매력적인 메시지가 담긴 미래 비전을 제시해야 했을 것이다. 그런 필요에서 나온 것이 '중국몽'이다.

'중국몽' 제안 의도

시진핑이 '중국몽'을 제안한 의도를 네 가지로 정리할 수 있다. 첫째, 애국주의 고양이다. 중국공산당은 '중국몽'이 1911년 10월 10일 신해혁명으로 중화민국을 건국한 쑨원(孫文)의 '중화진흥(中華振興)'에서 유래했다고까지 주장한다. 쑨원을 선대의 위대한 인물이자 '중국몽'의 선각자로 격상시킴으로써, 다양한 민족과 인민이 긴밀하게 협력해가면서 공동의 꿈을 실현하기 위해 분투하자는 것이다. 대만 문제까지 의식하고 소수민족들을 시진핑 주위에 끌어모으려는 일종의 가스라이팅(gaslighting)이라고 할 수도 있다. 시진핑은 애국주의를 불러일으킴으로써 자신의 권력을 강화하기 위해 '중국몽'이 '민족의 꿈'인 동시에 '중국인 개개인의 꿈'이라고 강조한다.

둘째, 공산당 정권 유지다. 중국은 공산당이 유일한 집권정당이고 당이 국가를 운영하는 시스템이기 때문에, 공산당의 통치 정당성 확보와 강화가 무엇보다 중요하다. 따라서 만리장정과 항일전쟁, 국·공내전 등 중화인민공화국 건국 이전 투쟁 과정에서 마오쩌둥은 제국주의, 봉건주의, 자본주의로부터 인민을 해방시킨다고 주장하면서 인민들을 공산당 편으로 끌어들이려고 했다. 마오쩌둥 사후 덩샤오핑이 주도하던 '개방·개혁' 시기에는 경제성장을 통해 인민의 생활 수준을 향상시킨다고 주장했다. 시진핑은 '중국몽'이 경제성장을 통해 인민의 경제 능력 향상과 중산층 확대라는 결과로 제기되는 '인민의 권리' 요구에 대해 '민족 부흥'이라는 이념을 실현하는 선도부대로서 중국공산당의 역할을 강조한다. 이를 통해 시진핑 통치의 정당성을 강화하고자 하는 측면이 있다.

셋째, 국제적 존중과 지위 획득이다. '중국몽'은 덩샤오핑 시대에 강조된 '국내 경제발전을 위한 안정적인 국제환경' 요구와는 매우 다른 측면이 있다. 과거 중국은 대외관계에서 대체로 수동적으로 대응하고 국내 문제를 우선시했다. 그러나 '중국몽'은 강력한 대내외 대응을 강조한다. 국내 건설과 인민의 풍족을 강조하는 동시에, 아편전쟁 이후 100여 년간 겪은 중국의 치욕에서 탈피, 국제적으로 다시 존중받는 지위를 누려야 한다는 것이다. 실제로 2013년 6월 미국을 방문한 시진핑은 오바마 미국 대통령과 미·중 정상회담을 하는 자리에서 중국과 미국이 '신형 대국관계'를 수립해 가자고 제안하면서 "태평양은 미국과 중국이 나눠 써도 충분할 만큼 넓다."는 말까지 했다. 시진핑의 이런 언행은 '중국몽'을 제기한 목적이 바로 중국이 21세기에 세계를 주도하는 강국이 되겠다고 선언한 것이라고 할 수 있다. 다시 말해서 시진핑은 팍스 로마나(Pax Romana, 로마제국 중심의 국제질서), 팍스 브리타니카(Pax Britanica, 대영제국 중심의 국제질서), 팍스 아메리카나(Pax Americana, 미국 중심의 국제질서), 팍스 소비에티카(Pax Sovietica, 소련 중심의 공산권 국제질서) 같은 팍스 시니카(Pax Sinica, 중국 중심의 국제질서)를 건설하고자 '중국몽'을 국가목표로 제시한 것이다.

넷째, 중국위협론에 대한 외국의 불안과 우려 해소다. 시진핑은 "'중국몽'은 중국의 희망사항이지만, 세계가 동시에 희망하는 것"이라면서, 중국 혼자 다 하는 것이 아니라, 세계에 문을 열고 공동으로 꿈을 실현하는 것이라고 강조한다. 즉 후진타오 시절에 미·일을 포함한 서방국가들의 중국위협론과 중국견제정책에 대응하기 위한 외교전략으로 강조됐던 화평굴기(和平崛起)·화평발전(和平發展)·화해세계(和諧世界)를 시진핑 시대에도 표방하는 것이다.

'중국몽' 실현 방략: 일대일로(一帶一路)

2013년 6월 미·중 정상회담에서 시진핑이 「신형 대국 관계론」과 「태평양 양분론」을 제기한 것은 마오쩌둥의 대표적 이론이고 덩샤오핑도 강조했던 「3개세계론」적 입장을 표명한 것이라 할 수 있다. 마오쩌둥은 소련의 도움이 절실할 때는 양대진영론을 펴면서 소련 편에 섰지만, 미·소 양 초대국의 패권에 대항하면서 중국 나름의 입지를 확보하려 할 때는 미·소 양 초대국의 중간에 있는 중간지대의 3세계 국가들을 중국 편으로 끌어들이기 위해 노력했다. 마오쩌둥의 「중간지대론」은 그런 목적에서 제기된 것이다.

시진핑의 「신형 대국 관계론」과 「태평양 양분론」은 2012년 1월 미국이 이라크에서 철군하는 대신 그 힘을 중국의 부상을 견제하는 데 쓰기 위해 '아시아로의 귀환(Return to Asia)'을 선언한 뒤에 나온 것이다. 때문에 미국의 긍정적인 반응이나 호응을 기대한 것은 아니었다고 할 수 있다. 바꿔 말해서 「신형 대국 관계론」이나 「태평양 양분론」은 중국이 미국의 패권에 도전하겠다는 선언이었다고 할 수 있고, '중국몽' 실현의 중간목표였다고 할 수 있다.

그런 점에서 2014년 11월 「아시아-태평양 경제협력체」(APEC, Asia-Pacific Economic Cooperation) 정상회의에서 시진핑이 제안한 「일대일로(一帶一路)」 구상은 미국을 비롯한 친미동맹 국가들의 견제와 방해를 완화시키기 위해 표면적으로는 후진타오 시대의 외교전략이었던 화평굴기, 화평발전, 화해세계 정신에 입각해서 각국과 협력해 함께 번영을 이루자는 것이라고 표방하고는 있으나, 이는 사실상 '중국몽' 실현을 위한 추진전략이자 마오쩌둥이 강조한 '중국의 길'의 현대판이라고 할 수 있다.

시진핑 중국이 2014년 11월 이후 추진하는 「일대일로」 프로젝트는 중국과 지리적으로 연결되는 유라시아 대륙에 있는 '중간지대' 국가들을 중국 편으로 끌어들여 중국경제를 더욱 발전시켜 감으로써 마침내 중국이 미국을 따라잡고야 말겠다는 야망이 바탕에 깔려 있는 방략이다.

중국은 다른 나라들과 함께 번영하자는 것이 '중국몽'이라고 주장하지만, '일대일로' 구상은, 317쪽 그림에서 볼 수 있듯이, 사실상 태평양 서쪽 유라시아 대륙을 중국의 세력권으로 삼으려는 구상이다. 이 대목에서는 패권국가들을 제외한 3세계 국가들을 중국 주변에 끌어모으려 했던 마오쩌둥의 3개 세계론의 그림자가 어른거린다.

아무튼 시진핑이 아무리 입으로는 '화평발전', '화해세계'를 강조해도 미국 중심 국제질서의 핵심국가들로서는 불안해질 수 있는 것이 '중국몽'이다.

중국의 일대일로 구상

'중국몽'의 난제

시진핑이 제시한 중국 국가목표로서 '중국몽'의 실현과정에 난관은 없을까? 덩샤오핑, 장쩌민, 후진타오, 시진핑이 희망했던 대로 '중국몽'이 21세기 중반에 실현된다면, 중국은 미국을 추월하고 세계 최강대국이 될 수 있다. 그러나 '중국몽'을 실현하기에는 현실적으로 적잖은 난관이 돌출할 가능성을 배제할수 없다.

첫째, '중국몽'은 과도하게 민족주의를 강조하는데, 이것이 오히려 위기를 초래할 수도 있다. 영국의 유명 잡지《이코노미스트(The Economist)》는 2013년 5월, "중국 지도부가 '중국몽'을 제안할 때는 인민들이 자신의 주택을 보유하고, 자녀를 대학에 보낼 수 있고, 생활을 향유할 수 있도록 구상했다. 그러나 초점은 중국공산당의 권력과 강대한 군대의 강화에 있는 것처럼 보인다."고 분석했다. 즉 '중국몽'은 인민에 대한 봉사를 포함하지만, 근본적으로는 공산당에 권력을 부여하는 것이지 인민들에게 더 많은 권력을 부여하는 것이 아니라는 한계가 있다는 지적이다.

둘째, '중국몽' 실현을 위한 방법론으로 '민주'와 '법치'라는 제도적 토대가 부실한 것은 문제가 될 수 있다. '중국몽'이 과도하게 민족주의, 강국, 부민(富民), 강군을 추구하다 보면 자유, 민주, 인권이라는 인류의 보편적 가치와 충돌할 수 있다. '중국몽'의 주제는 '강한 국가'다. 그러다 보면 결국 오로지 강대한 국가만 존재할 뿐이다. 반면 인민들에게 더 중요한 것은 민주와 법치, 문명생활, 개인 권리의 보장이다. '중국몽'이 그런 것을 보장하지 못할 때 '중국몽'이 인민들로부터 외면당할 가능성이 없지 않다.

셋째, 목표 실현을 위한 시간은 충분한가? '중국몽' 실현을 위한 구체적인 시간표는 두 번째의 「백년 목표」다. 즉, 2021년까지 샤오캉 사회를 건설하겠다는 목표까지는 달성했지만, "중화민족의 위대한 부흥을 실현"한다는 2049년까지는 20년이 조금 넘게 남아 있다. 중국은 세계에서 네 번째로 넓은 국토를 보유하고 있고 인구는 인도 다음으로 많다. 또한 중국은 한족(漢族) 외에 55개 소수민족으로 구성된 다민족 국가다. 계층별, 도농 간, 동·서 지역 간 격차도 심한 중국이 샤오캉 사회 건설까지는 몰라도 "중화민족의 위대한 부흥을 실현" 또는 따통(大同) 사회 건설이라는 목표 달성은 녹록지 않은 상황이다.

비록 최근 미국의 힘이 이전에 비해 많이 빠지기는 했지만, 미국이 중국 주변 국가들을 끌어모아 동맹이라는 이름으로 스크럼을 짜고 중국을 압박해 들어가고 있는 「인도·태평양 전략」이 왜 나왔겠는가? 한마디로 말해서 그것은 '중국몽 견제전략'이라 할 수 있고, 시간의 흐름에 따라 미국 주도의 '인도·태평양 전략'은 대서양조약기구(NATO) 가맹국들과의 연대로까지 발전하면서 '일대일로'에도 애로를 형성하고 '중국몽'에도 장애를 조성할 수 있다. 동쪽에서는 '인도-태평양전략' 가맹국들이 미국의 지휘 아래 중국을 견제·압박하고, 서쪽에서는 대서양조약기구 가맹국들이 '일대일로'의 서진(西進)을 막아설 가능성도 배제할 수 없다는 말이다.

마오쩌둥은 1935년부터 1942년까지 7년이라는 긴 세월 동안 중국 서북쪽 산시성(陝西省) 옌안(延安) 양자링(楊家嶺)의 토굴에서 '모순론'과 '실천론'을 정립하고 강의하면서 홍군(紅軍) 병사들에게 혁명적 낙관주의를 주입시켜 가면서 장제스 국민당과의 국·공내전에서 승리함으로써 마침내 중국 대륙을 석권하고 중화인민공화국 건국을 선포할 수 있었다.

마오쩌둥이 역경을 이겨내고 '중국의 길'을 따라 '새로운 중국'을 세웠듯이, 시진핑도 미국의 중국 견제·압박전략을 끝내 극복하고 '일대일로'와 '중국몽'을 완성할 수 있을지 지켜볼 일이다.

삶의 행복을 꿈꾸는 교육은 어디에서 오는가?

● **교육혁명을 앞당기는 배움책 이야기** 혁신교육의 철학과 잉걸진 미래를 만나다!

● 비고츠키 선집 시리즈 발달과 협력의 교육학 어떻게 읽을 것인가?

모두를 위한 국제이해교육	한국국제이해교육학회 지음 ㅣ 364쪽 ㅣ 값 16,000원
경쟁을 넘어 발달 교육으로	현광일 지음 ㅣ 288쪽 ㅣ 값 14,000원
혁신교육 존 듀이에게 묻다	서용선 지음 ㅣ 292쪽 ㅣ 값 14,000원
다시 읽는 조선 교육사	이만규 지음 ㅣ 750쪽 ㅣ 값 33,000원
교실 속으로 간 이해중심 교육과정	온정덕 외 지음 ㅣ 224쪽 ㅣ 값 13,000원
대한민국 교육혁명	교육혁명공동행동 연구위원회 지음 ㅣ 224쪽 ㅣ 값 12,000원
포스트 코로나 시대의 교육	성열관 외 지음 ㅣ 224쪽 ㅣ 값 15,000원
내일 수업 어떻게 하지?	아이함께 지음 ㅣ 300쪽 ㅣ 값 15,000원
핀란드 교육의 기적	한넬레 니에미 외 엮음 ㅣ 장수명 외 옮김 ㅣ 456쪽 ㅣ 값 23,000원
한국 교육의 현실과 전망	심성보 지음 ㅣ 724쪽 ㅣ 값 35,000원
독일의 학교교육	정기섭 지음 ㅣ 536쪽 ㅣ 값 29,000원
교실 속으로 간 이해중심 통합교육과정	온정덕 외 지음 ㅣ 224쪽 ㅣ 값 15,000원
초등 백워드 교육과정 설계와 실천 이야기	김병일 외 지음 ㅣ 352쪽 ㅣ 값 19,000원
학습격차 해소를 위한 새로운 도전 보편적 학습설계 수업	조윤정 외 지음 ㅣ 240쪽 ㅣ 값 15,000원

● 경쟁과 차별을 넘어 평등과 협력으로 미래를 열어가는 교육 대전환! 혁신교육 현장 필독서

학교의 미래, 전문적 학습공동체로 열다	새로운학교네트워크·오윤주 외 지음 ㅣ 276쪽 ㅣ 값 16,000원
마을교육공동체 생태적 의미와 실천	김용련 지음 ㅣ 256쪽 ㅣ 값 15,000원
학교폭력, 멈춰!	문재현 외 지음 ㅣ 348쪽 ㅣ 값 15,000원
학교를 살리는 회복적 생활교육	김민자·이순영·정선영 지음 ㅣ 256쪽 ㅣ 값 15,000원
삶의 시간을 잇는 문화예술교육	고영직 지음 ㅣ 292쪽 ㅣ 값 16,000원
미래교육을 디자인하는 학교교육과정	박승열 외 지음 ㅣ 348쪽 ㅣ 값 18,000원
코로나 시대, 마을교육공동체운동과 생태적 교육학	심성보 지음 ㅣ 280쪽 ㅣ 값 17,000원
혐오, 교실에 들어오다	이혜정 외 지음 ㅣ 232쪽 ㅣ 값 15,000원
수업, 슬로리딩과 함께	박경숙 외 지음 ㅣ 268쪽 ㅣ 값 15,000원
물질과의 새로운 만남	베로니카 파치니-케처바우 외 지음 ㅣ 이연선 외 옮김 ㅣ 240쪽 ㅣ 값 15,000원
그림책으로 만나는 인권교육	강진미 외 지음 ㅣ 272쪽 ㅣ 값 18,000원
수업 고수들 수업·교육과정·평가를 말하다	박현숙 외 지음 ㅣ 368쪽 ㅣ 값 17,000원
아이들의 배움은 어떻게 깊어지는가	이시이 준지 지음 ㅣ 방지현·이창희 옮김 ㅣ 200쪽 값 11,000원
미래, 공생교육	김환희 지음 ㅣ 244쪽 ㅣ 값 15,000원
들뢰즈와 가타리를 통해 유아교육 읽기	리세롯 마리엣 올슨 지음 ㅣ 이연선 외 옮김 ㅣ 328쪽 ㅣ 값 17,000원
혁신고등학교, 무엇이 다른가?	김현자 외 지음 ㅣ 344쪽 ㅣ 값 18,000원
시민이 만드는 교육 대전환	심성보·김태정 지음 ㅣ 248쪽 ㅣ 값 15,000원
평화교육 과거, 현재 그리고 미래를 그리다	모니샤 바자즈 외 지음 ㅣ 권순정 외 옮김 ㅣ 268쪽 ㅣ 값 18,000원

참된 삶과 교육에 관한
생각 줍기